事例思考の実際

川端　博著

刑事法研究　第15巻

成文堂

はしがき

「刑事法研究第一五巻」は、これまでの巻とはまったく異なって「事例」群に解説を付した論稿を収録したものとなっている。また書名にも「実際」という異例のことばを用いているし、初出一覧も付していない。それは、以下の理由による。すなわち、これまでわたくしは、刑事法を研究するに当たって、「実態」に即し、その「本質」を解明して「実体」を「理論」化することにこだわって来た。そのような「姿勢」を貫くためには、「事例」に即して思考する「実験」的方法に則って検討したうえで、自らの考察の「体系化」を図る必要があると考えたのである。そこで、多くの論点についてそれらが伏在している事例問題を作り、学説・判例について触れながら、行為者の罪責を論ずるという形で思考を重ねて来たが、その原稿をまとめて公刊はしなかった。しかし、「事例思考」という観点から捉え直してみることにも意義がないわけではないとおもうようになったので、雑然とした原稿を整理してみた。散逸したものが多いが、残っているものをある程度、体系的にまとめることができたので、本書に収録することにしたのである。その際、「刑法総論」の部は、従来どおり、「構成要件該当性」、「違法性」、「責任」、「未遂犯」および「共犯」に分類し、「刑法各論」の部は、あえて新たな試みとして「人格犯」、「財産犯」および「公益犯」に分類してみた。あくまでも事例に即した考え方を示すことに主眼があり、学説・判例の整理と自説の展開を意図するものではないので、引用した参考文献をすべて削除した。事例の多くが複数の論点を包含しているので、章立てをするに当たっては、主たる論点または最初の論点とその他の論点を掲記してタイトルとした。

本書の刊行に当たっても、出版事情が厳しい状況にあるにもかかわらず、成文堂の阿部耕一社長には、暖かい御配慮を賜ったので、厚く御礼を申し上げる次第である。また大変お世話になった編集部の飯村晃弘氏に対しても感謝の意を表する。

平成二六年（二〇一四年）七月一八日

川　端　　博

目　次

第一部　序論

第一章　事例思考の意義

「事例思考」という言葉を見ると思い出すことがある。それは、単なる思い出にとどまるものではなくて、事例思考に関心をもつに至った理由を成すものであり、本書の問題意識の基礎を形成したものであるから、そのことから書き起こす必要があるとおもわれる。まず第一は、アルミン・カウフマン教授の研究ゼミナール（Forschungsseminar）の風景である。わたくしは、三六歳の時に在外研究のためにボン大学のカウフマン教授の許に留学した。教授は、ヴェルツェル博士の法哲学研究所（Rechtsphilosophisches Seminar）を継承して主宰され研究および教育に精力を傾注されていて、さらにノルトライン―ヴェストファーレン州の司法試験考査委員の御仕事も担当されていた。司法試験の問題にわたくしが興味を示したところ、教授が出題された過去問十数題のコピーを提供していただき、若干の説明を加えていただいたことがあった。その問題は、すべて事例形式であったのであり、受験生の実力を判定するには事例形式が最適であるとのことであった。ところで、研究ゼミナールは、日本の大学院における博士課程後期の演習（特殊研究）に相当するものであるが、カウフマン教授のそれは内容がきわめて高度で、先生の高弟の教授や助手達・助手補達のほかに同僚のプッペ教授が毎回参加して積極的に発言され、じつに活気あふれるものであった。

わたくしは、ただ聴講しただけで、後日、助手のドルンザイファー博士に懇切に解説していただいて知見を得ることができたのである。その演習において、カウフマン教授は、快く質問を受け、それに対する回答がきっかけとなり、さらに議論が展開していくというパターンであった。その際に印象的だったのは、教授が質問を受けたときには、かならず具体例の提示を求められたことである。カウフマン教授は、きわめて透徹した論理を展開される理論派の学者として知られていたので、抽象的な議論をされるのであろうと勝手に予断をもっていたわたくしは、具体例に即して非常に楽しそうに議論を展開されることに妙に感心したことであった（拙著『法学・刑法学を学ぶ』〔平10年・一九九八年〕四七－八頁）。そして、具体的な事例を基に理論をテストするという方法論に興味を懐いたのである。

第二に、ボン市内の古書店においてフランクの薄い刑法教材を見つけ、値段も安かったので、すぐに購入した。それは事例式問題集であった。権威ある刑法註釈書の著者としても有名であったフランクが、こういう本も出版していたのか、という思いとともに、事例のもつ重要性に改めて思い至ったのであった。

第三に、わが国の司法試験の論文式問題は事例に即して行為者の罪責を問う形式で出題されている。それは、わたくしが受験生の頃に定着し始めたように記憶している。教師として学部学生の受験を指導するに当たって、どのようにして事例問題を解き、その解答をどのように叙述すべきか、を教える必要に迫られることとなった。その際に事例思考の実際を考察しなければならないと痛感することになったのである。その観点から著したのが『事例式演習教室　刑法』である。シリーズ名として「事例式演習教室」を編集者に提案し、それが採用されて、各科目について単独の著書による演習書が誕生した。当時としては単独の著者による演習書は珍しかったので、読者から歓迎された。わたくしは、「事例式」という言葉に「事例思考」の重要性を込め、「演習教室」という言葉に「研究ゼミナール」の雰囲気を込めたのである。

同書の若干長文の「はしがき」には、大要、次のようにその趣旨が述べられている。すなわち、本書は、「具体的な『事例』に即して刑法的思考力を錬成することを目的として書かれた演習書」として性格づけられている。「法的思考力を高めるという観点」からは、著者自身の法的思考「過程」が色濃く反映されている方が、読者の参考となって有益であり、完成品を見せてくれる本よりも、作品の製作過程ないし手順を示すことによって自分でも同じように考える実力がつくような本がより実践的であるといえる。法的な「問題処理」能力の養成のためには、一貫した方法で一人の先達に学んだ方が能率的であるから、私見を明らかにするように努めたが、法律問題の解決である以上、客観性が要求されるので、つねに判例・学説の状況を明確にしたうえで、それとの対応関係を示し、独断論に堕しないようにしたのである。

すべての問題について、「問題の所在」を明らかにしたのは、事例形式の問題を解くためには、まず、どこに法律的観点から見て解決されるべき問題があるのかを知る必要があるからである。これは、「問題発見」能力であり、「何が」問題であるのか、が分からなければ、法的「解決」・法的「処理」は不可能である。次に、問題の解決は、「なぜ」それが問題となるのか、を理解していなければ、適切になされ得ない。問題の所在を明確に把握できれば、あとは、事例に即して法的「分析」を加えて一定の結論を導き出せればよいことになる。

事例問題においては、「何が」・「なぜ」問題となるのかを、事例の具体的「事実」から抽出する必要がある。このばあい、どの事実に重要な「意味づけ」をするのか、が問われるが、これが、まさしく「法的分析力」にほかならない。事実の中から、法的に見て「重要なもの」をどのようにして選び出すのかについてのコツさえわかれば、「法的思考力」は高まるはずである。どのようにして分析すべきか、いいかえると、分析の基準は何なのか、について、一定のばあいに、他と異なる重要な法的効果を生じさせる法律要件事実を見つけ出すことが、法的分析にほかなら

ない。それがどういう「事実」なのかは、具体的問題によって異なるが、「法的効果」に影響を及ぼす事実である点では同じである。そうすると、各事例において「法的効果」が何であるか、を探求していけば、必ず適切な分析をおこない得ることになる。これをわたくしは「法的効果先行論」または「逆向法」と称している。

分析結果を論理的に叙述し、一定の結論を説得的に提示してはじめて、一つの問題解決が示されたことになるのであり、このばあいに「総合」力が重要となる。問題となるいくつかの論点をどのような順序で論述すべきか、を考える際、問題の全体との関連で、どの論点が重要であるか、を判別し、そして、どのように叙述すると説得的となるのか、について配慮すればよいのである。先に、分析方法として「逆向法」について述べたが、叙述方法としては論理的必然性を基軸とする「順向法」をとるべきであると考えている。これは、いわゆるリーガル・マインドに関わるのであり、その中核は知力・理性にあるといえるので、リーガル・マインドはリーガル・リーズニング（Legal reasoning）をおこない得る力にほかならない。そしてリーガル・リーズニングは、法的分析と法的叙述を通してなされるのである。

右のような「事例思考」においては、「何が」、「なぜ」、「問題となるのか」、その問題の解決は「いかに」なされるべきか、が重要であり、誰がそれを主張しているかは意味をもたない。そこで、本書では原則として主張者名ないし文献の摘示はしないことにした。書名をあえて事例思考の「実際」とした所以はここにある。

第二章　事例思考と問題的思考の相違

「事例思考」に類似する観念に「問題的思考」がある。両者は、たしかに、似ている点もあるが、しかし、本質的には異なる観念である。まず、いずれも「抽象的」思考を排して、「具体的」思考を重視している点では共通している。すなわち、「事例思考」は、前述のとおり、「具体的」事実を基礎とする事例に即して考察を進めていく思考方法である。そして、「問題的思考」は、「抽象的」で「体系的」な考察を排して、「個別的」な論点に包含されている「特殊的」な問題を捨象することなく、その意味において「非体系的」に考察しようとする思考方法である。いずれも「抽象的な」思考を排除する点においては、共通性を有するといえる。しかし、両者は方法論としては決定的に異なるのである。

事例思考は、あくまでも具体的な事実的基礎を有する事例（ケース）を提示して、それに即して考察を進めて理論の正当性を論証して行こうとするものである。これは、必ずしも体系的思考と矛盾するものではない。これは、比喩的にいえば、「体系的」思考によって精錬された「理論」の「図上演習」である。図上演習によって、「作戦」（理論）の妥当性を検証し、不都合な部分を修正して、その「作戦」（理論）をより完璧なものにするのと同じである。その意味において、「体系的思考」の成果である「理論」を検証・テストするための方法であると解することができる。もちろん、これが「法的思考力」を涵養するのにきわめて有益であることは、別の次元の問題である。「問題的思考」がわが国の刑法学において取り立てて強調されたのは、刑法学の主流が、体系的な観点からなされる法解釈であったため、余りにも問題の「実体」からかけ離れた抽象論に終始しているという批判点を提示することに、その実質

的理由があったとおもわれる。そして、それは一定の成果をあげたと評価され得る。その後、あまり議論されることはなくなっているが、提示された問題は、なおその意義を失ってはいないといえる。しかし、「事例思考」との対比においては、重要な意義を有しないので、ここではこれ以上、立ち入らないことにする。

第二部　刑法総論

第一章　構成要件該当性

第一款　不真正不作為犯

　AとBが、暴力団関係者Xらと一緒にA宅でシンナーを吸引していたところへYも来訪して吸引に加わったが、Xらは、Yの言動に立腹してYに執拗かつ過激な暴行を加えた。Aは、隣室から垣間見たり、物音等を聞いたりしてYに対する暴行の状況を認識していた。その後、Xらは、YをA宅から公園駐車場に連れ出し、その場でYに対して再び暴行を加え、さらにB運転の車で移動した先のK川堤防上等でも暴行を加えて、自力で行動することができなくなる瀕死の重傷を負わせた。この時点でただちにYを病院に搬送して適切な医療措置を受けさせたならばYの死亡の結果を防止できたが、Xらは、犯行を隠蔽するため、Yをそのまま放置すれば死亡することを知りながら、Yを遺棄して殺害しようと企て、Yを堤防上から蹴落とし、K川河川敷雑木林内

に引きずって同所に放置した。その時点ではYは生きていたが、六日後に遺体で発見された。Aは、前記現場においで暴行に加わらなかったが、その犯行の間、暴力団関係者らと行動をともにし、かつ、負傷したYを遺棄現場まで引きずるなどした。Bは、車の中で様子を見ながら待機しただけでYの救助等の行動に出ず、その後、XおよびAをA宅まで送り届けた。

AおよびBの罪責を論ぜよ。

【論　点】

1　不真正不作為犯の成立要件

（1）殺人罪と保護責任者遺棄致死罪との関係。

（2）保障人的地位と作為義務。

（3）不作為の作為との同価値性。

2　不真正不作為犯の共犯

（1）共同正犯か幇助犯か。

（2）不作為による幇助犯の成否。

【本事例の趣旨】

不真正不作為犯の共犯の成否に関する判例が少なくない。従来、不真正不作為犯は、純粋に理論的観点から議論

されることが多かったといえる。ところが、注目すべき判例が続出するに及んで、学界でも議論の焦点が不真正不作為犯と共犯の問題に移行しつつある。また、共犯論も違法性論の発展の影響を受けて、新たな展開が見られる。そこで、判例を素材にして、不真正不作為犯の本質と共同正犯と幇助犯の限界について検討することにした。

【解　説】

1　問題の所在

(1) 不作為による殺人罪と保護責任者遺棄致死罪との関係

救護義務を有する者が、被害者に対する殺意をもってこれに違反したばあい、従来、通説は、保護責任者遺棄致死罪ではなく殺人罪が成立すると解している。この見地からは、本事例では、Yに対する殺意があるから、保護責任者遺棄致死罪はまったく成立しないことになる。この立場は、遺棄致死罪は純粋な結果的加重犯に限定されると解するものである。これに対して、不真正不作為犯としての殺人罪には、人を積極的に殺害する作為と同視し得る程度の同価値性が必要であるので、殺意があっても死亡の結果の発生する危険性が現実的でないばあいには、作為との同価値性がなく殺人罪は成立しないが、なお保護責任者遺棄致死罪が成立すると解する見解がある。これは、遺棄致死罪は純粋な結果的加重犯だけでなく、殺意のあるばあいをも包含すると解する立場である。この見解によれば、殺意があるばあいに殺人罪となるのか遺棄致死罪となるのか、は「不作為の作為との同価値性」の有無にかかっていることになる。いずれにせよ、不作為による殺人罪の成否が問題になるので、不真正不作為犯の成立要件を検討しなければならない。

(2) 不真正不作為犯の共犯

Aおよびの罪責を論ずるに当たって、不真正不作為犯の共犯の成否が検討されなければならない。従来、共犯論は作為犯を中心に議論してきたといえる。不真正不作為犯の共犯についても、作為犯とまったく同様に扱ってよいと解されてきた。しかし、不作為犯の問題が重要視されるようになっている。本事例では、不作為犯の共同正犯の成否、共同正犯と幇助犯の区別、不作為による幇助犯の成否が、問題となる。すなわち、Aについては不真正不作為犯としての殺人罪の共同正犯なのか幇助犯なのか、が問題になり、Bについては殺人罪の幇助犯の成否が問題となるのである。

2　不真正不作為犯の成立要件

不真正不作為犯の成立要件について概説しておこう。本事例で重要性を有する要件については項を改めて説明することにする。

(1) 不作為の存在

不真正不作為犯は「不作為」による作為犯であるから、まず不作為が存在しなければならない。目的的行為論者の多くは、作為＝行為、不作為＝行為をしないことと解するが、判例・通説によれば、不作為は社会的に期待された作為をおこなわないことであり、不作為も「行為」の一種である。

(2) 作為の可能性・作為との同価値性

不作為によってなされなかった作為は、当該行為者にとって遂行可能なものでなければならない。法は不可能を強いることはできないからである。作為との同価値性は、作為義務とは別個の「実行行為」性の問題である。

不真正不作為犯においては、不作為のすべてを処罰するのではなくて、価値的に見て作為と同視できる程度の不作為だけを処罰するので、罪刑法定主義の趣旨に反するわけではない。たとえば、母親がその乳児の首を絞めて殺すのも、授乳をしないで餓死させるのも、規範的には、殺人行為として同価値とみとめられ、社会生活上も、その母親の不作為を作為と同じ程度の犯罪性をもった行為と評価されるのである。このように作為との同価値性（等置性・同視性）を要求することによって罪刑法定主義違反の疑問は、実質的に解消され得る。規範論の見地からアルミン・カウフマンが罪刑法定主義違反の問題を提起して以来、不真正不作為犯論の成立要件論に関しては、つねに根底において罪刑法定主義との関連が意識されてきたのである。それゆえ、不真正不作為犯の問題を考える際には、直接、前面に押し出すか否か、は別として、つねに罪刑法定主義に違反しないかどうか、を考慮に入れなければならない。

（3）不作為と結果との因果関係

不真正不作為犯は結果犯について成立するので、不作為と結果との間の因果関係の存在を必要とする。作為犯のばあい、条件関係は、「当該作為がなかったならば、当該結果は発生しなかった」時にみとめられるのに対して、不真正不作為犯のばあいには「期待された作為がなされていたならば、当該結果を回避できたであろう」時に条件関係がみとめられることになる。目的的行為論者の中には、不作為については因果関係は存在し得ず、ただ「準因果関係」として前記のような肯定判断の存在をみとめるべきであるとするものもある。しかし、これも、実際上は判例・通説と同じである。

（4）保障人的地位と作為義務の存在

不作為は「保障人的地位」にある者の「作為義務」に違反するものでなければならない。通説である保障人説（保

証人説）によれば、保障人的地位を有する者の不作為だけが構成要件に該当し、作為義務は違法要素ではなくて構成要件要素であり、作為義務を負う者が保障人である。これは保障人説の初期の見解である。このように解すると、不真正不作為犯の「主体」を構成要件該当性の段階で限定できるが、個別的・具体的な作為義務を定型的・抽象的判断である構成要件該当性の段階で議論するのは妥当でないことになる。そこで、保障人的地位を類型化したうえで、これを構成要件要素として把握し、作為義務を違法性の要素と解する区別説が主張されるに至っている。

不真正不作為犯の問題がまず構成要件該当性にあることを明確にし、「保障人的義務」（作為義務）そのものと保障人的義務を生じさせる事実的・法的事情としての「保障人的地位」とを区別する立場（区別説）が妥当である。構成要件は違法行為類型であり、構成要件該当性は価値に関係した類型的事実判断であるから、「保障人的地位」は構成要件要素であり、「保障人的義務」そのものは違法要素であると解すべきである。区別説をとると、保障人的地位は構成要件上、きわめて重要な意味を有するが、その認定はどのようになされるべきか、が問題となる。すなわち、作為義務の発生事情（保障人的地位）と構成要件との関係の問題である。作為義務は、特定の構成要件との関係においてその結果発生の防止を義務づけるものである必要があるから、当該構成要件の予想するものでなければならず、特定の構成要件との関連で認定されなければならないことになる。

（5）故意・過失の存在

不真正不作為犯の主観的要件として、故意・過失の存在が必要である。故意について、判例・通説は未必的故意で足りると解するが、確定的故意でなければならないとする見解もある。

3　作為義務の発生根拠

作為義務の発生根拠について通説・判例は、形式的三分説の立場に立ち、作為義務は、①法令、②契約・事務管理、③条理によって生ずるとする。①法令に基づくものとして、たとえば、親子関係において、民法上、親権者は子に対する監護義務を負っており（民法八二〇条）、夫婦は民法上、相互扶助義務を負っているので（民法七五二条）、それが基礎となって法的作為義務が生ずるばあいが挙げられる。②契約・事務管理に基づくものとして、たとえば、契約に基づいて他人の子を預かった者は、その子に関して契約上の義務に由来する作為義務を有し、また義務がないのに事務管理（民法六九七条）を開始した者は、準法律行為に基づく法的作為義務を負うばあいが挙げられる。③条理に基づくものとして、とくに先行行為によるばあいが典型例とされる。

形式的三分説に対しては、①処罰の実質的根拠を明らかにできない、②条理を義務発生の根拠とするのは無限定にすぎる、との批判がある。そこで、通説は、作為義務が発生する範囲の類型化を試みている。たとえば、①先行行為に基づく防止義務、②管理者の防止義務、③信義誠実の原則上みとめられる告知義務、④慣習上みとめられる保護義務などが、その例として挙げられる。ほかにも種々の限定化・類型化の試みがなされている。たとえば、作為義務を実質的に捉え、①一定の法益を保護すべき保護的保障と、②法益に危険をもたらす事態を監視すべき監視的保障の二つに機能的に分類する立場（ドイツにおける多数説）が有力に主張されている。

「先行行為」に基づくものは、自己の行為によって結果発生の危険を生じさせたばあいを意味する。先行行為としては、たとえば、自分の行為で火を出したとき、自動車の運転によって人を轢いたとき、池の中へ人を突き落としたときなどが挙げられる。先行行為を故意または過失に出たものに限るか、違法なものに限るか、について見解が分かれるが、結果発生防止の観点が問題になるのであるから、先行行為は、類型的に違法であれば足り、責任があ

ることを必要としない。「支配領域性」は、他人の法益の保護がその人の手にのみ委ねられているばあいを意味する。たとえば、幼児・嬰児の生命保護がその手中に委ねられているとき、自動車運転者が轢いた被害者を車中に入れて他人が救助の手を出せない状況に置いたときに、支配領域性があるとされる。

4　不作為犯と共犯

不作為犯と共犯の問題は、共犯の関与形態によって、不作為によって関与する形態（「不作為による共犯」）と不作為犯に対して関与する形態（「不作為犯に対する共犯」）とに区別される。不作為による共犯は、共犯形式によって、①不作為による共同正犯、②不作為による教唆、③不作為による幇助（従犯）の問題に分かれる。不作為犯に対する共犯は、①不作為犯に対する教唆と②不作為犯に対する幇助（従犯）の問題に分かれる。不作為犯に対する共同正犯は、不作為による共同正犯の問題に包括される。なぜならば、共同正犯は共同実行を問題にするので、共同者のそれぞれについて加功行為の態様と対象が同時に問題となり得るからである。

（1）不作為による共同正犯

不作為による共同正犯があり得るか、という問題は、さらに、①不作為と不作為の共同正犯と②不作為と作為の共同正犯の問題とに分かれる。本事例においては、Aの罪責に関して①が問題となる。①の点について、積極説と消極説とがある。共同実行は、作為だけでなく、不作為によってもなされ得る。消極説は、作為と不作為とは、存在構造上、決定的に異なるのであって、不作為は行為でないから、不作為については共同実行の意思も共同実行の事実もあり得ないとしてこれを否定するが、妥当でない。たとえば、父母が意思を連絡して乳児に授乳をせずこれを死亡させたばあい、保障人的地位を有する複数の者が、共同実行の意思をもって死亡の結果をもたらす不作為を

おこなって殺人罪を実現したのであるから、共同正犯が成立すると解すべきである。共同正犯が成立する範囲について、共同者各自が作為義務を有するばあいに限られるとする見解もあるが、作為義務を有しない者も、作為義務を有する者と共同してその作為義務違反の不作為を実現することは可能であると解すべきである（六五条一項参照）。したがって、たとえば、母親Aと第三者Bが共同意思のもとに相互に利用・補充し合って乳児に授乳しないで死亡させたばあいも、共同正犯が成立することになるとされる。

（2）不作為犯に対する幇助

判例・通説は、不作為犯の正犯者を幇助することができると解している。不作為をおこなおうとしている者を精神的に支援することによって、作為義務の不履行を容易にすることは可能であるからである。このばあいにも、不作為の故意が存在しない以上、これを強化することもあり得ないとして、不作為犯に対する幇助の成立をみとめず、これを作為による正犯と解する異説も主張されている。しかし、不作為の故意は存在するから、それを精神的に強化するという事態はあり得るので、これを幇助犯として扱うべきである。この幇助行為を作為の正犯として処罰するのは、実質的観点からも妥当でない。

5　正犯と共犯の区別の基準

（1）作為犯のばあい

諸外国の立法例において、正犯と狭義の共犯との区別をみとめる立場が一般的である。これに対して、犯罪の成立に条件を与えた者をすべて正犯者とし、教唆犯・従犯との区別を重視しない統一的正犯概念ないし包括的正犯概念による立法例もある。

統一的正犯概念をみとめない立法主義のもとにおいては、正犯と狭義の共犯の区別の基準に関して、①主観説と客観説、②拡張的正犯概念と制限的正犯概念、③行為支配説、④実行行為性説（形式説）などが主張されている。現在有力なのは③と④であり、④が通説である。

行為支配説とは、構成要件を実現する意思をもって、その実現のために因果関係を目的的に支配・統制することを行為支配とし、行為支配の有無によって正犯と共犯を区別する説をいう。行為支配説は、目的的行為論を基礎にして、「行為支配」を有する者を正犯と解している。すなわち、正犯は、行為の遂行とその経過とをみずから支配する者であり、共犯とは、正犯の行為支配に従属する者であるとされるのである。④実行行為性説（形式説）とは、基本的構成要件に該当する行為、すなわち実行行為をおこなう者を正犯、修正された構成要件に該当する行為、すなわち教唆行為および幇助行為によって正犯に加功する者を共犯と解する説をいう。この見解は、構成要件論の立場から基本的構成要件に該当する行為の実行を正犯のメルクマールとする立場である。この見解によれば、正犯と共犯は実行行為の有無という「形式的」基準によって区別されるが、正犯と共犯の「実質的」差異は、次の点にあることになる。すなわち、正犯は、当該犯罪を実行したことについて第一次的な責任を負担すべきものであり、共犯は、正犯をとおしてその犯罪の実現に加わったことによって第二次的な責任を課せられるべきものである。つまり、正犯は、みずから直接的にその犯罪を実現したか（直接正犯）、または、これと法的に同視し得る形態で、他人を「道具」として利用することによってその犯罪を実現した（間接正犯）ことを要するのに対して、共犯は、そのような正犯を教唆または幇助することによって、その犯罪の実現に関与したものとされるのである。

実行行為性説に対しては、次のような批判がある。すなわち、この見解は処罰の範囲を明確にするという長所を有するが、たとえば見張り行為について、形式的に、つねにこれを従犯と解するなど、実際の適用上、必ずしも妥

当とはいえないとされるのである。また、この説は実行行為か否か、で正犯と共犯とを区別するが、一方では因果関係との関係を遮断するとともに、他方では従属性のドグマと実行行為の規範的な把握によって、正犯の相対的な拡大を招いているとされるのである。

行為支配説に対しては、次のような批判がある。すなわち、行為支配という観念は、もともと責任の有無判定の基準として提案されたものであり、あまりに漠然としているためほとんど問題とされなかった観念の焼き直しにすぎず、それが責任よりはるかに細かい解釈問題である正犯と共犯の区別に関する基準としては役に立たない。しかも、その考えを貫けば、たとえば、暴力団の親分が絶対服従の関係にある子分に競争相手を襲撃し殺傷するよう指示したばあいのように、今日では共犯（教唆犯）として疑われないものも間接正犯とせざるを得ないことになり（行為支配は明らかに親分にある）、従来の共犯体系そのものを混乱・崩壊に導くことになるとされるのである。さらに、教唆犯・幇助犯についても、教唆者・幇助者が教唆行為・幇助行為についての支配をもたなければならないことは同様であるべきはずであるから、行為支配による区別は妥当でないとされる。これらの批判は正当である。

わたくしは、構成要件論を堅持しつつ、正犯と共犯を「構成要件の実現態様」と解しているので、構成要件の中核となっている構成要件的行為、すなわち実行行為こそが正犯行為の中核となると解する実行行為性説（形式説）が妥当であると考えている。

正犯および共犯の行為は、いずれも主観的要素と客観的要素から成り立っているので、それぞれ独自の主観的要素を必要とする。正犯の実行行為は、みずから実行行為をおこなう意思を要し、共犯の教唆行為および幇助行為は、それぞれ教唆の意思、幇助の意思を必要とする。その限度で主観説のいう「正犯意思」と「他人の行為に加担する意思」は、なお意義を有することになる。また、共同正犯は、共同正犯に当たる行為とともに、共同して犯罪を実

行する意思、すなわち共同実行の意思を必要とする。

(2) 不作為犯のばあい

前述のとおり、不真正不作為犯においては、不作為の「実行行為」性を基礎づけるのは、不作為の「作為との同価値性」である。すなわち、価値的に見て構成要件的行為の実行行為性を有するばあいには不作為の共同正犯が成立することになる。なお、判例において幇助行為としての同価値性という表現が見られるが、これは正確でないと解される。

6　AおよびBの罪責

本事例の素材となった名古屋地判平九・三・五（判時一六一一号一五三頁。有罪・確定）は、集団で被害者に対し暴行を加えて瀕死の重傷を負わせた後、河川敷に遺棄して死亡させた事案につき、不作為による殺人罪の成立を肯定している。すなわち、「Xらは、右遺棄行為の前に、Yに対して暴行を加えて自力で行動することのできない瀕死の重傷を負わせたのであるから、こうした先行行為に続く作為義務として、Yを救護すべき義務があり、しかも、その救護義務を尽くしていれば、Yを救命することができたのに、その義務を尽くさず、殺意を持ってYを遺棄したのであるから、不作為による殺人の刑事責任を負うべきである」と判示して、不作為による殺人罪の成立をみとめている。本件において、遺棄によりYが死亡する危険性はきわめて高かったといえるから、作為との同価値性がみとめられ、本判決が殺人罪の成立を肯定したのはきわめて妥当である。Aについて、共同正犯となるのか幇助犯となるのか、が重要な問題となるが、正犯と共犯の区別の観点からは、正犯としての実行行為性を基礎づける同価値性が存在する以上、共同正犯の成立を肯定すべきである。

Bについては、不真正不作為犯に対する不作為による幇助犯の成否が問題となる。不作為による幇助犯に関して、東京高判平一一・一・二九（判時一六八三号一五三頁。破棄自判・一部上告、一部確定）は、不作為による幇助犯の成立をみとめる前提となる犯罪を防止すべき義務をみとめることができないとして、強盗致傷罪の犯行を阻止しなかった不作為による幇助犯の成立をみとめた原判決を破棄している。本判決は、まず不作為の幇助犯の成否について、一般論として「正犯者が一定の犯罪を行おうとしているのを知りながら、それを阻止しなかったという不作為が、幇助行為に当たり幇助犯を構成するというためには、正犯者の犯罪を防止すべき義務が存在することが必要であるといえるのである。そして、こうした犯罪を防止すべき義務は、正犯者の犯罪による被害法益を保護すべき義務（以下、『保護義務』という。）に基づく場合と、正犯者の犯罪実行を直接阻止すべき義務（以下、『阻止義務』という。）に基づく場合が考えられるが、この保護義務ないし阻止義務は、一般的には法令、契約あるいは当人のいわゆる先行行為にその根拠を求めるべきものと考えられる」と判示している。この見地からは、Bは、Aらの犯行を阻止すべき作為義務を負わないから、不作為による幇助犯の罪責を負わないことになる。

第二款　因果関係

AとBは、午後八時頃から午後九時頃までの間、Aが営む飯場において、洗面器の底や皮バンドでXの頭部等を多数回殴打するなどの暴行を加えた結果、恐怖心による心理的圧迫等によって、Xの血圧を上昇させ、内因性高血圧性橋脳出血を発生させて意識消失状態に陥らせてそのまま放置してその場から立ち去った。その後、

Bは、犯跡を隠すため現場に戻りその場所からかなり離れた港にある建材会社資材置場にXを搬送し、同日午後一〇時四〇分頃、寒風吹きすさぶ同所に放置して立ち去り、Xは、翌一六日未明、脳出血により死亡した。Xは、資材置場で倒れていた際、何者かに角材で頭頂部を数回殴打されており、その暴行は、既に発生していた脳出血を拡大させ数分死期を早めるものであった。

AおよびBの罪責について論じなさい。

【論　点】

1　行為後の介在事情の取扱い

2　大阪南港事件決定の評価

【解　説】

本事例において、AおよびBは、被害者Xに瀕死の重傷を負わせて意識を失わせてそのまま放置していたが、Bだけが犯跡を隠す目的でXを遠方まで運び、夜間、人気のない港の資材置場に放置した後、第三者がその被害者を角材で頭頂部を数回殴打して死期を早めているので、AおよびBにつき傷害致死罪の成否が問題となる。これは、傷害行為と死亡の結果との間に因果関係をみとめてよいか、という問題にほかならない。

この点につき、本事例の基礎となった最高裁の判例は、「犯人の暴行により被害者の死因となった傷害が形成された場合には、仮にその後第三者により加えられた暴行によって死期が早められたとしても、犯人の暴行と被害者の

死亡との間の因果関係を肯定することができ、本件において傷害致死罪の成立を認めた原判断は、正当である」と判示している（最決平二・一一・二〇刑集四四巻八号八三七頁。大阪南港事件）。ただし、本件はAによる単独犯行の事案である。本事例は、AとBが傷害行為につき共同正犯の成立がみとめられる点でこれと異なる。Bが資材置場にXを搬送し遺棄したことがXの死亡に影響を与えたものと解する見地からは、Xの死の結果はBのみに帰せられることになると解するのが筋であろう。条件説を採る判例の立場からは、条件関係がみとめられる以上、前記の決定の結論は当然であるということになる。しかし、相当因果関係説においては、見解が分かれる。

本ケースは、行為後の介在事情をどのように扱うか、という形で争われる。従来の通説的見解によれば、第三者の行為の介入が判断基底に取り込まれるか否か、は行為者が予見していないかぎり、一般人の予見可能性にかかっている（客観的事後予測）。夜間、港の資材置場に重傷の者を放置したばあいに第三者がこの者に暴行を加えることは、一般人には予測できないであろう。したがって、これを判断基底に入れることはできないので、第三者の暴行により死期が早められた事実は相当性判断の基底とはならない。そうすると、暴行を加え「被害者の死因となった傷害が形成された場合には」、AおよびBの前記傷害行為によって被害者が死亡することは通常、起こり得ることであるから、「相当性」が肯定され、AおよびBにつき傷害致死罪の成立がみとめられる。

傷害致死罪の成立をみとめる最高裁の前記決定の結論は、一般に妥当であるとされ、相当説内部でその理由づけをめぐって種々の見解が主張されている。しかし、直接、第三者が結果を発生させたばあいには、数分死期を早めただけであっても、厳密にはそれは第三者によって発生させられたことになる。最初の行為者Aの行為と結果発生との間の因果関係は否定されるべきである。したがって、行為者Aは、最高裁認定の事案においては、理論的には傷害致死罪の未遂というべき傷害罪の限度の罪責を負うことになる。責任主義の観点からは、むしろ傷害致死罪の

成立を肯定する結論は実質的に妥当でないとされるべきなのである。そうすると、本事例においても、死の結果は第三者によって発生させられているのであるから、AおよびBは傷害の限度で処罰されるべきことになる。

大阪南港事件決定につき、相当因果関係の立場から次のように解する立場がある。すなわち、洗面器による殴打により死因となるに十分な脳内の出血が生じ角材による暴行は幾分か死期を早める影響を与えたにとどまるとの原審の認定を前提にすると、①「死因」を形成したと評価された被告人の行為は、結果発生の確率の高い行為であり、②港の資材置場に意識を失って放置された者に何らかの危害が及ぶ可能性は少ないとはいえず、③介在事情の結果への寄与も絶対的なものではないので、因果関係をみとめるのは妥当であるとされる。そして、頭部を角材で殴打し死期を早めた第三者が起訴されたばあい、殺意をもって無抵抗の者に致命的な攻撃を加えた以上、その者も殺人既遂罪で問擬されようとされるのである。客観的帰属論の立場からは、次のように主張される。すなわち、これは「危険実現連関」の問題であり、危険実現連関は、創出された危険が、事後的に結果に実現したときにはじめて行為に結果が帰属される。それは、基本的に、創出された危険（第一次的危険）の展開の段階（ないし危険の程度）と介在する第二次的危険が、第一次的危険に内部誘発されたか、外部誘発されたか、あるいは、物理的・自然的事象の介在であったか、人の行動の介在であったか、などによって判断される。そして、外部的誘発類型においては、第一次的危険の因果力がきわめて大きく、第二次的危険がそれによって「圧倒」されてしまうような事例（危険修正事例）では、第一次的危険は、第二次的危険によって若干修正されたにすぎない。第二次的危険の「具体的影響力」ないし「寄与度」は小さく、新たな危険系列が開始されているともいえないので、危険実現は肯定されることになる。大阪南港事件決定は、このような類型に属するとされるわけである。

第三款　抽象的事実の錯誤

Xは、覚せい剤を密輸入する意思で大麻を密輸入した（最決昭五四・三・二七刑集三三巻二号一四〇頁参照）。
Yは、大麻所持罪を犯す意思で覚せい剤所持罪に当たる事実を実現した（最決昭六一・六・九刑集四〇巻四号二六九頁参照）。
XおよびYの罪責について論じなさい。

【論　点】

1　薬事犯における故意と錯誤
2　抽象的事実の錯誤の処理に関する学説と判例について

【事例の趣旨】

錯誤論は、古くから争われており、論点は明白である。したがって、誰でも一応の解答はできるが、しかし、説得力のある論述はなかなかできないとして敬遠されがちである。判例上、法定的符合説が確立されているが、近時、薬事犯に関して「実質的符合」の立場が打ち出されている。学説上、抽象的符合説の中で合一的評価説や不法・責

任符合説も主張されているが、いずれも必ずしも理解しやすい見解とはいい難い。従来の学説を踏まえたうえで、これらの見解を見ておく必要があるとおもわれる。

【解　説】

1　抽象的符合説の実質的根拠とその検討

抽象的符合説の実質的根拠は、法定的符合説をとったばあいに生ずるとされる「刑の不均衡」を是正しようとする点にある。すなわち、「器物損壊罪の故意」で人を死亡させたばあい、法定的符合説は、過失致死罪の成立をみとめるにとどまるので、人を死亡させたのに器物損壊罪よりも軽く処罰されることとなって刑の不均衡を生じさせるとされる。たしかに、単純に過失致死罪と器物損壊罪の法定刑を比較すれば、前者は人の死亡という重大な結果を発生させているにもかかわらず、後者よりも軽く処罰されるので、刑の均衡を失しているかの観を呈する。しかし、このように法定刑を比べただけでは、行為の当罰性の問題は解決できない。刑法は、器物損壊罪の法定刑よりも過失致死罪の法定刑を軽くしている点で一つの立場決定をおこなっているのであり、これは錯誤論によって解決されるべきものではない。

次に、「死体遺棄罪の故意」で「保護責任者遺棄罪」の事実を実現したばあい、法定的符合説は保護責任者遺棄罪も死体遺棄罪も成立しないとするが、これは妥当ではないとされる。たしかに、純粋に客観的に見れば保護責任者遺棄罪に相当する結果が発生していのに、まったく犯罪が成立しないとするのは当罰感情に反するように見えるかもしれない。しかし、行為類型として見たばあい、「生きている人を遺棄して」生命に危険を生じさせる行為と「死体を遺棄して」社会的な宗教感情を害する行為とは明かに違うので、両罪の符合をみとめなくても不当ではないの

である。

2　いわゆる合一的評価説と不法・責任符合説

（1）合一的評価説

いわゆる合一的評価説は、故意の抽象化を推し進め、予見事実についての未遂犯と実現事実についての過失犯との観念的競合を否定して合一的評価により一個の重い罪だけで処罰しようとするものである。すなわち、①「軽い甲罪の故意」で「重い乙罪の事実」を実現したばあい、甲罪および乙罪の故意犯を想定して合一的に評価して乙罪の成立をみとめるが、三八条二項の制限があるので処断刑は甲罪の既遂の法定刑によるとされる。たとえば、器物損壊罪の故意で人を死亡させたばあい、殺人罪既遂の成立を肯定したうえで、器物損壊罪の法定刑で処断されることになる。②逆に「重い乙罪の故意」で「軽い甲罪の事実」を実現したばあい、乙罪について未遂を考え、甲罪について故意犯を想定し、これらを合一的に評価して、重きに従って処断するとされる。たとえば、殺人の故意で器物損壊を実現したばあいには、殺人未遂罪で処断されることになる。この説の特徴は、①のばあいに発生事実の既遂の成立をみとめたうえで、処断刑を予見事実の法定刑によるとして「罪名と処断刑を分断」し、②のばあいには、予見事実の未遂と発生事実の故意犯を想定してこれらを合一的に評価し、重きに従って処断する点にある。

（2）不法・責任符合説

不法・責任符合説は、通説・判例の考え方を、「実質的な」構成要件の拡張であり、構成要件概念を弛緩させ、罪刑法定主義の根本を否定するものにほかならないと批判したうえで、故意を肯定するためには、「構成要件該当事実の認識」がなくても、「構成要件の内容をなす不法・責任の認識」があれば足りるので、認識事実と実現事実とが構

成要件に符合しなくても、「各構成要件の不法・責任内容」において符合がみとめられる範囲で故意犯の成立を肯定し得るとする。この見解は、通説・判例が構成要件の「実質的な」重なり合いを問題とすることに代えて、故意の「構成要件関連性」を否定したうえで故意概念自体に変更を加えることによって、通説・判例と同様な結論に到達している。

(3) 両説の検討

抽象的符合説のように、故意の抽象化を極端に押し進めるのは、故意概念の実体を失なわせ、故意を単なる処罰のためのラベルに化してしまうものであり、妥当ではない。構成要件の「故意規制機能」をみとめる見地からは、故意の抽象化は法定的符合説の限度にとどめられるべきである。

さらに、抽象的符合説においては、現実に存在しない犯罪規定による処断をみとめる立場もあり、罪刑法定主義に反する結果をもたらす。

また、成立する罪名と処断刑との分裂を生じさせるのも、実際上、妥当でない。わたくしは、法定的符合説が方法論的にも実質的にも妥当であると解する。

「構成要件の内容をなす不法・責任の認識」があるといえるためには、少なくとも「構成要件該当事実の認識」が必要なのであり、仮にそうでないとすると、その認識の内容は、構成要件に該当する客観的（外部的）事実という手がかりを失った、任意に設定可能な不明確なものになってしまうであろう。

たしかに、構成要件的符合説の多くは、構成要件を拡張するものであるといえるが、しかし、すでに存在する甲罪の構成要件と乙罪の構成要件のほかに拡張された丙罪の構成要件を新しく作り出して、その丙罪の成立をみとめるわけではない。甲罪と乙罪とが刑罰法規として規定されていることを前提にして、甲罪を犯す意思で行為したとこ

ろ乙罪の結果が発生したばあいに、甲罪の構成要件と乙罪の構成要件とが「実質的に重なり合っている」限度で、軽い方の罪（甲罪または乙罪）の成立をみとめるにとどまるとされているのである。

3　実質的符合説の妥当性

構成要件の「実質的な重なり合い」を基準にする見解がもっとも妥当であるといえる。すなわち、構成要件が異なっていても、「実質的に」構成要件が重なり合っているばあいには、その範囲で発生した事実につき故意の成立をみとめても、行為者にとって「不意討《う》ち」の結果とはならないのである。構成要件は、法技術的に作り上げられた観念形象であるから、それを専門的観点から認識し得ない「一般人」にとっては、その構成要件が指示している「実体」（実質）を現実に表象・意欲しているかどうか、が決定的に重要であることになる。

そうすると、立法政策的・法技術的観点から設定された構成要件の厳密な「形式的」符合よりも、一般人が同義と感じられるだけの「実質的」・「実体的」な符合を基準にすることが、現実の故意の内容に相応するのであり、当の行為者にとっても不当な「結果」責任を追及することにはならないのである。

それではどのような基準で構成要件の「実質的な」重なり合いをみとめるべきか、が次に重要な問題として生ずる。構成要件は、刑罰法規が類型化した、一定の法益の侵害・危険を生じさせる一定の行為の型であるから、「法益の共通性」と「法益侵害行為の共通性」の両者をともにみとめることが基本的な基準になる。そして、これを前提としたうえで、構成要件の「実質的な」重なり合いを考えるに当たっては、行為客体（目的物）の共通性、および、立法技術上別個の条文に書き分けられて規定されることにより別個の構成要件とされているかをも考慮する必要があるとされている。

4　判例の立場

最高裁の昭和五四年三月二七日決定は、抽象的事実の錯誤につき、構成要件的符合説（法定的符合説）の立場をとって、故意の抽象化を構成要件によって制約し、構成要件の「実質的重なり合い」を重視し、法定刑が等しいばあいには、発生した結果について犯罪の成立をみとめ、法定刑に違いがあるばあいには、行為者が認識した軽い事実について犯罪の成立を肯定し、科刑もその罪について規定されている法定刑によるとしたのである（刑集三三巻二号一四〇頁）。最高裁の昭和六一年六月九日決定は、この考えを踏襲している。すなわち、本決定は、覚せい剤所持罪と麻薬所持罪の「両罪は、その目的物が麻薬か覚せい剤かの差異があ……るだけで、その余の構成要件要素は同一であるところ、麻薬と覚せい剤との類似性にかんがみると、この場合、両罪の構成要件は、軽い前者の限度で、実質的に重なり合っている」のであり、「被告人には、所持にかかる麻薬が覚せい剤であるという重い罪となるべき事実の認識がないから、覚せい剤所持罪の故意を欠くものとして同罪の成立は認められないが、両罪の構成要件が実質的に重なり合う限度で軽い麻薬所持罪の故意が成立し同罪が成立するものと解すべきである」と判示しているのである（刑集四〇巻四号二六九頁）。

昭和六一年決定は、昭和五四年決定によって明確に打ち出された実質的構成要件的符合説の立場を堅持することを明示したものとして、判例上、重要な意義を有する。

5　XおよびYの罪責

(1)　Xの罪責

Xは、覚せい剤を密輸入する意思（覚せい剤取締法四一条一項違反の罪［法定刑は一年以上の懲役］）の故意で、結果として

大麻を密輸入して大麻取締法二四条一項違反の罪（法定刑は七年以下の懲役）の結果を実現している。ここに抽象的事実の錯誤が生じている。法定刑は、覚せい剤取締法違反の罪の方が重いので、Xは重い犯罪を犯す故意で軽い犯罪の結果を生じさせていることになる。このばあい、前述のように両罪の構成要件は実質的に重なり合っているので、軽い大麻取締法違反の罪の限度でその故意がみとめられ、Xには同罪が成立する。

(2) Yの罪責

Yは、大麻所持罪（大麻取締法二四条の二第一項違反の罪［法定刑は五年以下の懲役］）の故意で、覚せい剤取締法四一条の二第一項違反の罪（法定刑は一〇年以下の懲役）の結果を実現している。ここに抽象的事実の錯誤が生じている。法定刑は、覚せい剤取締法違反の罪の方が重いので、Yは、軽い犯罪を犯す故意で重い犯罪の結果を生じさせていることになる。両罪の構成要件は、前述のとおり実質的に重なり合っているので、軽い罪である大麻所持罪の故意は阻却されず、三八条二項により軽い罪で処断される。したがって、Yには大麻取締法の罪が成立することになる。

第二章　違法性

第一款　被害者の承諾(1)　錯誤に基づく承諾

Xは、談笑中にAに、「本当に勇気のある者ならば、脚の一本位切断されても平気なはずだ。」と話したところ、Aが、これを真に受け、「俺の勇気を見せてやる。さあ、俺の左脚を切断してくれ。」と真剣にその切断をXに依頼したので、医師である父親の手術道具と麻酔薬を持ってきて麻酔薬を注射したうえで、Aの要求どおりにAの左脚を切断した。
Xの罪責について論じなさい（ただし、特別法違反の点は、除く）。

【論　点】

1　被害者の承諾の意義と問題の所在
2　被害者の承諾の種類
3　傷害罪における被害者の承諾

【本事例の趣旨】

法益の主体が法益侵害を承諾したばあい（被害者の承諾があるばあい）、そもそも法益の侵害それ自体が存在するといえるのかどうか、が問題となる。刑法は、自損行為（自傷行為）を処罰の対象としていないので、被害者の承諾に基づいてなされる行為は、自損行為と同等に評価されるべきではないか、という疑問が生ずるのである。これは、被害者の承諾は構成要件該当性を阻却するのか、違法性を阻却するのか、という問題であり、被害者の承諾の「法的効果」にかかわる。人的不法論（行為無価値論）と物的不法論（結果無価値論）の対立との関連においてこれを再検討する必要がある。

【解　説】

1　被害者の承諾の種類

被害者の承諾は、その法的効果の相違を基準にして次のように分類される。すなわち、①刑法上、まったく意味をもち得ないもの。つまり、被害者の承諾があっても、刑法上、何らの効果も生じないばあいである。たとえば、一三歳未満の男女に対する強制わいせつ罪（一七六条後段）、一三歳未満の女子に対する強姦罪（一七七条後段）などのように、構成要件上、被害者の承諾の有無を問わないことが明らかにされている犯罪類型がこれに属する。この類型においては、被害者の承諾は、いわば一律に「無効」になるとされているわけである。②被害者の承諾が刑の減軽事由となり派生的構成要件を生じさせるもの。たとえば、同意殺人罪（二〇二条）、同意堕胎罪（二一三条・二一四条）などがこれに属する。この類型においては、被害者の承諾は構成要件要素ということになる。③被害者の承諾の不存在が構成要件要素とされているもの（合意）。たとえば、住居侵入罪（一三〇条）、秘密漏示罪（一三四条）、強姦罪（一

七七条前段)、窃盗罪(二三五条)などがこれに属する。住居侵入罪を例にとると、居住者(被害者)の承諾を得ないでその住居に立ち入る行為が「侵入」行為であるから、被害者の承諾があるときには、「侵入」行為が存在しないこととなり、住居侵入罪の構成要件該当性が否定されるわけである。④被害者の承諾が違法性阻却事由(正当化事由)とされるもの。個人的法益に対する罪のばあい、右の①〜③を除いて、被害者の承諾は原則として違法性阻却事由となる。

2　傷害罪における被害者の承諾

(1)　被害者の承諾の法的性格

通説は、傷害罪(二〇四条)のばあい、被害者の承諾に基づく行為は、傷害罪の構成要件に該当するが、原則として違法性が阻却されるとする。例外的に違法性が阻却されないばあいが生ずるが、この点は被害者の承諾の正当化根拠にかかわる。このような通説に対して、近時、ドイツにおいて④の承諾を③の承諾に包含させようとする見解が有力に主張され、被害者の承諾の犯罪論体系上の地位の問題があらためて議論されるに至っている。被害者の承諾の犯罪論上の地位の変化は、たんに抽象的な議論にとどまらず、錯誤論に影響を及ぼす。すなわち、被害者の承諾がすべて被害者の合意として構成要件要素となるとすれば、その錯誤は構成要件的事実の錯誤(事実の錯誤)とされ、故意が阻却されることになる。しかし、違法性阻却事由としての承諾をみとめると、その錯誤は正当化事情の錯誤、つまり、違法性阻却事由(正当化事由)の事実的前提に関する錯誤とされる。傷害罪に関して被害者の承諾はすべて構成要件該当性を阻却するという見解が、わが国においても主張されるようになり、本問題が重要視されるに至っている。しかし、わたくしは通説・判例の立場が依然として妥当であると解している。

被害者の承諾に基づく血液の採取(たとえば、検査・輸血のための血液採取)などが適法とされる反面、本人の承諾が

あっても、腕・脚などを切断するような「廃疾的な傷害」は違法であると解すべきである。承諾が違法性を阻却するか否か、の基準は、生理的機能の毀損の程度が通常人に対して期待される社会的活動の妨げとなる程度に達したかどうか、に求められる。すなわち、この程度を超える「廃疾的」傷害ばあいには、被害者の承諾はいわば、無効となり、違法性は阻却されないこととなる。

(2)　被害者の承諾の要件

被害者の承諾による行為の違法性が阻却されるための要件は、次のとおりである。

(i)　承諾の内容は、被害者みずから処分し得る個人的法益に関することを要する。傷害罪のばあい、被害者の承諾による違法性阻却に一定の制限がみとめられる。たとえば、承諾があることによって、傷害が「公の秩序善良の風俗」に反すると見られるばあいと、重大な傷害、とくに生命に危険のある傷害のばあい、却されないとか、国家・社会的倫理規範に照らして相当と見られない傷害ばあいには、違法性は阻却されないと解されている。

(ii)　承諾は有効なものでなければならず、承諾能力を有する者の真意による承諾であることを要する。したがって、幼児（大判昭9・8・27刑集一三巻一〇八六頁）や高度の精神病者のした承諾や、強制による承諾（最判昭25・10・11刑集四巻一〇号二〇一二頁）、たわむれにした承諾（大判明43・4・28刑録一六輯七六〇頁）などは、承諾の外形はあるが、いわば無効である。

通説は、承諾の動機は必ずしも承諾に基づく行為の違法性に影響を与えないと解し、たとえば、賭博の資金を入手するために売血しようとした者が、病院で採血されることを承諾しても、これに応じた医師の採血行為は、ただちに犯罪となるものではないが、承諾に基づく行為の適法性をみとめるについては、承諾を得たことの動機、目的

の意味が考慮されなければならないことがあるとする。判例（最決昭55・11・13刑集三四巻六号三九六頁）も、交通事故をよそおって保険金を騙取《へんしゅ》する目的で、被害者の承諾を得て、その乗車中の自動車に自車を追突させて傷害を負わせたという事案において、「被害者が身体傷害を承諾したばあいに傷害罪が成立するか否かは、単に承諾が存在するという事実だけでなく、右承諾を得た動機、目的、身体傷害の手段、方法、損傷の部位、程度など諸般の事情を照らし合せて決すべきものであるが、本件のように、過失による自動車衝突事故であるかのように装い保険金を騙取する目的をもって、被害者の承諾を得てその者に故意に自己の運転する自動車を衝突させて傷害を負わせたばあいには、右承諾は、保険金を騙取するという違法な目的に利用するために得られた違法なものであって、これによって当該傷害行為の違法性を阻却するものではないと解するのが相当である」と判示している。

(iii)　承諾の方式に関して、被害者の内心に存在するだけで足りるとする意思方向説と、外部的に表明されることを要するとする意思表明説とが対立しているが、通説は、意思表明説である。ただし、承諾は、必ずしも明示的である必要はなく、黙示的になされたものでもよいとされている。

(iv)　承諾は、行為の時に存在していなければならない。事後的に与えられた承諾は無意味である（大判昭11・1・31刑集一五巻六三頁、大判昭16・5・22新聞四七〇八号二六頁など）。わたくしは、正当化事由の客観的要件は刑法の「行為規範性」の観点から事前判断によるべきであると解しているので、このばあいも、事前判断が要求されるのは当然であることになる。

(v)　通説によれば、承諾による行為は、被害者の承諾があることを認識しておこなわれる必要がある。この認識は、主観的正当化要素とされる。わたくしは、人的不法論の見地から、通説の立場を支持する。

(vi)　通説は、承諾に基づいてなされる行為は、その「方法および程度」において、国家・社会的倫理規範に照ら

して是認されるものでなければならないとする。たとえば、病人に輸血するために、健康者の承諾を得て採血すること自体は適法であるが、給血者の身体に大きな傷跡を残すような方法で採血するとか、給血者の健康に支障をきたす程度にまで採血することは違法であるとされるのである。

3　Xの罪責

Xは、Aに冗談で「本当に勇気のある者ならば、脚の一本位平気なはずだ。」と言ったところ、Aが言われたことを真に受け、「俺の左脚を切断してくれ。」と言って真剣にその切断をXに依頼している。Aの申出は、真剣になされており、切断されるのは個人的法益であるAの身体の一部の左脚である。原則として身体についての法益は、その主体である被害者の処分が可能である。また、身体の侵襲としての傷害行為は、一般的に適切とみとめられる方法でなされなければならない。本事例においてXは、医師の手術道具を使って、しかも麻酔薬を注射したうえでAの脚を切断している。これは傷害罪の構成要件に該当する。

このように見てくると、Xは被害者であるAの真摯な承諾に基づいて傷害行為をおこなっており、その方法も適切なものと考えられる。そうすると、Xの傷害行為は、被害者の承諾に基づくものとして違法性が阻却されるように見える。現に死に至り得るような障害でないかぎり、違法性が阻却されるとする見解もある。しかし、左脚の切断は、被害者の社会生活上、重大な支障をもたらす「廃疾的傷害」に当たる。したがって、その傷害行為は「被害者の承諾」によってその違法性を阻却されるべきでない。したがって、Xには傷害罪が成立する。

第二款　被害者の承諾(2)　目的の不法と承諾

Aが、Xに内緒で、Aを受取人とする傷害保険を掛けたうえで、「工場内で怪我をすると、仕事を休めるだけでなく、労災保険金や見舞金が貰えるぞ。俺が二階の階段から突き落として全治二週間位の怪我を負わせよう。」ともちかけたところ、Xはこれに同意した。Aは、Xに瀕死の重傷を負わせた方が受取り金額が多くなると考え、知合いの暴力団員Bに「Xが傷害保険金を騙し取ろうとしているが、工場の屋上から飛び降りる勇気がないので突き落としてくれと言っている。分け前をあげるから。」と言ってBに実行させることを決意させた。ところが、Bが、自ら実行せずに自分の弟分のCに事情を話したうえで、「実行しなければ徹底的にヤキを入れてやるからな。」と脅したので、本当に重傷を負わせられると危険を感じたCは、やむなく言われるままに、工場の屋上で仕事をしていたXを突き落とし、Xに頭蓋骨骨折などの怪我を負わせXを死亡させた。

A、BおよびCの罪責について他説に言及しつつ自説を述べなさい（文書偽造罪および詐欺罪は除く）。

【論　点】

1　傷害罪における被害者の承諾

（1）　体系上の位置づけ

（2）　承諾の要件
（3）　目的の不法と承諾
（4）　承諾の錯誤
（i）　欺罔による承諾――生命に危険のある傷害ないし廃疾的傷害と違法性の有無
（ii）　共犯における錯誤――構成要件的事実の錯誤か違法性の錯誤か。
2　傷害致死罪と教唆犯
結果的加重犯の教唆
3　強制に基づく行為と緊急避難
（1）　緊急避難の法的性質
（2）　要件
4　A、BおよびCの罪責

【本事例の趣旨】

傷害罪における被害者の承諾の問題は、犯罪論体系、違法性の本質等に関連する重要問題である。とくに欺罔による承諾については学説上、新たな展開が見られ、錯誤論との関連でも興味深い問題点がある。さらに、強要による緊急避難が、学界において関心をもたれており、実務上もオウム事件においてこれに関連する判例が出たので、これについても検討してみることにした。

【叙述上の注意】

A、BおよびCの罪責を論ずる前提として、傷害罪における被害者の承諾、結果的加重犯と教唆犯、強制に基づく緊急避難（強要による緊急避難）という一般問題を議論しなければならないが、これらについて一般論を余りにも詳細に論述するとバランスが悪くなる。しかも他説への言及も要求されているので、なおさら簡潔な叙述が必要となる。論点の摘示との関連で他説に触れ、それを批判して自説を論述するようにするとよい。

【解　説】

1　傷害罪における被害者の承諾

(1)　体系上の位置づけ

(i)　法益の主体が法益侵害を承諾したばあい（被害者の承諾があるばあい）、そもそも法益の侵害それ自体が存在するといえるのかどうか、が問題となる。刑法は、自損行為（自傷行為）を処罰の対象としていないので、被害者の承諾に基づいてなされる行為は、自損行為と同等に評価されるべきではないか、という疑問が生ずるのである。これは、被害者の承諾は構成要件該当性を阻却するのか、違法性を阻却するのか、という問題であり、被害者の承諾の「法的効果」にかかわる。人的不法論（行為無価値論）と物的不法論（結果無価値論）の対立との関連においてこれを再検討する必要がある。

(ii)　被害者の承諾は、その法的効果の相違を基準にして次のように分類される（通説）。すなわち、①刑法上、まったく意味をもち得ないもの。つまり、被害者の承諾があっても、刑法上、何らの効果も生じないばあいである。たとえば、一三歳未満の男女に対する強制わいせつ罪（一七六条後段）、一三歳未満の女子に対する強姦罪（一七七条後段）

などのように、構成要件上、被害者の承諾の有無を問わないことが明らかにされている犯罪類型がこれに属する。この類型においては、被害者の承諾は、いわば一律に「無効」になるとされているわけである。②被害者の承諾が刑の減軽事由となり派生的構成要件を生じさせるもの。たとえば、同意殺人罪（二〇二条）、同意堕胎罪（二一三条・二一四条）などがこれに属する。この類型においては、被害者の承諾は構成要件要素ということになる。③被害者の承諾の不存在が構成要件要素とされているもの（合意）。たとえば、住居侵入罪（一三〇条）、秘密漏示罪（一三四条）、強姦罪（一七七条前段）、窃盗罪（二三五条）などがこれに属する。住居侵入罪を例にとると、居住者（被害者）の承諾を得ないでその住居に立ち入る行為が「侵入」行為であるから、被害者の承諾があるときには、「侵入」行為が存在しないこととなり、住居侵入罪の構成要件該当性が否定されるわけである。④被害者の承諾が違法性阻却事由（正当化事由）とされるもの。個人的法益に対する罪のばあい、右の①〜③を除いて、被害者の承諾は原則として違法性阻却事由となる。

(iii) 通説は、傷害罪（二〇四条）のばあい、被害者の承諾に基づく行為は、傷害罪の構成要件に該当するが、原則として違法性が阻却されるとする。例外的に違法性が阻却されないばあいが生ずるが、この点は被害者の承諾の正当化根拠にかかわる。このような通説に対して、ドイツにおいて④の承諾を③の承諾に包含させようとする見解が有力に主張され、被害者の承諾の犯罪論体系上の地位の問題があらためて議論されるに至っている。被害者の承諾の犯罪論上の地位の変化は、たんに抽象的な議論にとどまらず、錯誤論に影響を及ぼす。すなわち、被害者の承諾がすべて被害者の合意として構成要件要素となるとすれば、その錯誤は構成要件的事実の錯誤（事実の錯誤）とされ、故意が阻却される。しかし、違法性阻却事由としての承諾をみとめると、その錯誤は正当化事情の錯誤、つまり、違法性阻却事由（正当化事由）の事実的前提に関する錯誤とされる。傷害罪に関して被害者の承諾はすべて構成要件

該当性を阻却するという見解が、わが国においても有力に主張されるようになるにつれ、本問題が重要視されるに至っている。

(iv)　通説は、傷害罪における被害者の承諾を違法性阻却事由であると解している。被害者の承諾が違法性を阻却する根拠につき、利益欠缺の原理（利益不存在の原理）を援用する立場が有力である。この説は、違法性の本質をもっぱら法益侵害という結果無価値にあると考え、被害者の承諾によって法益の保護が放棄されたばあいには、違法性を基礎づける要件である法益が欠如するので違法性が阻却されると解する。わが国およびドイツの通説は、被害者の承諾の違法性阻却の根拠を「法的保護の放棄」に求める。この説は、承諾を法的行為として捉え、いわば意思表示の効果として「規範の後退」をみとめる。私人である一個人の意思によってなぜ国家の法規範である刑法が後退せざるを得ないのか、という点については、見解が分かれる。これを端的に保護の「必要性」の欠如に求める説、国家的に承認された共同生活の目的を達成するために適当な手段であることに求める目的説、社会的相当性の理論による説などが主張されている。

この点について、わたくしは、優越的利益説と目的説とは総合され得るとする見地から、正当化の根拠を考えるべきであると解している。ここにいう「目的」は「法益保護」であり、目的説は優越的利益説を説明し直したことになる。また、法益侵害という観念は、結果無価値と行為無価値の総合であるから、目的説は、「行為」の面からその「有価値性」を説明し、優越的利益説は、「行為」を含めた全体の「有価値性」、すなわち「優越的利益」を説明することになる。傷害罪における被害者の承諾のばあい、身体もその担い手としての「個人」の法益であることは明らかであるが、自由・財産と同様に、まったく自由にこれを処分し得るものであると解するのは妥当でない。身体の重要部分は「処分意思そのもの」を生み出す前提として、「意思」を超える価値であり、至上の価値である「人

間の尊厳」そのものと考えるべきである。したがって、身体に関する承諾は、具体的なばあいに応じて、身体を譲り渡すことによって得られる利益の比較衡量をとおして、その正当化の可否が決せられる。構成要件該当性阻却事由説に立ちつつ、身体の重要部分の傷害については、違法性の次元の問題であると解する見解も主張されている。

(2) 承諾の要件

被害者の承諾の要件として、次のことが挙げられる。

(i) 承諾の内容は、被害者自ら処分し得る個人的法益に関すること。

(ii) 承諾は有効なものでなければならず、承諾能力を有する者の真意による承諾であること。したがって、幼児（大判昭9・8・27刑集一三巻一〇八六頁）や高度の精神病者のした承諾や、強制による承諾（最［大］判昭25・10・11刑集四巻一〇号二〇一二頁）、たわむれにした承諾（大判明43・4・28刑録一六輯七六〇頁）などは、いわば無効である。

(iii) 承諾の方式に関して、被害者の内心に存在するだけで足りるとする意思方向説と外部的に表明されることを要するとする意思表明説（通説）とが対立している。

(iv) 承諾は、行為の時に存在していること。わたくしは、正当化事由の客観的要件は刑法の「行為規範性」の観点から事前判断によるべきであると解しているので、このばあいにも当然、事前判断が要求されることになる。これに対して、結果無価値論を徹底する立場から、承諾は、「結果（侵害）発生時」に必要であり、事前に与えられた承諾が「結果（侵害）発生時」までに撤回されたばあいには錯誤の問題となるとする見解も主張されている。

(v) 承諾による行為は、被害者の承諾の存在を認識しておこなわれること。この認識は、主観的正当化要素である。

(vi) 通説は、承諾に基づいてなされる行為が、その「方法および程度」において国家・社会的倫理規範に照らし

て是認されるものであることを要求する。

(3) 目的の不法と承諾

傷害罪につき被害者の承諾があっても、犯罪が成立するとする見解が多いが、その根拠をめぐって説は次のように分かれている。すなわち、①承諾が公序良俗に反し無効であることを理由とする説、②国家・社会的倫理規範に照らして社会的に相当なものでないことを理由とする説、③重大な傷害、とくに生命に危険がある傷害については正当化されないとする説、④真摯な同意がある以上、原則として不処罰であり、構成要件不該当ないし違法性を阻却するとする説などがある。

完全な違法性阻却を肯定する見解と現行法上の生命に対する手厚い保護を理由として、生命に危険のある傷害ないし重大な傷害についてのみ違法性阻却を否定する見解は、結果無価値論の立場から主張されている。行為無価値論の立場からは、同意傷害が倫理的に見て是認し得るかにより違法性阻却を判断する見解が主張されている。後者の立場に対しては、「結果無価値のないところで、処罰の対象にならないはずの、構成要件外の反倫理性により犯罪の成立を肯定するもので、罪刑法定主義的観点からも問題があり、妥当でない」との批判がある。これに対して、重大な傷害でないものは、すでに構成要件不該当であるが、内臓の摘出、眼球の摘出、手足の切断などの重大な傷害は、たとえ生命に危険がなくても、被害者の同意だけでは構成要件該当性阻却とはならず、被害者の同意に、その他の優越的利益があいまって、正当化されるとする見解もある。

わたくしは、重大な傷害、とくに廃疾的傷害は目的説の見地から違法性が阻却されないと解している。

保険金詐欺目的で傷害に対する承諾を得たという事案に関する最決昭55・11・13（刑集三四巻六号三九六頁）は、自動車の追突事故により傷害を負わせ、必要以上の入院加療に対する保険金を騙取することを企て、共犯者の承諾を

得てその者に傷害を生じさせたという事案に関して、「被害者が身体傷害を承諾したばあいに傷害罪が成立するか否かは、単に承諾が存在するという事実だけでなく、右承諾を得た動機、目的、身体障害の手段、方法、損傷の部位、程度など諸般の事情を照らし合せて決すべきものであるが、本件のように、過失による自動車衝突事故であるかのように装い保険金を騙取する目的をもって、被害者の承諾を得てその者に故意に自己の運転する自動車を衝突させて傷害を負わせたばあいには、右承諾は、保険金を騙取するという違法な目的に利用するために得られた違法なものであって、これによって当該傷害行為の違法性を阻却するものではないと解するのが相当である。」と判示している。

通説は、この判例の立場を支持しているが、結果無価値論の立場に立つ論者は、批判的である。すなわち、被害者の同意の意義を「相対化」し、他の考慮によって違法性阻却効果を否定しているのは妥当でないとされるのである。ここでは、詐欺罪で現実に処罰されている詐欺の目的が処罰を基礎付けており、違法性阻却の否定という形により、現行法上不可罰な詐欺の予備行為が傷害として処罰されることになってしまっていると批判されている。なお、本件は、「損傷の部位、程度」からは、傷害罪の構成要件該当性を否定すべき事案であったとする見解もある。

(4) 承諾の錯誤

(i) 欺罔による承諾

「欺罔による被害者の承諾」(「被害者の錯誤」)という問題は、従来、とくに偽装心中に関連して議論されてきた。すなわち、偽装心中において、「欺罔による自殺の教唆」なのか、被害者の承諾が無効となって殺人罪が成立するのか、という形で、刑法各論の問題として扱われてきたのである。しかし、ドイツで一般論として議論されている「欺罔による承諾」に関する学説の影響をうけて、これをわが国に導入する見解も主張されている。そこで、この観点か

らの検討が必要であるといえる。

承諾は、一定の効果を発生させることを目的とする意思表示である。したがって、その意味・射程・効果を認識している必要があるから、その認識が欺罔されて錯誤に基づくばあいには、有効性に疑問が生ずる。承諾の有効性の問題にアプローチするに当たって、欺罔を考察の出発点にすべきかについて、次のように学説上の争いがあるとされている。欺罔を中心に考察する立場（ドイツの通説）は、行為者による欺罔があるばあい、動機の錯誤についても、欺罔があるという事実のみで、その承諾は無効とする。これに対して、行為者が欺罔したという事実が承諾の有効性にとって重要なのではなく、欺罔者が誰であれ、被害者の瑕疵ある意思に基づく承諾であるかどうか、が承諾の効力にとって本質的な問題であると解する立場がある。

錯誤に基づく承諾の効力については、次の二つの見解に分かれる。①本質的錯誤説は、本質的事実について錯誤があり、もしも錯誤に陥っていなかったならば承諾しなかったであろうばあい、すなわち、その承諾が真意に添わないばあいには、承諾は無効であるとする。②法益関係的錯誤説は、法益に関係する事実の錯誤（法益関係的事実の錯誤）のばあいにのみ、承諾は無効であって、動機の錯誤にすぎないばあいには承諾は有効であるとする。基本的には、法益関係的錯誤説が正当であるが、法益関係的錯誤か否かのみでは十分ではなく、法益主体の任意かつ真意に出たものかどうか、すなわち、自由な自己決定権の所産であるとみなされるかどうかが基準とされる。

承諾者に法益放棄の目的や動機に錯誤があったばあい、法益そのものに関する錯誤ではないので、その承諾は有効である。重大な傷害ないし廃疾的傷害について認識がないばあい、軽い障害について承諾があるにとどまるときは、その承諾は無効となり得る。前記の最高裁決定は、承諾は、「過失による自動車衝突事故であるかのように装い保険金を騙取する目的」という「違法な目的に利用するために得られた違法なもの」であって、「これによって当該

傷害行為の違法性を阻却するものではない」とした。これに対して、軽微な傷害であるかぎり、「違法な目的」も動機の錯誤にすぎず、同意そのものは有効であり、その同意が「公序良俗」に反していたかどうかは、同意の有効性には影響しないとする見解も主張されている。

(ii)　共犯における錯誤

共犯者が法益関係的錯誤に陥っているばあいも、単独正犯のばあいと同様に解されるべきである。共犯者の一方が錯誤に陥っているばあいには、その者についてだけ錯誤論を考察すればよく、双方がともに錯誤に陥っているばあいには双方について考察する必要がある。本事例のように、重大な傷害ないし廃疾的傷害について錯誤があるばあい、その錯誤は、違法性阻却をもたらし得るので、故意阻却をもたらす事実の錯誤なのか、それとも違法性の錯誤なのか、が問題となる。

2　傷害致死罪と教唆犯——結果的加重犯と共犯

結果的加重犯の基本犯を教唆したところ、正犯が基本犯を実行して重い結果を発生させたばあい、判例・通説は、結果的加重犯の教唆犯の成立をみとめる。したがって、傷害を教唆された正犯者が致死の結果を発生させると、傷害致死罪の教唆犯が成立することになる。これに対して、結果的加重犯の教唆犯をみとめない説は、正犯が重い結果を発生させても、基本犯の教唆犯だけが成立すると解する。傷害致死のばあい、死亡の結果が発生しても教唆者は傷害の教唆の限度で処罰されることになる。①教唆は実行行為ではない、②過失犯に対する教唆が存在し得ないことが、論拠とされている。

まず、①の点についていえば、ここでの問題は、どの「範囲」にまで「教唆」犯の成立をみとめるか否か、にあ

り、「実行行為」性に基づく論拠づけを必要としないと解すべきである。むしろ、結果的加重犯の犯罪類型としての特殊性から、教唆犯の成立範囲を画定することが可能かどうか、を問題にする必要がある。そこで、②の観点が重要となってくる。この点については、次のように解する立場が妥当である。すなわち、過失犯の共犯、とくに過失犯の教唆があるかどうかは、現行法の解釈問題であって、実定法をはなれておよそそういうものがあり得るか、という問題ではない。したがって、一般的には、過失犯の教唆が、実定法上の教唆という概念から除外されていても、過失犯の一種である結果的加重犯について、実定法が明文で、その過失による教唆もまた、法のいう教唆に含まれると規定したときは、それに従って概念を構成していく必要がある。この点につき、わが刑法は、ドイツ刑法のように教唆について故意行為に限るという定義規定はおいていない。しかし、教唆という概念の中には、一般的には、過失による教唆、過失犯に対する教唆は含まないと解するのが妥当である（通説）。したがって、問題は、結果的加重犯のような特殊なばあいは、過失によるものも過失犯に対するものも例外的に「教唆」のなかに含むと「解釈」することができるか、にある。わが法はドイツ法のように明文で故意のばあいに限ってはいないから、前記のような解釈も可能であるといえる。

前記のような例外的な取扱いを要求する結果的加重犯の特性は、次のように解される（通説）。結果的加重犯は、基本的犯罪である故意犯と重い結果についての過失犯との複合的犯罪である。そして、結果的加重犯の基本的犯罪と重い結果との間には、通常、きわめて緊密な関連性があり、基本的犯罪がおこなわれるときは、その重い結果を惹起しやすいという一般的な関係がみとめられる。たとえば、傷害致死罪のばあい、基本的犯罪である他人の身体への傷害行為には、被害者を死に致す危険性が含まれるのが一般である。したがって、結果的加重犯の基本的犯罪を実行する者は、通常、その重い結果の発生する危険性を容易に表象できるはずであるから、その表象を介して重い

結果の発生を回避するように特別の注意を払うべきことが法的に要請されているのである。このような結果的加重犯の特性は、教唆犯の成否に関して、次のように影響を及ぼすことになる（通説）。結果的加重犯の基本的犯罪の実行を教唆した者は、被教唆者である正犯者が重い犯罪的結果を惹起させたばあいには、通常、結果的加重犯についての罪責を問われる。結果的加重犯の基本的犯罪を教唆する者には、その犯罪と重い結果との緊密な関連性から、被教唆者である正犯者が重い結果を惹き起こしたばあいには、それについて過失がみとめられ得るので、その重い結果に対しても教唆犯の罪責を負担しなければならないのである。これは、正犯者が過失によって惹き起こした重い犯罪的結果に対して、教唆者による過失の教唆をみとめるものである。しかし、結果的加重犯においては、その基本的犯罪と重い結果との間の密接な結付きから、基本的犯罪の教唆者には、被教唆者である正犯者が重い結果を惹起させたことについて高度の客観的注意義務違反が存在することによって、過失の罪責を問い得るので、結果的加重犯そのものに対する教唆犯が成立し得るのである。

3　強制に基づく行為と緊急避難（強要による緊急避難）

強要による緊急避難とは、行為者が強制されてやむを得ず実行行為をおこなったばあいをいう。このばあい、刑法三七条の緊急避難の規定を適用できるかの観を呈するが、通説は、緊急避難の成立を否定し責任阻却による犯罪の不成立を肯定する。違法性阻却をみとめない理由は、このばあい背後にいる強要行為者は、自己の不正な犯罪計画を他人を利用して実現しただけであり、侵害が転嫁される第三者は自己に対する加害行為を甘受しなければならないいわれはなく、正当防衛権を否定されるべきでない点に求められている。このばあい、実行行為者は背後者である「不正の側」に立ち、「不法に加担」しているから、その事実は「害の衡量」において考慮され、その結果、緊

急避難の成立が制約されるとする見解もある。この見解は、実行行為者の侵害回避行為を背後者による犯罪実現の一環として捉え、これを放置できないという観点から、「害の衡量」においてこの事情を考慮しようとしている。しかし、このように背後者による犯罪を抑止するという観点は保全法益の保護価値の枠内で捉えることは不可能であり、背後者の処罰により達成されるべきもので、背後者の被害者である実行行為者の罪責にとっては無関係であるはずのこうした考慮を実行行為者の可罰性判断にストレートに、しかもその不利益に取り込むことは問題であるとの批判がある。

「強要による緊急避難」において、「急迫不正の侵害」が存在するから正当防衛が成立可能なだけであるとして、緊急避難の成立可能性を一切否定することはできないので、緊急避難の成立を否定する見解は、緊急避難が成立するばあいとそうでないばあいの区別の基準を示すことが必要となるとされる。そして、次のように主張されている。すなわち、被強要者が「不法に屈したか」否かを基準とすることはできない。なぜならば、急迫不正の侵害に対抗しないばあいには、すべて「屈した」ことになるのであり、また正当防衛が不可能なばあいにそれを要求することはできないからである。また、「不法に加担」したか否かを基準としても、客観的・形式的に「不法の一翼を担っている」だけで足りるとしたのでは、同様に、「急迫不正の侵害」が存在するばあいにおける緊急避難の成立を一般的に否定することになりかねない。したがって、このばあいには、被強要者の「実質的な加担」を問題とせざるを得ず、それは、避難行為以外による法益保全方法があるにもかかわらず、避難行為に出たというばあいにみとめ得るにとどまる。これは、結局、避難行為以外に法益保全の方法があるかを問題とし、補充性の要件によって解決しようとするものである。これ以外の基準は考えがたいのであり、その際、背後者に対する正当防衛が可能であれば、補充性の観点から、それが要求されることになるとされているのである。

4　A、BおよびCの罪責

Xの承諾が傷害罪の構成要件該当性を阻却すると解する立場においては、Aについて傷害罪は成立しないことになる。もっとも、仮に、CがXを死亡させた点が過失致死罪になるとしたばあい、過失犯に対する教唆犯を肯定する立場に立てば、過失致死罪の教唆犯が成立する余地がある。そのばあいBに対する教唆に基づいて、Cに対する教唆という結果が生じているので、その点についての錯誤が問題となるが、それは行為態様についての錯誤にすぎないので、刑法上、重要ではないことになる。

Xの承諾が違法性阻却をもたらし得ると解する立場においては、さらに傷害の程度または承諾の目的や錯誤によって違法性阻却が否定されるばあいをみとめるか、をめぐって見解の対立があるので、A、BおよびCの罪責について違いが生ずる。

つねに違法性が阻却されると解する立場においては、傷害罪は成立せず、過失致死罪の正犯ないし教唆犯が成立し得るにとどまる。

違法性が阻却されないとする立場においては、傷害罪または傷害致死罪の正犯ないし教唆犯が成立する可能性がある。すなわち、まずAについては、重大な傷害・廃疾的傷害についての認識がみとめられる。そして、その点についての認識のないBに実行を教唆しているが、BはXの承諾があると誤認している。仮に、重大な傷害についてXの承諾があったとしても、その承諾は無効となって傷害罪の違法性は阻却されないことになる。したがって、傷害罪が成立する以上、傷害致死罪の教唆の成立可能性が生ずる。そこで、その点の検討が必要となるので、正犯たるべきCの罪責が問題となってくる。

Cは、Bに強要されて、重大な傷害をもたらす行為に出ている。この点に関して「強要による緊急避難」が問題

となる。Cについて違法性阻却がみとめられるばあいには、Bには適法行為を利用する間接正犯が成立し得る。違法性が阻却されないばあいには、傷害致死罪の教唆犯が成立し得るにとどまることになる。

第三款　被害者の承諾(3)　被害者の承諾と治療行為

医師免許を有するXは、医師免許を有しないYに豊胸手術をおこなわせて、その報酬の一部を受け取ることを約束したうえで、Yにその手ほどきをした。そこで、Yは、女性Aに対し美容整形手術と称して、Aの鼻部と左右乳房周囲に麻酔薬を注射し、メス等で鼻部および右乳房下部を皮切し、右各部位にシリコンを注入する豊胸手術をおこない、手術侵襲および麻酔薬注入に基づくアレルギー反応によりAをショック死させた。Yは、一般的に、豊胸手術をおこなうに当たっては、①麻酔前に、血液・尿検査、生化学的検査、胸部レントゲン撮影、心電図等の全身的検査をし、問診によって、既往疾患・特異体質の有無の確認をすること、②手術中の循環動態や呼吸状態の変化に対応するために、あらかじめ、静脈ラインを確保し、人口呼吸器等を備えること、③手術は滅菌管理下の医療設備のある場所でおこなうこと、④手術は、医師または看護師の監視下で循環動態、呼吸状態をモニターでチェックしながらおこなうこと、⑤手術後は、鎮痛剤と雑菌による感染防止のための抗生物質を投与することなどの措置をとることが必要とされているところ、前記①、②、④および⑤の各措置をまったくとっておらず、また、③の措置についても、滅菌管理のまったくないアパートの一室で手術をおこなったものである。

なお、Aは、Yが医師免許を有しているものと誤信して前記の手術を受けたのであった。

XおよびYの罪責について論じなさい。

〔参照条文〕
医師法第一七条
医師でなければ、医業をなしてはならない。
同法三一条一項
左の各号の一に該当する者は、これを二年以下の懲役又は二万円以下の罰金に処する。
一　第十七条の規定に違反した者
二　虚偽又は不正の事実に基いて医師免許を受けた者

【論　点】
被害者の承諾と治療行為
身分犯と共犯、とくに消極的身分

【本事例の趣旨】

被害者の承諾は、刑法総論における重要論点の一つである。それとの関連で治療行為・医療行為の違法性阻却の根拠も問題となるので、この点も検討することにした。本事例は、東京高判平9・8・4判時一六二九号一五一頁

を基礎にして作成したものである。

身分犯と共犯の問題も重要であるが、一般には難しいと感じられている論点である。とくに消極的身分に関してはうまく整理できないとの嘆きが聞かれるので、その整理を兼ねて説明することにした。

【叙述上の注意】

本事例では、治療行為、被害者の承諾などの問題がからみ、さらに共犯に関連して「共犯と身分」、とくに消極的身分と共犯が問題となるので、それぞれの論点をすべて詳細に論述しようとすると、散漫かつ冗長な叙述となるおそれがある。バランスよく議論を展開するように注意する必要がある。

【解　説】

1　問題の所在

本事例において、Yは医師免許を有していないにもかかわらず、Xにそそのかされて、医師でなければおこなってはならない豊胸手術をAに対して実施している。その点で医師法に違反することは明らかであるが、手術の結果、Aをショック死させていることが傷害致死罪を構成するか否か、が問題となる。

手術行為は、通説・判例によれば、傷害罪の構成要件に該当する。そして、違法性の次元で、医療行為、治療行為または被害者の承諾に基づく行為として違法性が阻却されるべきか否か、が問われることになる。本事例では、Aは、Yが医師免許を有しているものと誤信して手術を受けることに承諾を与えているが、この誤信は、被害者の承諾による違法性阻却に影響を及ぼすのであろうか。この点も問題になる。

次に、医師免許を有しているXは、医師免許を有していないYに対して、医業をおこなわせているが、本件医師法違反行為は、医師免許を有していないという「消極的」事態が要件となる。このような事態を「消極的身分」として把握することができるのであろうか。Xは、医師免許を有していることにより、そのような「消極的身分」をもっていないことになるが、その共犯関係はどのように扱われるべきであろうか。はたして刑法六五条によって処理できるのか、が問題となってくる。

2　違法性阻却事由としての正当業務行為、治療行為、医療行為

法令に直接の規定がなくても、社会通念上、正当なものとみとめられる業務行為は、違法性が阻却される。たとえば、医師の手術、はり師・きゅう師の施術、力士の相撲、ボクサーの拳闘などは、傷害罪または暴行罪の構成要件には該当するが、違法性が阻却されるのである。違法性が阻却されるためには、業務が正当なものであり、かつ、行為自体もその業務の正当な範囲内のものでなければならない。

治療行為とは、治療の目的で、傷病者本人またはその保護者の承諾または推定的承諾に基づいて、医学上、一般に承認されている方法によって、人の身体を傷つける行為であり、適法とされる。治療行為は、傷病者もしくはその保護者の承諾を得て、または推定的承諾のもとになされる必要があるので、被害者の承諾に基づく行為・推定的承諾に基づく行為の一環として基礎づけられ得る。したがって、傷病者の意思に反してなされた「専断的治療行為」は、治療の効果をともなったとしても違法である（通説）。

治療行為は、治療の目的をもってなされる必要があり、治療目的は、主観的正当化要素である（通説・判例）。したがって、治療の目的がないばあい、偶然的に治療の効果をあげたとしても違法性は阻却されない。治療行為の違法

性阻却は、一定の免許を要件とする業務の有無とは直接、関係がない。したがって、免許を有しない者の非業務的行為についてもみとめられ得る。しかし、治療行為は、医学上、一般に承認された方法によってなされる必要があるから、医学的な知識、経験または特別の治療能力を有する者の手によらなければならないことが多い。そこで、免許の制度趣旨から見て、無免許者の行為について違法性が阻却される範囲は、免許者によるばあいよりもかなり狭く理解されることになる。

治療行為に類似したものに、医師、看護婦などの医療専門家によっておこなわれる医療行為がある。これは、患者の身体の傷害に当たらない疾病の予防や発見などのための診療、検査などの行為をも含む点で治療行為と異なる。しかし、医療の目的で、医学上、みとめられた学理および技術に従っておこなわれるべきものであり、また、患者または保護者の承諾・推定的承諾を必要とする点で、治療行為と共通した性格を有する。

3　被害者の承諾

(1)　意義・問題点

法益の主体が法益侵害を承諾したばあい、すなわち、被害者の承諾があるばあい、そもそも法益の侵害それ自体が存在するといえるのかどうか、が問題となる。なぜならば、刑法は、自損行為（自傷行為）を処罰の対象としていないので、被害者の承諾に基づいてなされる行為は、自損行為と同等に評価されるべきではないか、という疑問が生ずるからである。これは、「被害者の承諾は構成要件該当性を阻却するのか、違法性を阻却するのか」という形で議論される。この問題は、被害者の承諾を犯罪論の体系上、どこに位置づけるか、ということを意味する。観点をかえると、これは、被害者の承諾の「法的効果」にかかわる問題であり、人的不法論（行為無価値論）と物的不法論（結

果無価値論）の対立をとおして深化してきている違法性論との関連において再検討される必要がある。

（2）傷害罪における被害者の承諾の犯罪論体系上の位置づけ

通説は、傷害罪（二〇四条）のばあい、被害者の承諾に基づく行為は、傷害罪の構成要件に該当するが、原則として違法性が阻却されるとする。例外的に違法性が阻却されないばあいが生ずるが、この点は被害者の承諾の正当化根拠にかかわる。これに対して、被害者の承諾があるばあいには、構成要件該当性が否定されるとする見解が主張され、被害者の承諾の犯罪論体系上の地位の問題があらためて論議されている。被害者の承諾の犯罪論上の地位の変化は、錯誤論に影響を及ぼす。すなわち、被害者の承諾がすべて被害者の合意として構成要件要素となるとすれば、その錯誤は、構成要件的事実の錯誤（事実の錯誤）とされ、故意が阻却される。しかし、違法性阻却事由としての承諾をみとめると、その錯誤は、正当化事情の錯誤、つまり、違法性阻却事由（正当化事由）の事実的前提に関する錯誤とされ、その取扱いをめぐって学説が多岐に分かれることになる。

（3）正当化の根拠

被害者の承諾によって違法性が阻却（正当化）される根拠が問題となる。利益欠如の原理（利益不存在の原理）を援用する立場は、違法性の本質をもっぱら法益侵害という結果無価値にあると考え、被害者の承諾によって法益の保護が放棄されたばあいには、違法性を基礎づける要件である法益が欠如するので違法性が阻却されると解するのである。通説である人的不法論の見地からは、被害者の承諾の違法性阻却の根拠は「法的保護の放棄」に求められる。この説は、承諾を法的行為として捉え、いわば意思表示の効果として「規範の後退」をみとめようとするものである。私人である一個人の意思によってなぜ国家の法規範である刑法が後退せざるを得ないのか、という点について、これを端的に保護の「必要性」の欠如に求める説、国家的に承認された共同生活の目的を達成するために適当な手

段であることに求める目的説、社会的相当性の理論による説などが主張されている。

この点について、わたくしは、優越的利益説と目的説とは総合され得るとする見地から、正当化の根拠を考えるべきであると解している。この観点から、傷害罪における被害者の承諾について考えると、次のようになる。すなわち、身体もその担い手としての「個人」の法益であることは明らかであるが、自由・財産と同様に、まったく自由にこれを処分し得るものであると解するのは妥当でない。身体の重要部分は、「処分意思そのもの」を生みだす前提として、「意思」を超える価値であり、至上の価値である「人間の尊厳」そのものと解すべきである。したがって、身体に関する承諾は、具体的なばあいに応じて、身体を譲り渡すことによって得られる利益の比較衡量をとおして、その正当化の可否が決せられることになる。

(4) 被害者の承諾の要件

被害者の承諾による行為の違法性が阻却されるための要件は、以下のとおりである。①承諾の内容は、被害者みずから処分できる個人的法益に関することを要する。前述したように、傷害罪のばあい、被害者の承諾による違法性阻却に一定の制限がみとめられている。たとえば、重大な傷害、とくに生命に危険のある傷害については、承諾があっても違法性が阻却されないと解されている（通説）。②承諾は有効なものでなければならず、承諾能力を有する者の真意による承諾であることを要する。通説は、被害者の重大な錯誤によって得られた承諾は、有効な承諾ではないと解している。判例（最決昭和55・11・13刑集三四巻六号三九六頁）も、交通事故を装って保険金を騙取する目的で、被害者の承諾を得て、その乗車中の自動車に自車を追突させて傷害を負わせたという事案において、「被害者が身体傷害を承諾したばあいに傷害罪が成立するか否かは、単に承諾が存在するという事実だけでなく、右承諾を得た動機、目的、身体傷害の手段、方法、損傷の部位、程度など諸般の事情を照らし合わせて決すべきものであるが、本

件のように、過失による自動車衝突事故であるかのように装い保険金を騙取する目的をもって、被害者の承諾を得てその者に故意に自己の運転する自動車を衝突させて傷害を負わせたばあいには、右承諾は、保険金を騙取するという違法な目的に利用するために得られた違法なものであって、これによって当該傷害行為の違法性を阻却するものではないと解するのが相当である」と判示している。しかし、このような錯誤は、「動機の錯誤」にすぎないから、承諾は有効と解すべきである。③承諾の方式に関して、被害者の内心に存在するだけで足りるとする意思方向説と、外部的に表明されることを要するとする意思表明説とが対立しているが、通説は、意思表明説である。ただし、承諾は、必ずしも明示的である必要はなく、黙示的になされたものでもよい。④承諾は、行為の時に存在していなければならない。事後的に与えられた承諾は無意味である（判例・通説）。⑤承諾による行為は、被害者の承諾があることを認識しておこなわれる必要がある。したがって、この認識は、主観的正当化要素である。⑥通説は、承諾に基づいてなされる行為は、その「方法および程度」において、国家・社会的倫理規範に照らして是認されるものでなければならないとする。

4　Yの罪責

Yは、医師免許を有していないのに医業をおこなっているので、医師法違反の罪責を負うことは明らかである。豊胸手術は、判例・通説によれば、まず、傷害罪（二〇四条）の構成要件に該当し、さらにAを死亡させているので、傷害罪の結果的加重犯である傷害致死罪（二〇五条）の構成要件に該当する。結果的加重犯のばあい、基本的行為は結果に吸収され、結果的加重犯だけが成立することになる。Yの豊胸手術は、被害者の承諾に基づく行為ないし治療行為として違法性が阻却されるか、が問題になる。治療行為のばあいにも被害者の承諾が必要となるので、

被害者の承諾が基本となる。本事例においては、当該手術に必要な医学的措置が十分にとられていないので、治療行為の要件を具備していない。被害者の承諾の問題とする立場も、手術の方法・範囲などを違法性阻却の要件としており、承諾があってもこの要件をクリアーしなければならない。さらに、被害者の承諾に関連して、Ａは錯誤に基づいて承諾しているので、その錯誤をどのように扱うか、が問題となる。判例・通説によれば、Ａの錯誤は、重要なものであり承諾を無効にするので、この点も違法性阻却にとって障害となる。しかし、これは動機の錯誤にすぎず、承諾に影響を及ぼさないとする見解によれば、前述の要件不備だけを理由に傷害致死罪の違法性阻却が否定されることになる。

Ｙは、医師法違反の罪と傷害致死罪の罪責を負う。両罪は、豊胸手術行為の点で実質的に重なり合うので「一個の行為」と見ることができるから、観念的競合となると解し得る。両罪が罪責を異にする点を重視すれば、併合罪と解することになる。

5　身分犯と共犯

(1)　身分概念

身分犯と共犯に関して六五条は、「犯人の身分によって構成すべき犯罪行為に加功したときは、身分のない者であっても、共犯とする（一項）。身分によって特に刑の軽重があるときは、身分のない者には通常の刑を科する（二項）。」と規定しているにとどまり、身分概念については何ら触れるところがないので、解釈に委ねられている。身分概念について最高裁の判例は、「刑法六五条にいわゆる身分は、男女の性別、内外国人の別、親族の関係、公務員たる資格のような関係のみに限らず、総て一定の犯罪行為に関する犯人の人的関係である特殊の地位又は状態を指称

するもの」であると解しており（最判昭和27・9・19刑集六巻八号一〇八三頁）、「営利の目的」は六五条二項にいう「身分」に当たるとする（最判昭和42・3・7刑集二一巻二号四一七頁）。

通説は、判例の身分概念を支持している。これに対して、六五条一項の身分は「社会的・法律的等の人的関係において特定の義務を負担する地位又は資格」を意味し、同条二項の身分は「刑の加重・減軽の原因たる地位・資格・状態」を意味すると解する説もある。

身分概念に関する対立は、真正身分犯を「義務犯」として捉えるか、「法益侵害犯」として捉えるか、という身分犯の法的性質の理解の相違に由来する。すなわち、前者は、一定の身分から生ずる「義務」に違反する行為を処罰するのが真正身分犯であると解し、後者（通説・判例）は、法益侵害に重点をおいて、身分概念をゆるやかに解し、目的犯における目的、強姦罪における男性たることなども、真正身分犯の「身分」に含める。私見によれば、犯罪は第一次的に法益侵害として捉えられるべきであるが、真正身分犯について「義務犯」性を肯定しても、それは身分犯という「特殊な」犯罪についての問題であり、けっして犯罪一般を「義務犯」とするものではないから、身分犯を例外的に義務犯と解することは、真正身分犯の特質に適合する解釈といえる。

(2)　六五条一項にいう「共犯」の意義

①すべての共犯形式に適用されるとする説（通説・判例）、②真正身分犯については教唆犯・従犯に対してのみ、不真正身分犯についてはすべての共犯形式に対して適用されるとする説、③教唆犯・従犯についてのみ適用されるとする説、④共同正犯についてのみ適用されるとする説に分かれる。わたくしは、①の通説・判例を支持する。

①説の根拠は次のとおりである。(i)法文上、本条も共同正犯の規定もともに「共犯」の章下にあり、六五条一項にも「共犯とする」との文言があるから、「共犯」には共同正犯も当然に含まれる。(ii)非身分者は、元来、身分犯の

べき成文上の根拠を欠く。(iii)共同正犯排除説は、非身分者には法律的意味での「実行」はあり得ないとするが、しかし、「実行」は「事実的意味での協力的実現行為」であるから、非身分者もこれをおこない得る。(iv)共同正犯を排除すると、非身分者は現にきわめて重要な実行行為をおこなっても正犯とならず、それが教唆の実質を伴わないかぎり、従犯として刑の減軽をうけることとなって、教唆犯が正犯に準じて処罰をうけるのに比べて均衡がとれない。

(3)　六五条一項と二項との関係

第一説は、六五条一項は真正身分犯についてその成立と科刑を規定して身分の連帯的作用をみとめ、同条二項は不真正身分犯についてその成立と科刑を規定して身分の個別的作用をみとめたものと解する（通説・判例）。第二説は、六五条は「違法性は連帯的に、責任は個別的に」という原理に基づいて、一項は身分が行為の違法性を規制する要素（違法身分）となっているばあいに違法性の連帯性を規定し、二項は身分が行為の責任を規制する要素（責任身分）となっているばあいに責任の個別性を規定していると解する。第三説は、六五条一項は真正身分犯および不真正身分犯を通じて身分犯における「共犯の成立」について規定し、二項は、特に不真正身分犯の「科刑」について個別的作用をみとめる旨を規定していると解する。

第一説の通説・判例の立場が妥当である。六五条は、一項において「犯人の身分によって構成すべき犯罪行為」と規定しており、これが真正身分犯、すなわち構成的身分犯に関する規定であることは、文言上、明らかであり、また、二項において「身分によって特に刑の軽重があるとき」と規定しているので、これが不真正身分犯、すなわち加減的身分犯に関する規定であることも、文言上、明らかである。「真正身分犯」については、六五条の一項が「身分のない者であっても、共犯とする」と規定しているので、共犯として扱うこととなり、犯罪の「成立」だけでな

く、その共犯に対する「科刑」まで本項が規定していることになる。二項は、不真正身分犯について「身分のない者には通常の刑を科する」と規定しており、これは、通常の「犯罪」が成立し、それについて「通常の刑を科する」ことを意味する。つまり、不真正身分犯についても二項が「成立」と「科刑」を規定しているのである。

6　消極的身分犯と共犯

(1)　消極的身分の意義

「身分」は、これを有することが特殊で、有しないことが通常であるものでなければならないので、「一定の犯罪行為に対する犯人の人的関係である特殊の地位または状態」にないという消極的事情が、そのような積極的事情に対して身分となることはない（通説・判例）。

(2)　違法阻却的身分と共犯

消極的身分をみとめる立場においては、違法性阻却身分、責任阻却身分などを肯定する。一定の身分を有することによって、一般人（非身分者）には禁止されている行為をとくに許容するばあいを違法性阻却的身分という。たとえば、医師の医業行為、狩猟免許を受けた者の狩猟行為、司法警察員の銃砲携帯などがこれに当たる。このような消極的身分を有する者が単独で行為をおこなっても、もちろん犯罪は成立しないが、しかし、それ以外の一般の者との間に共犯関係が生じたばあいに問題が生ずる。すなわち、一定の身分のないことにより構成すべき犯罪、たとえば無免許医業罪（医師一七条、三一条一項一号）、無免許運転罪（道交八四条、一一八条一項一号）に身分のある者（有資格者）が加功したばあいに、その身分を有する者について、六五条を適用して共犯の成立を肯定すべきか否か、が問題となるのである。

(i)　判例

この問題の処理について、六五条一項は直接、規定していないが、判例は、共犯の成立を肯定している。すなわち、判例は、医師の免許を受けている者が、他人が無免許医業行為をなすことを知りながらその者の住所に自己の出張所の看板を掲げさせた行為について、その医師に無免許医業の従犯の成立をみとめたのである（大判大3・9・21刑録二〇輯一七一九頁、なお、無免許歯科医業の従犯をみとめた判例として、大判大4・7・1刑録二一輯九三六頁、大判大4・10・4刑録二一輯一三七六頁）。戦後の下級審においても、たとえば東京高裁の判例は、大審院の判例と同様、医師の免許を受けている者が医師の資格のない者らと共謀のうえ無免許医業をさせた事案について、「医師法第一七条、第三一条一項一号で規定する無免許医業の罪において、その犯人に医師の資格がないということは、刑法第六五条一項にいう身分にはあたらないのであるから、その犯人の無免許医業に協力、加功しても、同法条にいわゆる身分により構成すべき犯罪行為に加功したことにはならないのであり、従ってその無免許医業に共謀共同正犯の態様において加功した者に対し、法令の適用をするには、関係罰条のほか刑法第六〇条を適用すれば足り、……同法第六五条一項をもあわせて適用する必要はない」と判示している（東京高判昭47・1・25判タ二七七号三五七頁）。これに対して、東京地裁の判例は、同様の事案について東京高裁の判決と反対の立場に立って、六五条一項の適用をみとめている（東京地判昭47・4・15判時六九二号一一二頁）。

(ii)　学説

通説は、判例と同様、六五条一項の適用をみとめないで共犯の成立を肯定する。通説によれば、犯罪の主体が限定されていることだけを理由として「医師でない」ことを刑法六五条一項の身分と解するのは、同項にいう「身分」の範囲を不当に拡張し真正身分犯概念を形式的にしてしまうから、「医師でない」ことは、同法にいう「身分」では

なく、医師が非医師の無免許医業に加功したときは、一般の共犯の解決をもって足りるとされる。このように解すべき理由は、さらに、法が資格をみとめた趣旨から説明される。すなわち、「資格者はもともと一般人には禁ぜられている行為を特に例外的に許容されているのであるから、その資格があるからといって、本来法の禁止している一般人に加功し、一般人をしてその行為を為さしめる如き資格すらなお具えていると解することは、法がこの資格を認めた趣旨と根本的に背馳する考え方であ」るとされているのである。通説は、成立する共犯の範囲について、身分犯に対するばあいと同様に、加功の態様に応じて、共同正犯・教唆犯・従犯の成立をみとめる立場、身分者については共同した実行行為はあり得ないから、共同正犯は成立し得ず、教唆犯・従犯のみをみとめ得るとする立場とに分かれている。判例・通説に対しては、「医者には『特別の義務』がないのに対し、一般の人には『特別の義務』があるといえるし、また医者の資格を持つ者は無免許医業の法益を侵害することができず、『一般の人』であってはじめて法益の侵害ができるという点では、構成的身分犯、とくに擬似身分犯の場合と差異はない、したがって、医者による共同正犯の成否、間接正犯の成否についても、構成的身分犯の場合と違って取り扱う理由はない。六五条一項の適用を拒否する必要があるか疑問である」との批判がある。

7　Xの罪責

無免許医業罪のばあい、その身分があれば当該行為は適法であるから、非身分者が身分者に加功しても共犯と身分の問題は生じない。たとえば、医師免許を有しないYがXの医療行為に加功しても犯罪とはならない。これに対して、身分者が非身分者の行為に加功したばあい、本事例におけるように、医師であるXが医師でないYを教唆して無免許医業をさせたばあいの取扱いに関しては、前述のように、見解の対立がある。六五条一項の適用があると

する説と、六五条にいう身分はそれを具備することが特殊なばあいであり、消極的身分を有しないことは一般的なばあいであるから六五条一項の適用はないとする説とが対立している。一定の身分を有しない者は、六五条一項にいう構成的身分には当たらないから適用をみとめない説が妥当であり、一般の共犯の成立を問題にすれば足りる。したがって、Xには無免許医業の罪の教唆犯が成立する。さらに、傷害致死罪の教唆犯の罪責も負うことになる（結果的加重犯の教唆犯を肯定する立場を前提とする）。

第四款　被害者の承諾(4)　被害者の承諾と錯誤

Xは、六六歳で独り暮しをしていたAから多額の借金をしており、返済の目処が立たないため、Aを自殺させて返済を免れようと考え、AがBに対しても金銭を貸し付けていることに目をつけ、「Bへの貸付けは出資法という法律に違反しているので、まもなく警察が調べに来るが、つかまると長年刑務所に入らなければならなくなる。」と虚偽の事実を告げて、それを真に受けて恐れおののくAをかくまうと称してXの自宅に連れて行った。なおも執拗にXから心理的に追いつめられたため絶望したAは、「自分では死ねないから殺してくれ。」とXに頼んだので、Xは、これを了承し、夜、実行することを約したが、Xは実行することができず、友人Yに電話してA殺害を依頼した。Aは、その後、考えを変え、死ぬことを思い止まったが、Xにそのことを話そうと思っているうちに、そのまま寝込んでしまった。深夜にX宅に来たYは、事情を知らないままAの首を締めてAを殺した。

XおよびYについて殺人罪（一九九条）が成立するか否かについて論じなさい（二四〇条の成否について論ずる必要はない）。

【論　点】

1　欺罔に基づく被害者の承諾の取扱い

（1）　学説の動向

（2）　被害者の承諾の要件

（3）　承諾の撤回の要件と効果

2　被害者の承諾に関する錯誤

3　罪数

自殺教唆と嘱託殺人との罪数関係

【解　説】

1　問題の所在

本事例の前半部分は、福岡高裁宮崎支判平成元・3・24（高刑集四二巻二号一一一頁）をモディファイしたものである。この問題は、一般化すると、人を欺いて錯誤におとしいれて自殺させたり、嘱託や承諾を得てその人を殺したりしたばあい、自殺の教唆ないし嘱託殺人や承諾殺人（二〇二条）が成立するのか、それとも殺人（一九九条）が成立

するのか、という問題となる。いいかえると、欺罔による被害者の承諾は有効か、という問題にほかならない。「欺罔による被害者の承諾」（「被害者の錯誤」）という問題は、従来、とくに偽装心中に関連して議論されてきた。すなわち、偽装心中において、「欺罔による自殺の教唆」なのか、被害者の承諾が無効となって殺人罪が成立するのか、という形で刑法各論の問題として扱われてきたのである。しかし、ドイツで一般論として議論されている「欺罔による承諾」に関する学説の影響をうけてこれをわが国に導入する立場が有力となってきている。そこで、この観点から検討が必要であるといえる。また、従来の議論との関連で、被害者の承諾の違法性阻却の根拠および要件、承諾に関する錯誤の問題についても検討する必要がある。

2　自殺関与罪と殺人罪との限界

(1)　「自殺」の要件

自殺関与罪と殺人罪との限界に関して、次のことが問題となる。一般に、本罪における「自殺」とは、自殺者の自由な意思決定に基づいて自己の生命を断絶することであると解されている。本罪が成立するための要件として、まず、①被害者が自殺の意味を理解し、自由に意思を決定する能力（意思能力）を有していることが挙げられる。この能力を欠く者の自殺は、本罪の「自殺」に当たらない。したがって、通常の意思能力もなく、自殺の何たるかを理解せず、しかも被告人の命ずることは何でも服従するのを利用して、縊首の方法を教えて縊首させて死亡するに至らせたばあいは、普通殺人罪が成立することになる（最決昭27・2・21刑集六巻二号二七五頁）。第二の要件として、②自殺意思が自由な意思決定に基づくものであることが挙げられる。欺罔に基づいたばあい、自殺意思に瑕疵があるが、はたして自由な意思決定に基づくといえるかどうか、が争われる。

(2)　自殺意思が欺罔によるばあい

これに関しては、前述のとおり、偽装心中と殺人罪の成否の問題として議論されてきている。この点に関して、判例は「被害者は被告人の欺罔の結果被告人の追死を予期して死を決意したものであり、その決意は真意に添わない重大な瑕疵ある意思である」とし、殺人罪の成立を肯定している（最判昭33・11・21刑集一二巻一五号三五一九頁）。学説は、①判例の立場を支持する見解（通説）、②被害者は死ぬこと自体には錯誤がなく、その動機に錯誤があるにすぎないので、自殺関与罪が成立するとする見解、③被害者に自己の生命に関する錯誤があるばあいには、法益関係的錯誤があり被害者の承諾は無効であるが、被害者の生命と無関係な事情についての錯誤があるばあいには、被害者の承諾は有効であるとして、自殺関与罪の成立を肯定する見解に分かれている。

(3)　被害者を欺罔して自殺をさせた事案

前述の福岡高裁宮崎支判平元3・24は、「自殺とは自殺者の自由な意思決定に基づいて自己の死の結果を生ぜしめるものであり、自殺の教唆は自殺者をして自殺の決意を生ぜしめる一切の行為をいい、その方法は問わないと解せられるものの、犯人によって自殺するに至らしめた場合、それが物理的強制によるものであるか心理的強制によるものであるかを問わず、それが自殺者の意思決定に重大な瑕疵を生ぜしめ、自殺者の自由な意思に基づくものと認められない場合には、もはや自殺教唆とはいえず、殺人に該当するものと解すべきである」と一般論を展開したうえで、「出資法違反の犯人として厳しい追求を受ける旨の被告人の作出した虚構の事実に基づく欺罔威迫の結果、被害者Aは、警察に追われているとの錯誤に陥り、更に、被告人によって諸所を連れ回られて長期間の逃避行をしたあげく、その間に被告人から執拗な自殺慫慂を受けるなどして、更に状況認識についての錯誤を重ねたすえ、もはやどこにも逃れる場所はなく、現状から逃れるためには自殺する以外途はないと誤信して、死を決したものであり、

同女が自己の客観的状況について正しい認識を持つことができたならば、およそ自殺の決意をする事情にあったもの〔と〕は認められないのであるから、その自殺の決意は真意に添わない重大な瑕疵のある意思であるというべきであって、それが同女の自由な意思に基づくものとは到底いえない。したがって、被害者を右のように誤信させて自殺させた被告人の本件所為は、単なる自殺教唆行為に過ぎないものということは到底できないのであって、被害者の行為を利用した殺人行為に該当するものである」と判示している。これは、従来の判例の立場からは、当然の結論であるといえる。

前記の事案に関しては、学説上、①説は、上記判例と同様に、「その自殺の決意は真意に添わない重大な瑕疵のある意思である」として、殺人罪の成立を肯定し、②説は、死ぬこと自体に錯誤はなく、その動機に錯誤があるにすぎないので、自殺教唆罪の成立を肯定し、③説は、「法益関係的錯誤」はないので、自殺意思を有効とし、自殺教唆罪の成立を肯定する。なお、法益関係的錯誤説を基本としつつ、「法益に関する欺罔」ではなくても、「他人の利益のために法益を犠牲にしようとする目的について欺罔がある場合」と「危害を避けるつもりで法益を犠牲にしようとした目的について欺罔がある場合」には、承諾は無効であるとする見解も主張されている。この見解によれば、前記の事案は後者のばあいに当たり、自殺意思は無効であるから殺人罪の成立が肯定されるとになる。

3　承諾（嘱託）の要件

被害者の承諾（嘱託）の要件としては、次のことが挙げられる。

(1)　承諾の内容は、被害者自ら処分し得る個人的法益に関すること。

(2)　承諾は有効なものでなければならず、承諾能力を有する者の真意による承諾であること。したがって、幼児

（大判昭9・8・27刑集一三巻一〇八六頁）や高度の精神病者のした承諾や、強制による承諾（最〔大〕判昭25・10・11刑集四巻一〇号二〇一二頁）、たわむれにした承諾（大判明43・4・28刑録一六輯七六〇頁）などは、無効である。

(3)　承諾の方式に関して、被害者の内心に存在するだけで足りるとする意思方向説と、外部的に表明されることを要するとする意思表明説（通説）とが対立している。

(4)　承諾は、行為の時に存在していること。わたくしは、正当化事由の客観的要件は刑法の「行為規範性」の観点から事前判断によるべきであると解しているので、このばあいにも当然、事前判断が要求されることになる。これに対して、結果無価値論（物的不法論）を徹底する立場から、承諾は、「結果（侵害）発生時」に必要であり、事前に与えられた承諾が「結果（侵害）発生時」までに撤回されたばあいには錯誤の問題となるとする見解も主張されている。

(5)　承諾による行為は、被害者の承諾の存在を認識しておこなわれること。この認識は、主観的正当化要素である。

(6)　通説は、承諾に基づいてなされる行為が、その「方法および程度」において国家・社会的倫理規範に照らして是認されるものであることを要求する。

4　承諾（嘱託）の錯誤

承諾（嘱託）がないのにあると誤信して殺害したばあい、同意殺人の故意で普通殺人の結果を生じさせた抽象的事実の錯誤があり、構成要件的符合がみとめられて三八条二項により同意殺人罪が成立する（大判明43・4・28刑録一六輯七六〇頁）。逆に、同意があったのにないと誤信したばあい、①三八条二項を適用できないが重い罪を犯す意思で軽

い罪を犯したのであるから同意殺人罪が成立するとする説、②当事者間に嘱託・承諾の関係がないので殺人の故意に影響を及ぼさず普通殺人罪が成立するとする説、③普通殺人罪の未遂とする説などが主張されている。同意殺人も人の生命を人工的に断絶する点では殺人と実行行為を共通にし、両罪は構成要件的に重なり合うから、殺人の故意で同意殺人の結果を生じさせたばあいは抽象的事実の錯誤がみとめられ、法定的符合説によって軽い同意殺人罪の罪責を負うと解する見解が妥当である。

5 共犯

嘱託殺人罪の共同正犯者が嘱託のあることを知らずに、その行為をおこなったばあい、嘱託殺人罪の共同正犯として取り扱われる。なぜならば、被殺者の嘱託によっておこなわれる本罪はその違法性が減少するとともに、行為者の主観面についても、前述の理由により結論的に本罪の故意をみとめてよいからであるとされる。単独犯のばあいも嘱託の認識を要求しない立場からは、当然の結論である。しかし、これは、単独犯における錯誤と同様に解されるべきであり、抽象的事実の錯誤の問題として扱われるべきであると考えられる。

6 罪数

自殺者を教唆してその決意をさせ、さらに、その嘱託・承諾を得て殺したばあい、自殺教唆罪と嘱託殺人罪との併合罪ではなくて、本条の罪の単純一罪とする見解と自殺教唆未遂罪は同意殺人罪に吸収されて、後者のみが成立するとする見解とがある。

7　Xの罪責

Xは、欺罔してAに自殺意思を生じさせ、その延長線上において、Aから殺害の嘱託を受けている。Aの同意（自殺意思・嘱託）の有効性が問題となるが、これを無効とする見解によれば、Xについては普通殺人罪（一九九条）の成否が問われることになる。これに対して、これを有効とする見解によれば、同意殺人罪（二〇二条）の成否が問題となる。次に、Aは、同意の撤回を考えているが、それを表明していないので、その点の評価が問題となる。意思方向説によれば、撤回は有効であり、Xとの関係において同意はなかったことになる。意思表明説によれば、撤回は無効であるから、なお同意は存在するものとして扱われるべきことになる。

ところで、Xは、Yに殺害を教唆している。Xとの間に嘱託の関係があるので、Xについて嘱託殺人罪の教唆犯の成立をみとめるべきかどうかは、正犯者たるYの罪責の結果に影響を受けることになる。仮に、Yについても嘱託殺人罪が成立するのであれば、Xについてその教唆犯の成立を肯定してもまったく問題はない。仮にYについて普通殺人罪が成立するとされたばあい、共犯従属性の見地からは問題がある。従属性を重視すれば、普通殺人罪の教唆犯とされることになろう。

8　Yの罪責

Yは、Aの嘱託の存在を知らずに、しかも嘱託の撤回の存否についてもまったく知らずにAを殺害している。嘱託の存在を知らなくても二〇二条の正犯が成立するとする見解によれば、撤回が無効であるとされるかぎり、二〇二条の成立がみとめられる。これに対して、嘱託の存在を認識すべきであるとする見解によれば、一九九条の故意で二〇二条の結果を生じさせたことになり、三八条二項の逆のばあいの処理の問題として扱われることになる。

第五款　正当防衛における急迫不正の侵害と防衛行為の相当性

文化住宅S荘の二階の一室に居住していたXは、同荘二階の別室に居住するA（当時五六歳）と日ごろから折り合いが悪かったところ、某日午後二時一三分ころ、同荘二階の北側奥にある共同便所で小用を足していた際、突然背後からAに長さ約八一センチメートル、重さ約二キログラムの鉄パイプ（以下「鉄パイプ」という。）で頭部を一回殴打された。続けて鉄パイプを振りかぶったAに対し、Xは、それを取り上げようとしてつかみ掛かり、同人ともみ合いになったまま、同荘二階の通路に移動し、その間二回にわたり大声で助けを求めたが、誰も現れなかった。その直後に、Xは、Aから鉄パイプを取り上げたが、同人が両手を前に出して向かってきたため、その頭部を鉄パイプで一回殴打した。そして、再度もみ合いになって、AがXから鉄パイプ取り戻し、それを振り上げてXを殴打しようとしたため、Xは同通路の南側にある一階に通じる階段の方へ向かって逃げ出した。Xは階段上の踊り場まで至った際、背後で風を切る気配がしたので振り返ったところ、Aは、通路南端に設置されていた転落防止用の手すりの外側に勢い余って上半身を前のめりに乗り出した姿勢になっていた。しかし、Aがなおも鉄パイプを手に握っているのを見て、Xは、同人に近づいてその左足を持ち上げ、同人を手すりの外側に追い落とし、その結果、同人は、一階のひさしに当たった後、手すりの上端から約四メートル下のコンクリート道路上に転落した。Aは、Xの右の一連の暴行により、入院加療約三箇月を要する前頭、頭頂部打撲挫傷創、第二および第四腰椎圧迫骨折等の傷害を負った。

Xの罪責について論じなさい。

【論　点】

1　急迫不正の侵害の意義
「侵害」の「継続性」と「終了」
2　防衛行為の相当性
「相当性」の範囲と「過剰防衛」

【本事例の趣旨】

本事例は、最判平9・6・16（刑集五一巻五号四三五頁）を基礎とするものである。本件における争点は、①刑法三六条一項の「急迫」不正の侵害の有無と②本件行為が「相当性」の範囲内にあるかどうか、である。

【解　説】

1　問題状況

正当防衛は、古くして新しい問題である。学界においても、最近、新たな観点から関心を持たれるようになっている。より根本的には、正当防衛の「正当化」根拠を人的不法論・物的不法論の対立を踏まえて、いかに統一的・合理的に説明するかという問題関心がある。これは、違法性の本質論に関わるので、しばらく議論が続くものと予

想される。

次に、前記の問題関心を前提にしたうえで、正当防衛の各論的観点から、正当防衛の成立要件を再検討する動きが見られる。これは、個々の要件をより詳細に分析し、従来からの図式的説明に反省を迫るものといえる。学界の研究方法が「分化」的傾向にあるので、今後、この領域の研究も深められていくであろう。

近時、判例は、正当防衛の成立範囲を拡張してきている。これは、正当防衛権の拡大を強調してきた学説の影響を受けたものである。従来、判例は、「過剰防衛へ逃避」する嫌いがある（「過剰防衛への逃避」）として批判されてきたのに対応して、正当防衛の限界づけに積極的に立ち向かう姿勢を示したものであって、大いに歓迎されるべきものである。判例のこの動向は、さらに学説に対して重要な影響を及ぼすことになる。

このように、学説・判例が、正当防衛に関して重大な関心を寄せていることは、明らかである。

2　「急迫性」

正当防衛の客観的要件としての「急迫」とは、法益の侵害が現に存在しているか、または間近に押し迫っていることを意味するので（最判昭46・11・16刑集二五巻八号九九六頁）、これが存在するとみとめられるためには、侵害が「終了」していないことが要求されることになる。そこで、最判平9・6・16のケースにおいては、被告人が相手方の足を持ち上げて同人を階下に転落させた時点で、相手方の侵害が既に「終了」していたのか否か、が争点となった。

第一審判決および原判決は、相手方は手すりに上半身を乗り出し容易には元に戻りにくい姿勢になっていたし、被告人は自由にその場から逃げ出すことができる状態にあったから、侵害は終了していたと判断したのであった。

最高裁の本判決は、①相手方は執拗な攻撃の挙げ句に勢い余って手すりの外側に身を乗り出したこと、②その姿

勢でなおも鉄パイプを手に握り続けていたこと、③相手方の被告人に対する加害の意欲は、おう盛かつ強固なまま存続しており、④ただちに上半身を元に戻すことは困難であったものの、被告人の行為がなければ、間もなく態勢を立て直したうえ再度の攻撃に及ぶことが可能であったものとみとめられるとし、したがって、相手方の侵害はなお「継続」していたと判示している。すなわち、本判決は、①攻撃の執拗性と②凶器の握持を基礎にして、おう盛かつ強固な「加害の意欲」の持続性を肯定し、さらに、間もなく態勢を立て直して再度の攻撃に及ぶ可能性を肯定したうえで、侵害がなお継続していたとの結論に到達しているのである。相手方の攻撃が執拗であり、かつ、凶器を現実に握持しているという事実があれば、通常、おう盛かつ強固な「加害の意欲」があると推認される。そして、このような「加害の意図」を前提に、従前の攻撃の継続を困難にした態勢を立て直すことができるばあいには、間もなく攻撃を再開できることも可能であるから、不正の侵害の危険性は、なお存続しているといえることになる。したがって、本判決が第二の行為の時点で急迫不正の侵害の存在を肯定したのは妥当であるとおもう。

本件において、第一審判決および原判決と本判決の結論が分かれた理由は、調査官解説によれば、第一審および原審判決が主に相手方の不自由な姿勢に着目して侵害終了の結論を導いたのに対し、本判決は、事態の推移に照らしつつ、相手方の加害意欲が存続しかつ態勢立直しの可能性もあったことをみとめ、これらを総合すると、侵害はせいぜい中断したにすぎないという判断を下したためであるとされている。

3　相当性

防衛行為の「相当性」の問題は、被告人の行為が正当防衛となるのか、それとも過剰防衛となるのか、という問題にほかならない。この点について、第一審判決および原判決は、急迫不正の侵害も防衛意思もないから、相当性

を判断するまでもないとしたものと解される。これに対して、最高裁の本判決は、正当防衛の「相当性」が問題となることをみとめたうえで、相手方の侵害行為と被告人の反撃行為とをその態様や危険性の点で比較、検討したうえ、被告人の暴行につき相当性の範囲を超えたものとの判断を示したのである。被告人が相手方を約四メートル下のコンクリート道路上に転落させた行為の危険性が殊に重視されたために、相当性が否定されたものと解されている。通説・判例は、正当防衛における相当性を侵害「行為」と防衛「行為」とを比較して判断すべきであるとしている。この見地からは、本判決の右のような判断「方法」は妥当であるといえる。

また、本件において第一の暴行と第二の暴行がなされているが、両者の関係をいかに解すべきか、が判断「方法」の問題として提起されている。前述のように、原判決は第一の行為を過剰防衛と解しているが、「これが防衛行為に当たることは明らかであるといえる」とする立場もある。最判昭和34・2・5刑集一三巻一号一頁は、防衛行為としておこなわれた一連の暴行については、正当防衛に当たるか過剰防衛に当たるか、を全体として判断すべきであるとしており、本判決も、これに従い、被告人の一連の暴行は全体として防衛の程度を超えていると判断したものと解されている。この判断「方法」も妥当であるとおもわれる。

このように、本判決は、右に見たような「方法」で相当性を否定し過剰防衛行為に当たるとしているが、この「結論」に対しては、学説上、異論がある。

わたくしも、本判決の結論には疑問があると考えている。①「攻撃の一時的減弱」と②「防衛行為の危険性」だけを根拠にして相当性を判断するのは妥当でないと解されている。本件では①は、急迫性の存否に関わるのであって、直接、相当性には影響しないものと解すべきであるとおもう。むしろ再度の攻撃の可能性が認定されているのであって、それは頭部を鉄パイプで殴打するという死亡をもたらす危険性を包含する「行為」なのである。前述の

とおり、判例・通説の立場によれば、相当性の判断に当たっては、このような危険な侵害「行為」との対比が必要である。

次に、②「防衛行為の危険性」についていえば、たしかに、本判決が認定しているように、約四メートル下のコンクリート道路上に転落させる行為は、一歩間違えば被侵害者の「死亡の結果すら発生しかねない危険な」行為である。しかし、それは殺意に基づくものではないことに注意する必要がある。この点において、本件と同様に急迫不正の侵害が「終了」したとはいえないとしたうえで、過剰防衛に当たるとした下級審判例（東京高判平成6・5・31判時一五三四号一四一頁）とは、事案が異なると解すべきであろう。東京高判の事案は、被告人の次男である被害者Aが酒に酔って被告人にからみ、焼酎を顔にかけ、手拳で顔面を殴打し、灰皿を投げつけるなどの暴行を加えたため、両者が掴み合いとなり、被告人は、Aを足払いにかけて転倒させ、俯せの状態になったAの背中に馬乗りとなったうえ、両腕でAの頚部を締めつけて殺害したというものである。同判決は、①Aが強力な侵害行為に及ぶことが困難であったこと、②防衛の意思を併有していたが、「同時にこの機会にAを殺害しようという意思を抱」いていたことを理由にして、被告人の行為は過剰防衛に当たると判示したのである。これは、①侵害行為がせいぜい「傷害」に止まることと②反撃行為が「殺人」であることとを比較して、②の方が過剰であることをみとめたものと解すべきであるとおもう。これに対して、本件は、①と②とを比較したばあい、いずれも「死亡」に至る危険をはらんだ行為である点で、決定的に異なるといえる。本件では、①と②とは均衡を失していないと解するのが妥当である。

「生命・身体への切迫した危険を認定しつつも、それに対する正当防衛の余地を奪う」とすれば、それではいったい「被告人はいかなる防衛手段をとればよかったのであろうか」という疑問に逢着することになると指摘されている。法益侵害の危険にさらされている被告人に、沈着冷静な対応を求めるのは、法秩序の側からの過大な要求とい

うべきであろう。やはり①の行為と②の行為との比較を基礎にして「相当性」の判断はなされるべきであるとするのが、人的不法論からの帰結であるとおもわれる。正当防衛ではなくて過剰防衛の成立をみとめている本判決は、かつて判例の傾向として指摘された「過剰防衛への逃避」の残滓と評される余地を残しているのである。

4　Xの罪責

本事例におけるXは、Aから急に鉄パイプで頭部を殴打されたので、その鉄パイプを取り上げてAの頭部を殴打している。この段階においては、Xの行為は、Aからの急迫不正の侵害に対する防衛行為であり、Aの行為と対比して相当性を有するといえる。その後、AがXから鉄パイプを取り戻して、さらにXを殴打しようとして鉄パイプを振り上げて追い掛けた際、勢い余って転落防止用の手すりの外側に前のめりに乗り出したが、鉄パイプはなおも握っていたのである。そこで、Xは、Aがなおも鉄パイプを手に握っているのを見て、Aの左足を持ち上げてAを手すりの外側に追い落とし四メートル下のコンクリート道路上に転落させて傷害を負わせている。このばあい、①Aの違法な侵害行為は継続していたのか、②Xの行為は「相当性」を有するか、が問題となる。まず、①については、Aの攻撃が執拗であったことおよび凶器を握持したことから、旺盛かつ強固な「加害の意欲」の継続性がみとめられ、かつ、Aの従前の攻撃の継続を困難にした態勢を立て直して間もなく攻撃を再開する可能性がみとめられるので、急迫不正の侵害は存在していたことになる。

②については、Aの侵害行為との対比においてXの防衛行為の「相当性」の有無が判断されるべきである。そうすると、再度の攻撃の可能性のあるAの侵害「行為」は、頭部を鉄パイプで殴打するという死亡の結果を生じさせる危険性を有する傷害行為である。これに対するXの防衛「行為」は、約四メートル下のコンクリート道路上に転

落させたものであり、Aの死亡の結果を生じさせる危険性のある侵害行為である。両者を比較したばあい、Xの防衛行為は均衡を失するものとはいえない。いいかえると、Xの防衛行為には「相当性」がみとめられるのである。したがって、Xには正当防衛の成立がみとめられ、傷害行為の違法性が阻却されて傷害罪は成立しないことになる。それゆえ、Xは何ら罪責を負わないことになる。

第六款　誤想過剰防衛と不真正不作為犯の中止未遂

甲は、乙と結婚してマンション三階の一室で一緒に暮らしていたが、夫婦げんかをした際、妻乙が室内からベランダへ出て行こうとしたのを見て、乙が飛び降り自殺を図るものと思い込み、これを制止しようとして乙の両肩を両手で強く突いてその場に転倒させた。そのため乙は頭部を床面に強打したことによる頭部打撲の傷害を負い、失神した。甲は、これに驚き、救急車を呼んで病院に搬送して治療を受ければ一命を取り止めることができると考えたが、そうすると自分の犯行が露見してしまってまずいので、そのまま放置すると死亡するかもしれないけれども、それでも構わないと決意してそのままにしていた。しかし、その後、甲は、反省して救急車を呼んで乙を病院に搬送し医者に看てもらったが、すでに手遅れのため、乙は死亡した。

甲の罪責について論じなさい。

【論　点】

1　問題の所在

(1)　誤想過剰避難

(i)　緊急避難の法的性格

(ii)　緊急避難の要件

(iii)　誤想避難の意義と取扱い

(iv)　誤想過剰避難の意義と取扱い

(2)　不真正不作為犯と中止犯

(i)　不真正不作為犯の成立要件と実行の着手時期

(ii)　中止犯の法的性格

(iii)　中止行為の意義

(iv)　結果発生と中止規定の類推適用の可否

2　学説・判例の状況

(1)　誤想過剰避難

(i)　緊急避難の本質―違法性阻却事由説（通説・判例）

(ii)　誤想避難の取扱い〔→誤想防衛との対比（通説・半例の場合）〕

(iii)　誤想過剰避難の取扱い〔→誤想過剰防衛との対比（通説・半例のばあい）〕

(2)　不真正不作為と中止犯

（ⅰ）実行の着手時期に関する見解
（ⅱ）不真正不作為犯における実行の着手時期
（ⅲ）中止犯の法的性格→責任減少説（通説・判例）
（ⅳ）中止犯規定→未遂についてのみ適用（通説・判例）
3　検討―私見
4　関連論点
（1）誤想過剰防衛
（2）主観的正当化要素

【本事例の趣旨】

誤想過剰防衛の問題は、理論的にきわめて難しい論点を包含しており、実務上も頻繁に生じ判例も多い。理論的観点から、正当防衛の要件論を問いながら違法性の本質論についての基礎的理解力を判定し、錯誤の取扱いを問いながら、違法性と責任との関係、さらに故意犯と過失犯の相違点を明かにさせることができるのである。本事例では、これを誤想過剰「避難」に置き換えることによって、前記のばあいと同じことを問えることになる。実際に誤想過剰防衛に関する下級審判例も出ているので、単なる空理空論ではなく、事例問題として検討するのに適する問題領域になっているといえる。

さらに本事例では、不真正不作為犯の問題と中止犯がからんでいる。

【解　説】

1　誤想過剰避難の意義

誤想過剰避難とは、誤想避難と過剰避難とが競合するばあいをいう。たとえば、現在の危難がないのにそれが存在すると誤信して避難行為をおこなったが（誤想避難）、それが行為者の誤想した危難に対する避難行為としては過剰であった（過剰避難）ようなばあいが、これに当たる。誤想過剰避難は、さらに、過剰部分について、補充性の程度を超えたばあいと法益の権衡を失したばあいとがあり、さらに過剰部分についての認識のあるばあいとないばあいとがあるとされている。その法的取扱いは、緊急避難、過剰避難および誤想避難の本質の捉え方如何によって重大な差異が生ずる。そこで、まず、緊急避難の法的性格および誤想避難の法的性格を明らかにする必要がある。

2　緊急避難の法的性格

(1)　違法性阻却一元説

違法性阻却における違法性の内容について、さらに学説は分かれる。

(i)「違法性」が阻却されると解する説（通説）。この説は、正当化原理としての「優越的利益の原則」を根拠にして一元的に違法性の阻却をみとめる。すなわち、大なる利益を保全するために小なる利益を犠牲にすることは、法秩序の保全にとって必要であり、緊急避難のばあい、補充性と均衡性を条件にして、優越的利益を保護・保全する避難行為を適法と解するのである。しかし、対立する法益が同等であるときには、「優越的」利益が存在しないので、優越的利益の原則は直接的には妥当しないことになる。そこで、優越的利益の保全を任務とする法秩序は、相拮抗する同等の法益のいずれを優先させるべきか、という点について、この説は、避難行為を適法化することによって、

難をのがれた利益の方を保護することをみとめる。

(ii)　法益が同価値であるばあいには、「可罰的違法性」が阻却されるとする説。これは優越的利益説の貫徹に関して、ある程度の緩和をみとめ、「完全な」適法性を否定するものである。

(2)　責任阻却一元説

責任阻却一元説は、緊急避難行為は、違法であり、ただ、期待不可能性を理由に責任が阻却されるにとどまるとする。この説によれば、ともに法による保護を受けるべき利益が対立しているばあいには、危難を他人に転嫁すべきではなく、転嫁行為はあくまでも違法と評価されるべきであり、このような緊急状態においては期待可能性がないので責任が阻却されることになる。

(3)　二分説

二分説（二元説）は緊急避難を二元的に理解し、違法性阻却事由になるばあいと責任阻却事由になるばあいとをみとめる。そのいずれを原則とするか、について、見解が次のように分かれる。

(i)　違法性阻却事由を原則とする二分説

この立場も、違法性阻却事由・責任阻却事由にどれを振り分けるか、をめぐって、さらに二説に分かれる。第一説は、大なる法益を保護するために小なる法益を犠牲にするばあいを違法性阻却事由となると解する。第二説は、生命対生命、または身体対身体という関係において一方を救うためになされた緊急避難のばあいだけは責任阻却事由であり、その他のばあいは違法性阻却事由であると解する。

(ii)　責任阻却を原則とする二分説

この説によれば、緊急避難行為は、原則として違法であるが、一定のばあいには例外的に違法性が阻却される。

すなわち、緊急避難の不可罰性は、原則として責任阻却事由に基づくものとして説明されるべきであり、ただ、衝突する両法益の間に比較しがたいほど著しい差があるばあいには、例外的に違法性阻却事由に基づいて説明されるべきであるとされる。

(4) 私　見

わたくしは、法益が同等であるばあいも優越的利益説の見地から違法性阻却を合理的に論拠づけることができると解する。優越的利益説の立場に立つと、法益が同等であるばあいには、優越する利益が存在しない以上、いずれも法的保護を対等に受け得るので、法秩序はそのいずれをも優先的に扱ってはならないこととなる。したがって、積極的にいずれかの法益を保護することは許されないので、法秩序としては消極的な形で避難行為を是認するほかはない。すなわち、侵害利益と保全利益とは差引ゼロであるから秩序破壊は存在せず、したがって、避難行為は違法ではない、という形でこれを是認することになる。さらに、条文上の根拠として、刑法三七条が①他人のための緊急避難をみとめていること、②法益の均衡性を要件としていることを挙げることができる。これは、緊急避難を責任阻却事由と解することを許さず違法性阻却事由と解すべきことを意味する。すなわち、①「他人」の法益を保全するためになされる避難行為は、必ずしもつねに期待可能性なしとはされ得ない。近親者などの一定の者についてはは期待可能性がないばあいが多いといえるが、しかし、まったくの赤の他人についてはそうはいえないはずであり、これは一般的に違法性の問題と考えられるべきである。次に、②法益の均衡は、違法性における重要な視点であり、行為者自身の内面を問題にする責任の次元に属しない。

3　過剰避難の意義と法的性格

過剰避難とは、避難行為がその程度を超えたばあいをいう。補充性の程度に反するばあいと、法益の権衡を失したばあいとがある。過菊避難のばあいには、行為の違法性は阻却されないが、それが減少することがあり、また、行為者の責任が減軽されることもあり得る。避難行為は、危難を避けるために、「やむを得ずにした」ものであることを要する。「やむを得ずにした」とは、その危難を避けるための唯一の方法であって、他にとるべき途がなかったことを意味する。これを「補充の原則」という。

法益の権衡とは、避難行為から生じた害が避けようとした害の程度を超えないことを意味する。これは、価値の大きい法益を保全するために、価値の小さい法益を犠牲にし、また、同価値の法益の一方を保全するために、他方を犠牲にすることは許されるが、大きな価値の法益を犠牲にして、小さな価値の法益を保全することは許されないことを意味する。法益の権衡は、あくまでも避難「行為」と法益侵害「行為」との比較によって確定されることに注意する必要がある。

4　誤想避難と誤想過剰避難の意義と法的性格

誤想避難とは、現在の危難が存在しないのに、行為者が、これがあると誤認して避難行為をおこなったばあいをいい、正当化事情の錯誤の一種である。誤想過剰避難とは、誤想避難と過剰避難とが競合したばあいをいい、誤想過剰防衛に準じて取り扱われるべきである。

5　私　見

誤想避難は正当化事情の錯誤の一つであり、その客観的要件の存否は事前判断によってなされる。その際、一般人の見地において錯誤が避け得なかったばあいには、現在の危難の存在が肯定されて緊急避難となることがあり、そのときには誤想過剰避難は過剰避難として扱われることになり、そうでないばあいには故意犯の成立を肯定することになる（二元的厳格責任説）。

6　不真正不作為犯と中止犯

(1)　不真正不作為犯の成立要件

不真正不作為犯の成立要件として次のものがあげられる。

(i)　不作為の存在

不真正不作為犯は、「不作為」による作為犯であるから、まず不作為が存在しなければならない。目的的行為論者の多くは、作為＝行為、不作為＝行為をしないこと、と解するが、判例・通説は、不作為は社会的に期待された作為をおこなわないこととして把握し、不作為も「行為」の一種であると解している。

(ii)　作為の可能性・作為との同価値性

不作為によってなされなかった作為は、当該行為者にとって遂行可能なものでなければならない。法は不可能を強いることはできないからである。作為との同価値性は、作為義務とは別個の問題である。

(iii)　不作為と結果との因果関係

不真正不作為犯は結果犯について成立するので、不作為と結果との間の因果関係の存在を必要とする。判例・通

説によれば、作為犯のばあい、条件関係は、「当該作為がなかったならば、当該結果は発生しなかった」時にみとめられるのに対して、不真正不作為犯のばあいには「期待された作為がなされていたならば、当該結果を回避できたであろう」とき、条件関係がみとめられることになる。

(iv)　保障人的地位と作為義務の存在

不作為は、保障人的地位にある者の「作為義務」に違反するものでなければならない。作為義務の犯罪論体系上の位置、発生根拠および錯誤については、見解の対立がある。

(v)　故意・過失の存在

不真正不作為犯の主観的要件として、故意・過失の存在が必要である。故意については、未必的故意で足りるが、確定的故意でなければならないとする見解もある。過失によるばあいは、忘却犯といわれる。

なお、故意のほかに、判例上、放火罪について「既発の火力を利用する意思」が強調されているが、通説は、犯罪構成上、不要な主観的要素をみとめるものであって妥当でないとして、判例に批判的である。

(2)　中止行為の意義

中止犯（中止未遂）における犯罪の遂行を「中止した」というのは、「中止行為」、すなわち、犯罪の完成を阻止する行為をしたことを意味する。着手未遂のばあいは、実行行為を続行しないという不作為があれば足りるが、実行未遂のばあいには、結果の発生を防止すべき作為をおこなわなければならない。判例・通説は、さらに、中止行為が結果発生防止のために真剣な努力を払っておこなわれたこと（真摯性）を要求する。いったん違法「行為」を終了してしまっている以上、法的義務にふたたび合致しようとする態度があるといえるためには、真剣に結果発生防止に取り組む必要があり、真摯な中止行為がなされてはじめて、中止行為者の「法敵対性」が弱まるのである。

(3) 不真正不作為犯と中止犯

不真正不作為犯のばあい、作為義務発生時期は、次の二種に分けて考えるべきであるとされる。①法益侵害の危険がすでに発生しており、行為者の作為があればその危険を回避し得るばあい、作為義務は、行為者が危険の存在を認識したときに発生する。②とくに行為者の作為がないと法益侵害の危険が発生するばあい、作為義務はすでに事前に潜在的に発生しており、ただ作為義務の内容たる作為に出なかったときに、作為義務違反が問題になるとされる。

真摯な中止行為がなされたにもかかわらず、結果が発生したばあいに、中止犯規定の類推適用をみとめるべきか否か、が問題となる。責任減少説を徹底すれば、中止犯規定の類推適用をみとめるべきである。違法性減少説によれば、結果が発生した以上、違法性の減少はあり得ないので、中止犯規定の類推適用の余地はないことになる。通説は、中止犯(中止未遂)は未遂犯にほかならないから、結果が発生したばあいには、中止犯規定の適用はあり得ないとする。

たしかに、結果が発生してしまった以上、客観的側面だけを理由とする違法性減少をみとめるのは困難となるが、しかし、主観的違法要素としての故意の放棄による行為無価値の減少に基づいて違法性減少を肯定する余地がある。ふたたび法的義務に合致しようした点で「法敵対性」の微弱化による責任減少もみとめられるのであるから、両者を考慮して刑の減軽の限度で、中止犯規定の類推適用を肯定できる。

7　甲の罪責

誤想過剰避難につき故意阻却をみとめる立場は、過失傷害罪と殺人罪の成立をみとめ、後者についての中止犯規

定の類推適用の可否と罪数処理で結論を異にすることになろう。故意阻却をみとめない立場は、傷害罪の成立を肯定し、その余は前記の説と同じである。

第七款　危険の引受けと過失犯

未舗装の路面（ダートコース）を自動車で走行しそのタイムを競う「ダートトライアル競技」同競技の初心者で運転技術も未熟なXは、同競技に約七年の経験を有するAに頼まれAをダートトライアルの助手席に同乗させて練習走行中、減速不十分のため下り急勾配のカーブを曲がりきれずハンドルの自由を失い暴走させ、コース右側に設置してあった丸太の防護柵に車を激突・転落させた。その際、車内部に突き刺さった防護支柱の丸太がAの頸部および胸部等を狭圧したため、Aは窒息死した。同競技においては、転倒や防護柵への接触はしばしば発生していたが、死亡事故は一度も発生したことがなかった。

Xの罪責について論じなさい。

【論　点】

1　スポーツ事故と正当業務行為による違法性阻却

2　ダートトライアル同乗者の危険の引受けと違法性阻却

【本事例の趣旨】

過失犯の成否に関しては、従来、注意義務の存否をめぐる議論が活発に展開されてきたといえる。旧来の過失犯論に対して、人的不法論の見地から異議が唱えられたことにより、新旧過失犯論争が繰り広げられ、過失犯論の重点が責任論から違法性論・構成要件論に移行してきている。そして、注意義務の内容に関して、旧過失犯論が「予見義務」を重視するのに対して、新過失犯論は「結果回避義務」を重視するのである。新過失犯論は、結果回避義務違反の実体を「社会生活上必要な基準的行為からの逸脱」の中に見出しており、旧過失犯論の見地からは、これは「行為無価値」のみを重視するものであって妥当でないと批判される。このような根本的論点については、両論の歩み寄りは期待できない。しかし、過失犯の違法性阻却に関しては、共通の基盤が成立し得る。たとえば、過失犯と緊急行為（正当防衛・緊急避難）に関して、物的不法論を基礎とする防衛意思不要説のみが、過失犯の緊急行為を肯定できるとされてきたが、最近では、人的不法論を基礎とする防衛意思必要説からも過失犯の緊急行為の成立を肯定する立場が有力化しているのである。

また、スポーツ行為による事故についても、正当業務行為による過失犯の違法性阻却の肯否が問題となり得る。さらに、「危険の引受け」による過失犯の違法性阻却の肯否がドイツにおいて議論され、わが国の学界でも、これにならう見解も主張されるようになっていた。

このような状況の中において、ダートトライアル同乗者死亡事件判決（千葉地判平7・12・13判時一五六五号一四四頁）が出て、にわかに現実的な理論問題として脚光を浴びることとなったのである。まず、この事件を基礎にした事例をあげて、それに即して問題点を検討することにしよう。

【解　説】

1　正当業務行為性

事例のようなスポーツ行為による事故のばあい、正当業務行為（三五条後段）としていかなるばあいにその違法性が阻却されるか、がまず問題となる。これを同乗者の側から見れば、事故による致死の結果がいかなる条件の下で、「被害者」の承諾を理由としてその違法性が阻却されるか、という問題となる。ダートトライアルと正当業務行為性について、前記判決は、「ダートトライアル競技は既に社会的に定着したモータースポーツで、JAFが定めた安全確保に関する諸ルールに従って実施されており、被告人の走行を含む本件走行会も一面右競技の練習過程として、JAF公認のコースにおいて、車両走行方法および服装もJAFの定めたルールに準じて行われていたものである。そして、同乗については、…指導としての意味があることから他のコースも含めてかなり一般的に行われ、容認されていた実情がある。競技に準じた形態でヘルメット着用等をした上で同乗する限り、他のスポーツに比べて格段に危険性が高いものともいえない」として、本件走行は、社会的相当性を欠くものではないと判示している。これは、社会的相当性説の見地から違法性阻却を根拠づけようとするものである。

2　「危険の引受け」と違法性阻却の問題

被害者Aは、Xの車に同乗することによって生ずる危険性を自ら「引き受け」ており、この点がXの罪責にいかなる影響を及ぼすか、が問題となる。

この点に関して、前記判決は、「少なくとも、①上級者が初心者の運転を指導する、②上級者がより高度な技術を習得するため更に上級の者に運転を指導してもらう、ような場合では、同乗者の側で、ダートトライアル走行の前

記危険性についての知識を有しており、技術の向上を目指す運転手が自己の技術の限界に近い、あるいはこれをある程度上回る運転を試みて、暴走、転倒等の一定の危険を冒すことを予見していることもある。また、そのような同乗者には、運転者への助言を通じて一定限度でその危険を制御する機会もある。したがって、このような認識、予見等の事情の下で同乗していた車については、運転者が右予見の範囲内にある運転方法を容認した上で、それに伴う危険を自己の危険として引き受けたとみることができ、右危険が現実化した事態については違法性の阻却を認める根拠がある」と判示している。本判決は、被害者の「危険の引受け」を理由に違法性阻却を肯定している点で重要な意義を有する。「危険の引受け」とは、法益の主体（過失犯の被害者）が一定の危険を認識したにもかかわらず、あえてその危険に身をさらしたところ、不幸にも行為者の過失行為から法益侵害結果が発生したばあいを意味する。これは、違法性阻却事由としての被害者の承諾に解消されるのか、それとも過失犯における独自の違法性阻却事由なのか、が問題となる。

3　「危険の引受け」の取扱い

(1)　ドイツにおける従来の学説

ドイツでは、危険の引受けは、「過失犯における被害者の同意」の問題として扱われてきている。被害者が危険を引き受けたことにより、行為者の行為によって危険が自らの身に降りかかることに同意したことになり、したがって危険行為から生ずる結果について行為者の罪責を問い得ないとされる。しかし、被害者は、行為の危険性について認識・認容しているが、法益侵害の結果については同意してはいないと考えられるので、違法性は阻却されないはずであるとの批判がある。

この点につき、行為無価値論のアプローチからは、過失犯における違法性の実体は注意義務違反の行為にあるので（違法性阻却の根拠としての）同意の対象は「行為」で足りるのに対し、結果無価値論のアプローチからは、過失犯における違法性の実体は法益侵害結果にあるので、同意の対象は「結果」でなければならないことになる。前者の立場からは、一般に、被害者の同意による違法性阻却を、同意の存在だけでなく行為の相当性を含めて判断しているので、最も重要なのは社会的相当性の判断であることになるのに対し、後者の立場からは、結果に対する同意の有無が問題となると指摘する見解もある。

本判決は「直接的な原因となる転倒や衝突を予測しているのであれば、死亡等の結果発生の危険をも引き受けたものと認め得る」としている。これに対しては、ダートトライアル競技では、転倒や防護柵への接触はしばしば発生するが、死亡事故は一度も発生したことはなかったのであるから、Aが死亡結果発生の危険を引き受けたとみるのは困難であるとの批判がある。さらに、仮に死亡結果に対する引受けがあったとしても、同意殺処罰規定（二〇二条）が存在する以上、完全な違法性阻却の効果をみとめるのは困難であるとの批判もある。

（2）「自己答責性の原則」からの基礎づけ

被害者が自己の積極的態度によって一定の事象においてイニシアティブを取ったばあいには、行為の危険性と発生した結果は被害者の「自己答責性の原則」が妥当する領域に帰属させられるので、行為者は発生した結果に対して責任を負わないとされる。しかし、麻薬常用者に麻薬を譲渡したところ、麻薬常用者が自分の手で麻薬を注射して死亡したケースのように、被害者自らがおこなう危険行為に行為者が関与するばあい（自己危殆化への関与）には、被害者自身に自己の法益を保持するために固有の責任があり、したがって、行為者の関与行為は二次的存在として不可罰とされるのはよいとしても、危険の引受けの事例では、行為者自身が危険行為をおこない因果的支配を手中

に収めているので、被害者自身に法益保持の責任があるからといって行為者への結果帰属を排除するのは困難であると批判されている。

(3) 違法性阻却事由と解しない立場

(i) 違法性減少事由説

危険の引受けは、被害者の同意に解消することも、自己答責性の原則に基づく過失犯独自の違法性阻却事由と見ることも妥当でないので、危険の引受けを違法性減少事由として位置づけ、正当な目的などとの法益衡量の際に可罰性を限定する役割を果たすものであるとする見解が主張されている。

(ii) 構成要件該当性阻却事由説

危険の引受けによって行為の危険性が規範的に否認され、構成要件該当性が否定されるとする見解が主張されている。

(iii) 具体的予見可能性否定説

死亡結果発生の蓋然性を認識したうえでその危険を容認していたことが必要であるから、危険の引受けを根拠に不可罰性を導き出すことは困難であるとして、転倒から防護支柱の丸太の狭圧による窒息死という因果経過を予見することが困難であることを根拠に具体的予見可能性が否定され、過失犯の成立が否定されることになるとする説が主張されている。

4 Xの罪責

Xは、ダートトライアル競技の初心者で運転技術も未熟であったため、同競技に七年の経験を有するAに頼まれ

てAをダートトライアルの助手席に同乗させて練習走行中に、減速不十分が原因で、防護柵に車を激突・転落させている。その際、車内部に突き刺さった防護支柱の丸太がAの頸部および胸部等を狭圧し、Aは窒息死している。すなわち、Xは過失によりAを死亡させているのである。しかし、Aは、ダートトライアル競技の走行による危険を承知のうえで同乗したのであるから、「危険の引受け」があったものとみとめられ、Xの過失行為の違法性は阻却されると解すべきである。したがって、Xに過失致死罪は成立せず、Xは何ら罪責を負わない。

第三章　責　任

第一款　原因において自由な行為と構成要件的事実の錯誤

Aは、Bがかねてより Xに恨みを抱いていたこと、および、Bには多量に飲酒すると病的酩酊に陥って他人に乱暴する性癖があること、を知っていたので、行きつけのバーでBに飲酒をすすめたうえで、Xを殺害することを教唆した。そこで、多量に飲酒したBは、Xがその友人Yと連れだってそのバーに来た際、服装が似ていたせいもあってYをXと勘違いして、所携のナイフでYを刺し、Yに重傷を負わせた。Aも多量に飲酒していて、Xが難をのがれたのを見て極度に興奮し、Bのナイフを取り上げて「殺してやる。」と怒鳴りながらXに向かって行き、逃げ回るXを追いかけているうちに、心神喪失状態に陥ってXを刺したところ、ナイフの刃先が心臓に達しXは即死した。後日、Yも刺傷が原因で死亡した。

AおよびBの罪責について論じなさい。

【論　点】

1　Aの罪責

（1）Bに対するXの殺害の教唆によりYを死亡させている点

①　原因において自由な行為の教唆――共犯従属性における従属の程度との関係

②　Bにおける客体の錯誤は、Aにとってはいかなる錯誤となるのか。

具体的符合説においては、客体の錯誤か方法の錯誤かによって結論に差が出てくる。法定的符合説においては、結論に差は生じない。⟶Bの罪責の問題と重複

（2）Xを殺害した点

実行行為の途中で責任無能力になったばあいの取扱い

（3）（1）の行為と（2）の行為との関係――併合罪なのか（2）に吸収されるのか。

2　Bの罪責

（1）客体の錯誤の取扱い

具体的符合説と法定的符合説の論拠について略説

（2）原因において自由な行為の要件――二重の故意（責任）の理論

利用意思の要否と根拠

【解　説】

1　正犯者に「客体の錯誤」があるばあいの教唆者の錯誤の取扱い

この問題は、古くから、ドイツの判例における「ローゼ＝ロザール事件」を素材にして議論されたきた。その事案は、次のとおりである。ロザール（A）は、自分の使用人であるローゼ（B）に金銭供与の約束のもとで、一定の時刻に森の中を通るシュリーベ（X）の殺害を教唆したところ、ローゼはその時刻に通りかかった男を射殺したが、その男はシュリーベ（X）ではなくてハーニッシュ（Y）という別人であった。

正犯者ローゼの錯誤は客体の錯誤であり、殺人既遂が成立する点について争いはない。教唆者ロザールの罪責については見解の対立がある。

(1)　法定的符合説

「人」の殺害を教唆して「人」が死亡した以上、殺人既遂教唆が成立する。

(2)　具体的符合説

①「客体の錯誤」と解する立場――正犯者は犯罪の中心になるものであるから、具体的に客体を特定することを正犯者にまかせた以上、共犯はそれについて責任を負わなければならない。この立場は、殺人既遂の教唆の成立をみとめる。

②「方法の錯誤」と解する立場――教唆者には、被害者の「同一性」についての錯誤はなく、それが惹き起こした因果のプロセス（因果の流れ）についての錯誤がある。つまり、教唆者の認識したことは正犯者の客体の錯誤によって方向を誤り実現しなかったことになる。この立場は、殺人予備罪の教唆犯と過失致死罪の成立をみとめる。

このように、具体的符合説の内部において、見解が分かれているが、理論的には②説が妥当であると考えられる。

2　実行行為の途中で責任無能力となったばあいの取扱い（実行開始後の責任能力の低下の取扱い）

(1)　問題状況

実行行為の途中から責任能力の低下が生じたばあいをどのように扱うのか、という問題は、学説上、自覚的に展開されてきたものではない。学説においては、原因において自由な行為の法理の適用に関して付随的に議論されたにすぎない。下級審の判例において取り上げられてから、学説上も重要視されるに至った新たな問題といえる。

(2)　判例

①殺人の犯行の途中で情動性朦朧状態に陥った時から後の段階では心神耗弱の状態にあったと認定された事案につき、東京高判昭和54・5・15（判時九三七号一二三頁）は、責任能力のある段階で重大な加害行為がおこなわれていること、同様の態様の行為の反復、精神的昂奮状態はみずから招いたものであることを挙げ、三九条二項の適用を否定した。②飲酒の後、暴行を開始し、犯行途中から酒の酔いのために錯乱状態に陥ったという事案につき、大阪地判昭和58・3・18（判時一〇八六号一五八頁）は、責任能力のある段階での暴行が優に致死の結果をもたらし得るものであったこと、後の錯乱状態は自らの飲酒と先立つ暴行等の行動によって招かれたものであること、同様の態様の暴行の反復であったことなどを挙げ、仮に後半部分において、責任能力に何らかの欠損があったとしても、刑法三九条一項または二項は適用されないとした。③焼酎を飲んだ被告人が手拳で妻の頭部・顔面などを殴打して死亡させた傷害致死事件において、長崎地判平成4・1・14（判時一四一五号一四二頁）は、飲酒によって、本件犯行の始めの時期には単純酩酊の状態にあったが、その後、本件犯行の中核的な行為をおこなった時期には複雑酩酊の状態になっており、Xは犯行途中より心神耗弱の状態になったとみとめたうえで、「同一の機会に同一の意思の発動にでたもので、実行行為は継続的あるいは断続的に行われたものであるところ、被告人は、心神耗弱下において犯行を

開始したのではなく、犯行開始時において責任能力に問題はなかったが、犯行を開始した後に更に自ら飲酒を継続したために、その実行行為の途中において複雑酩酊となり心神耗弱の状態に陥ったにすぎないものであるから、このような場合に、右事情を量刑上斟酌すべきことは格別、被告人に対し非難可能性の減弱を認め、その刑を必要的に減軽すべき実質的根拠があるとは言いがたい」ので、三九条二項を適用すべきではないとして傷害致死罪の成立を肯定している。

(3) 学説の対応

① 責任能力の行動制御機能を強調し、責任能力は実行行為の間中存在していなければならないとする立場は、次のように主張する。すなわち、実行行為の時にその実行行為じたいをコントロールする能力をもちながらこれを遂行するばあいと、実行行為の時にはすでにコントロールを失い、あるいは著しくコントロールが弱められているばあいとでは、非難可能性の程度にはっきりとした差異があるので、実行開始後の責任能力低下の事例は改正刑法草案一七条（みずから招いた精神の障害）のような立法的解決を要する。この見解を貫けば、特別の立法がなされないかぎりは、実行行為の途中から限定責任能力・責任無能力になったばあいにも原則としてそれ以前を未遂として処理することになる。責任は個別行為に対する意思決定についての非難であるとする伝統的見解に従うかぎり、責任能力も実行行為への意思決定、実行行為の開始時点に存在すればよいと考えるのが素直であるとする見解が主張される。このような見解に対して、「責任能力の意思決定に関する面だけを過当に強調」し、行動制御能力の面を無視した責任能力の意思主義的理解との批判がある。しかし、これに対しては、行為に出る際の意思をコントロールすることも行動の制御にほかならず、意思決定能力と行動制御能力とは別のものではないとの反論がなされている。

責任能力が実行行為終了時まで存続しなければならないとする立場は、責任能力があることによって中止の可能

性が確保されることを立論の根拠としている。しかし、中止犯の成否を責任能力、すなわち行為の違法性の認識能力とそれによる行動抑制能力に結び付けることは、問題である。

② 結果を直接惹起する行為の時点での責任を問題にする見解は、「現に相手を死亡させた行為が（既遂犯の）『実行行為』であり、この時点では責任能力を認めることができない以上は、（未遂犯ではなく、既遂犯の）完全な責任を問うためには『原因において自由な行為』の法理に依拠せざるをえないはずである」として、原因において自由な行為については、原因行為を問責の対象となる行為あるいは実行行為としながら、これと未遂の成立とを分け、未遂・実行の着手は、結果発生の危険が現実化したとき、結果惹起行為の時点にみとめられるとし、原因行為と結果惹起行為との間に一定の因果連関・責任連関がある場合に完全な処罰が可能だとする。しかし、危険が現実化し、実行の着手・未遂の成立が（有責性をもって）みとめられるばあい、その危険が結果に実現することのほかに、直接の結果惹起行為というものがさらに意味を持ち得るとするためには、新たな理由づけが必要である。これを既遂犯の「実行行為」と呼ぶことでその根拠が明らかにされてるとは言い難い。また、原因において自由な行為における結果惹起行為は未遂・着手を画するものでもあるから、これと着手後の責任能力低下の事例における直接の結果惹起行為とを同列に置いて論じることには十分な説明が必要であるとされている。

③ 既遂犯の成立には客観的な結果の実現だけでなく既遂故意、「高度の危険性をもつ行為＝高度の違法行為の認識」とその時点での責任が必要であるとする見地から、着手後の責任能力低下であっても、能力低下前にそのような危険行為とその認識がなければ既遂はみとめられないとする立場もある。この見解は、既遂には実行終了とその認識、すなわち、結果発生に必要なすべてのことをおこなったことの認識がなければならないとするドイツの見解を基礎にしている。しかし、自己の行為によって結果が生じるという認識を超えて、個々の部分的行為の危険性

を認識していなければ既遂をみとめることができないとするのは、過剰に厳格な要件を設定するものであるとして批判されている。

④　実行行為と正犯の責任を負うべき行為を分離し、違法行為をおこなうという最終決定の時に責任能力があれば、一つの意思決定に貫かれた行為全体に責任を問い得るとする立場や、責任能力状態での犯意がそのまま実現されたばあいには実行行為の時に責任能力がなくても発生した結果について責任を問うことができるとする立場は、実行行為開始時には責任能力があったばあい、後の一連の行為全体について責任を問い得ることになる。わたくしは、この立場が妥当であると解している。

3　罪　数

統一的正犯概念をとっていない現行法においては、一般論として、同一行為者によって教唆行為と正犯行為がなされたばあいには、前者は後者に吸収されるといえる。なぜならば、罪質として後者の方が重いからである。ところが、本事例のように、錯誤が存在するばあいには、故意の個数に見合うだけの犯罪の成立をみとめるべきであり、それぞれ併合罪と解するのが妥当である。

第二款　実行行為の途中の責任能力の低減および過剰結果の併発

Xは、Aを殺害する目的で刺身包丁を携帯して、Aの帰路で待ち伏せしていたが、Aがなかなか現れなかっ

たため、退屈しのぎに持参していたカップ酒を二本飲み干した時点でAが通りかかった。Xは、怒鳴りながら包丁を腰に構えてAに向かって行ったところ、Aが逃げ出したのでこれを追い駆け、追いついた時点でXは心神耗弱状態に陥った。Xは、勢いよく振り回した包丁で、Aの腕や肩に傷を負わせ、さらに、近くにいたBの頸動脈を切りBを死亡させてしまった。

Xの罪責について論じなさい（ただし、特別法違反の点は除く）。

【論　点】

1　実行行為の途中から責任能力の低減が生じたばあいの罪責

2　過剰結果の併発事例の処理

【本事例の趣旨】

実行行為の途中から責任能力の低減が生じたばあいをどのように扱うのか、という問題は、学説上、自覚的に展開されてきたものではない。学説においては、原因において自由な行為の法理の適用に関して付随的に議論されたにすぎない。下級審の判例において取り上げられてから、重要視されるに至った新たな問題といえる。これに対して、過剰結果の併発の処理の問題は、今や古典的な問題となっているが、しかし、錯誤論の重要問題であることには変わりがない。

【解　説】

1　責任能力の低減に関する学説と判例の状況

(1)　第一説は、責任能力の行動制御機能を強調し、責任能力は実行行為の間中存在していなければならないと解している。実行行為の時にその実行行為自体をコントロールする能力をもちながらこれを遂行するばあいと、実行行為の時にはすでにコントロールを失い、あるいは著しくコントロールが弱められているばあいとでは、非難可能性の程度には、はっきりとした差異があるので、実行開始後の責任能力低下の事例は改正刑法草案一七条（みずから招いた精神の障害）のような立法的解決を要する。この見解を貫けば、特別の立法がなされないかぎりは、実行行為の途中から限定責任能力・責任無能力になったばあいにも原則としてそれ以前を未遂として処理することになる。責任は個別行為に対する意思決定についての非難であるとする伝統的見解に従うかぎり、責任能力も実行行為への意思決定、実行行為の開始時点に存在すればよいと考えるのが素直であるとされる。このような見解に対して、「責任能力の意思決定に関する面だけを過当に強調」し、行動制御能力の面を無視した責任能力の意思主義的理解との批判がある。しかし、行為に出る際の意思をコントロールすることも行動の制御にほかならず、意思決定能力と行動制御能力とは別のものではないと反論されている。

責任能力が実行行為終了時まで存続しなければならないとする立場は、責任能力があることによって中止の可能性が確保されることを立論の根拠としている。しかし、中止犯の成否を責任能力、すなわち行為の違法性の認識能力とそれによる行動制御能力に結び付けることが妥当かどうか、は問題である。

(2)　結果を直接惹起する行為の時点での責任を問題にする見解は、「現に相手を死亡させた行為が（既遂犯の）『実行行為』であり、この時点では責任能力を認めることができない以上は、（未遂犯ではなく、既遂犯の）完全な責任を問

うためには『原因において自由な行為』の法理に依拠せざるをえないはずである」として、原因において自由な行為については、原因行為を問責の対象となる行為あるいは実行行為としながら、これと未遂の成立とを分け、未遂・実行の着手は、結果発生の危険が現実化した時、結果惹起行為の時点にみとめられるとし、原因行為と結果惹起行為との間に一定の因果連関・責任連関があるばあいに完全な処罰が可能だとする。しかし、危険が現実化し、実行の着手・未遂の成立が（有責性をもって）みとめられるばあい、その危険が結果に実現することのほかに、直接の結果惹起行為というものがさらに意味をもち得るとするためには、新たな理由づけが必要である。これを既遂犯の「実行行為」と呼ぶことでその根拠が明らかにされているとはいい難い。また、原因において自由な行為における結果惹起行為は、未遂・着手を画するものであるから、これと着手後の責任能力低下の事例における直接の結果惹起行為とを同列に置いて論ずることには十分な説明が必要であるとされている。

(3)　既遂犯の成立には、客観的な結果の実現だけでなく、既遂故意、「高度の危険性をもつ行為＝高度の違法行為の認識」とその時点での責任が必要であるとする見地から、着手後の責任能力低下であっても、能力低下前にそのような危険行為とその認識がなければ、既遂はみとめられないとする見解もある。この見解は、既遂には実行終了とその認識、すなわち、結果発生に必要なすべてのことをおこなったことの認識がなければならないとするドイツの見解を基礎にしている。しかし、自己の行為によって結果が生ずるという認識を超えて、個々の部分的行為の危険性を認識していなければ既遂をみとめることができないとするのは、過剰に厳格な要件を設定するものであると批判されている。

(4)　実行行為と正犯の責任を負うべき行為を分離し、違法行為をおこなうという最終決定の時に責任能力があれば、一つの意思決定に貫かれた行為全体に責任を問い得るとする見解や、責任能力状態での故意がそのまま実現さ

れた時は、実行行為の時に責任能力がなくとも発生した結果について責任を問うことができるとする見解は、実行行為開始時には責任能力があったばあい、後の一連の行為全体について責任を問い得ることになる。わたくしは、この立場が妥当であると解している。

この見地からは、Xは、完全責任能力者としての罪責を負うべきことになる。

(5)　判　例

①殺人の犯行の途中で情動性朦朧状態に陥った時から後の段階では心神耗弱の状態にあったと認定された事案につき、東京高判昭和54・5・15（判時九三七号一二三頁）は、責任能力のある段階で重大な加害行為がおこなわれていること、同様の態様の行為の反復、精神的昂奮状態は自ら招いたものであることを挙げ、三九条二項の適用を否定した。②飲酒の後、暴行を開始し、犯行途中から酒の酔いのために錯乱状態に陥ったという事案につき、大阪地判昭和58・3・18日（判時一〇八六号一五八頁）は、責任能力のある段階での暴行が優に致死の結果をもたらし得るものであったこと、後の錯乱状態は自らの飲酒と先立つ暴行等の行動によって招かれたものであること、同様の態様の暴行の反復であった点などを挙げ、仮に後半部分において、責任能力に何らかの欠損があったとしても、刑法三九条一項または二項は適用されないとした。③焼酎を飲んだ被告人が手拳で妻の頭部・顔面などを殴打して死亡させた傷害致死事件において、長崎地判平成4・1・14日（判時一四一五号一四二頁）は、飲酒によって、本件犯行の始めの時期には単純酩酊の状態にあったが、その後、本件犯行の中核的な行為をおこなった時期には複雑酩酊の状態になっており、被告人は犯行途中より心神耗弱の状態になったとみとめたうえで、「同一の機会に同一の意思の発動にでたもので、実行行為は継続的あるいは断続的に行われたものであるところ、被告人は、心神耗弱下において犯行を開始したのではなく、犯行開始時において責任能力に問題はなかったが、犯行を開始した後に更に自ら飲酒を継

続したために、その実行行為の途中において複雑酩酊となり心神耗弱の状態に陥ったにすぎないものであるから、このような場合に、右事情を量刑上斟酌すべきことは格別、被告人に対し非難可能性の減弱を認め、その刑を必要的に減軽すべき実質的根拠があるとは言いがたい」ので、三九条二項を適用すべきではないとして傷害致死罪の成立を肯定している。

2　過剰結果の併発の取扱い

(1)　問題の所在

本事例においてXは、Aを殺す意思で実行行為に出て、本来の行為客体以外のBに対して死亡という構成要件的結果を惹き起こしているので、Xの認識と現実に発生した結果との間に不一致が生じ、構成要件的事実の錯誤があるといえそうである。ところが、本来の客体であるAについても傷害という犯罪的結果（構成要件的結果）が生じている。したがって、このばあいは、構成要件的事実の錯誤における方法の錯誤の典型例と異なっていることになる。そこで、構成要件的事実の錯誤の問題と扱ってよいか、を先ず検討する必要がある。

(2)　学説の状況

錯誤の存在する余地はないとする見解は、Aに対して傷害の結果を発生させてしまっているので、過失犯の成立の可能性がみとめられるだけであるとする。Aが傷を負ったとしても、Xが当初から有していたAを「殺す」という意図（故意）は達成されておらず、認識に対応する結果は発生していないので、錯誤が存在することになる。法定的符合説（構成要件的符合説）の見地からは、Xは、Aという「人」を殺す意図をもってBという「人」を死亡させたことになるから、殺「人」という構成要件の枠内において認識と結果とが一致・符合するので、殺人の故意は阻却

されず、発生した結果であるBという「人」一人を殺している。つまり「人」を一人殺そうとして、一人の「人」を殺しているが、さらに、別の一人の「人」を「傷害」していることになる。この傷害の部分は、Xにとっては故意の枠を超える過剰結果である。Xとしては、殺人の故意は有していたが、さらに他人を傷つける意思はもっていなかったので、Aの負傷については過失犯が成立する可能性があることになる。過失犯が成立するばあいには、Bに対する殺人既遂罪と過失致傷罪は観念的競合である。

これに対して、Aの負傷の点は殺人未遂であるがZに対する殺人罪に吸収されるとする見解やAに対する殺人未遂罪の成立をみとめてBに対する殺人既遂罪との観念的競合になるとする見解もある。Aに対する過失致傷罪とBに対する殺人既遂罪の観念的競合をみとめる立場に対しては、XはAをねらって包丁を振り回してAに傷害を負わせているにもかかわらず、Aに対する過失犯の成立をみとめるのは、あまりにも技巧的で常識に反する、との批判がある。たしかに、Aに対する殺人の「故意」があったのに、Aに対して「過失」犯の成立をみとめるのは、常識に合わないように見えるかもしれない。しかし、具体的事実に拘泥するから、このような感想をもつものであって、前記の結果は、法定的符合説の思考からの当然の結論といえる。すなわち、法定的符合説は、人を一人殺す意思で人を一人殺したという事実を捉えて殺人罪既遂の成立をみとめ、さらにもう一つ意外な事実が余分に発生した点について過失犯の成立を問題にすることになるわけである。

3　Xの罪責

以上により、Xは、Bに対する殺人罪既遂とAに対する過失致傷罪の観念的競合の罪責を負うことになる。

第四章　未遂犯

第一款　実行の着手時期および結果的加重犯の教唆犯

Xは、交際していた女性Aにふられた腹いせに、かねてAに思いを寄せていたYに対して、「いつまでもイジイジしていては駄目だ、やっちゃえよ。」などと言ってAを強姦することを唆し、帰宅時間と待ち伏せに都合のよい場所を教えた。そこで、Yは、ダンプカーに乗って、Xに教えられた時間にその場所で待ち伏せし、通りかかったAを無理やりダンプカーの助手席に引きずり込み、急発進し、その場から走り去った。物陰からその様子を見ていたXは、大変なことになったと反省し、携帯電話で「今、若い女性がダンプカーで無理やり連れ去られた。」と一一〇番通報した。Yは、数キロ離れた地点で停車し、Aの顔を殴って反抗を抑圧し車中でAを姦淫したが、ダンプカーに引きずり込む際の暴行でAに全治一〇日間の傷害を負わせた。

XおよびYの罪責について、他説に言及しながら、自説を述べなさい。

【論　点】

1　Yの罪責

強姦罪の実行の着手時期はいつか。——傷害は引きずり行為の時に生じているので、強姦致傷罪が成立するかが問題となる。

2　Xの罪責

（1）強姦致傷罪の教唆犯が成立するか。——結果的加重犯の教唆犯の成否←→過失犯の教唆犯の成否。

（2）教唆犯について中止犯の規定を適用できるか。

【本事例の趣旨】

実行の着手時期については、今なお見解は一致していない。それは、未遂犯の処罰根拠・違法性の把握に関する根本的な対立に由来するのである。また、犯罪類型によっても着手時期をめぐって理解が分かれる。本事例では強姦罪における実行の着手時期と致傷の原因との関係が問題となる。また、共犯の問題として、結果的加重犯の教唆犯の成否と教唆犯の中止未遂を論ずる必要がある。

【叙述上の注意】

共犯者の罪責が問われるばあいには、時系列とは逆に、共犯従属性の見地から正犯者の罪責の考察を先行させた方が叙述し易いといえるので、本事例でもYの罪責から論述するとよいとおもう。まず、実行の着手時期について他説に言及しながら、自説の論拠を明示するようにすべきである。つぎに、Xについて、教唆犯の成否と中止犯の

肯否を検討し論述するようにするとよいであろう。

【解　説】

1　問題の所在

本事例において実行の着手時期が問題となるのは、強姦致傷罪における致傷の結果は強姦行為から生じた傷害に限られているからである（最判昭43・9・17刑集二二巻九号八六二頁）。そして、強姦罪における実行の着手は手段としての「暴行又は脅迫」の開始であると解されている（最判昭28・3・13刑集七巻三号五二九頁）。暴行・脅迫による反抗抑圧と姦淫が同一場所で時間的にも連続しているばあいには、実行の着手の認定は容易であるといえる。ところが、自動車を利用するばあいには、車内に「引きずり込む」行為から「姦淫」まで場所的・時間的な隔たりがあるため、車内への「引きずり込む」行為の時点に実行の着手をみとめてよいかどうか、が争われることになる。

2　「実行の着手」概念

（1）　学説

この点に関して学説は、次のように分かれている。

①犯意の成立がその遂行的行為によって確定的に認定できるときに実行の着手をみとめる主観説、②実行の着手をもって、構成要件に属する行為ないし構成要件に属する行為に密接する行為、または行為の犯罪計画上構成要件行為の直前に位置する行為を開始する時に実行の着手をみとめる形式的客観説、③結果発生の現実的危険を惹起する行為を開始する時に実行の着手をみとめる実質的客観説、④行為者の犯罪計画全体から見て法益侵害の切迫した

危険を惹起する行為を開始する時に実行の着手をみとめる折衷説（個別的客観説）、⑤行為がおこなわれた後、法益侵害の危険性が一定程度に達した時に実行の着手をみとめる結果説が主張されている。

（2）判例

判例は、窃盗罪に関して、「他人ノ財物ニ対スル事実上ノ支配ヲ犯スルニ付密接ナル行為」をおこなった時点で「着手」をみとめ（大判昭9・10・19刑集一三巻一四七三頁）、店舗内のレジスターに「近づく行為」を「密接な行為」とした原判決の「着手行為」の認定を是認している（最決昭40・3・9刑集一九巻二号六九頁）。これは、実質的客観説に近い立場であるといえる。

3　強姦罪における実行の着手時期

強姦罪の着手時期は、前述のとおり、一般に、暴行・脅迫が開始された時点とされている。姦淫をおこなう際に、暴行・脅迫を加えるばあいには、暴行・脅迫を開始した時点で実行の着手をみとめてもあまり問題はない。しかし、暴行・脅迫と姦淫行為との間に時間的・場所的間隔があるばあいには問題が生ずる。たとえば、他の場所で姦淫する目的でそこへ連行するために暴行・脅迫を加えるのは、姦淫の準備行為にすぎず、このような暴行・脅迫は強姦の実行の着手とはいえないのではないか、という疑問が生じてくるからである。この疑問は、自動車を利用するばあいにも生ずる。他の適当な場所に連行して強姦する目的で無理矢理被害者を車内に引きずり込むばあい、引きずり込む行為を強姦罪の実行の着手とみとめてよいか、がとくに争われる。車内に引きずり込む行為の際に傷害の結果が生じやすいので、強姦致傷罪が成立するのか、それとも強姦罪と傷害罪との併合罪となるのか、という罪責の差をもたらすので、争われることになるのである。

この点に関して、従来の下級審の判例は、このような暴行を実行の着手とはみとめなかった。たとえば、被害者を車内に引きずり込むために加えた暴行・脅迫は「強姦の手段として構成要件的定型を有する暴行脅迫」ではなく、その準備行為にすぎない（大阪地判昭45・6・11判タ二五九号三一九頁）とか、被害者が「姦淫される具体的危険性はその段階では生じていたものとは認められない」（京都地判昭43・11・26判時五四三号九一頁）とか判示していたのである。これに対して、最高裁の判例は、「被害者をダンプカーの運転席に引きずり込もうとした段階においてすでに強姦に至る客観的な危険性が明らかに認められる」と判示するに至っている（最決昭45・7・28刑集二四巻七号五八五頁）。これは、実質的客観説の立場を採るものと解されており、通説の支持を得ている。すなわち、いったん車内に引きずり込まれると救助を求めるのが難しい場所に連行されて姦淫される危険性が大きいので、被害者を車内に引きずり込む行為の開始をもって強姦罪の実行の着手と解するのは妥当であるとされているのである。

このように、最高裁の昭和45年7月28日決定に対しては、形式的客観説を密接行為にまで拡張する立場からは、自動車に引きずり込まれると姦淫される可能性が高いので、自動車に引きずり込む際の暴行は姦淫行為の直接の手段とはいえないが、それに密接した行為と解することができるとして支持されている。また、実質的客観説は、二人の男に自動車に引きずり込まれ監禁された段階で姦淫行為のおこなわれる現実的危険性が発生したとして、これを支持する。ただし、折衷説は見解が分かれている。判例を支持する立場が多いが、しかし、たとえ被告人らの強姦の意思が強く、また自動車に引きずり込まれれば姦淫行為にいたる危険性が客観的に高いばあいでも、被告人の所為計画のなかに被告人自身の行為の介在することが予定されているときには（このときには刑法規範は、法益保護の動的機能の観点から、なお介在することが予定されている行為に出ないことを期待するものといえるので）法益侵害の危殆化は間接的であるから、本件においても少なくとも護岸現場に至った段階において強姦罪の着手を肯定すべきであり、強姦

罪と傷害罪の併合罪と考えるべきであるとする見解もある。

4　教唆犯と中止犯

(1)　中止犯の法的性格

①刑事政策説、②違法性減少説、③責任減少説、④違法性・責任減少説が主張されている。

既遂についても中止犯規定の適用ないし準用をみとめ得るかが、問題となる。この点について、③④説はこれをみとめる可能性がある。

(2)　中止犯の要件（実行未遂における「真摯性」）

中止犯が成立するためには「中止行為」が必要である。中止行為とは、犯罪の完成を阻止する行為をいう。実行未遂のばあいには、結果の発生を防止すべき作為をおこなわなければならない。すなわち、結果をもたらし得る実行行為が完了しており、そのまま放置すると結果が発生する危険性がきわめて強いので、これを除去するための積極的な作為が要求されるのである。判例・通説は、さらに、中止行為が結果発生防止のために真剣な努力を払っておこなわれたこと、すなわち、真摯性を要求する（大判昭13・4・19刑集一七巻三三六頁）。形式的に中止行為がなされただけでは責任減少をみとめるべきではないとされるからである。いったん違法「行為」を終了している以上、責任減少の理由となる法的義務にふたたび合致しようとする態度があるといえるためには、真剣に結果発生防止に取り組む必要があるのである。ここにいう真摯性に、倫理的評価とは直接、関係を有せず、結果の発生を真に意欲して行動したか否か、という観点から判断される。

（3）教唆犯の未遂の形態

教唆には未遂があり得る（教唆の未遂）。教唆の未遂には、①被教唆者が犯罪の実行を決意したにとどまるばあい、②行為に出たが可罰的行為に達しないばあい、③教唆行為と正犯の行為との間に因果関係が存在しないばあい、④教唆したが被教唆者が犯罪の実行を決意しなかったばあいがある。①②③を「効果のない教唆」、④を「失敗に終わった教唆」といい、両者を合わせて「企画された教唆」という。共犯従属性説の見地からは、いずれも教唆犯は成立しないが、共犯行為それ自体を実行行為と見る共犯独立性説は、教唆の未遂はそのすべてのばあいについて未遂犯の規定の適用をみとめる。教唆行為がなされ、正犯者が実行に着手するに至れば、教唆は既遂となる。

5　Yの罪責

便宜上、先に正犯者であるYの罪責から見ておくことにする。

Yは、結局、Aを強姦しているので、その点について実行の着手を議論する実益はない。ダンプカーに引きずり込む際の暴行によってAは全治一〇日間の傷害を負っており、その点の罪責との関連で強姦罪の実行の着手時期が重要な意義を有することになる。ダンプカーに引きずり込む時点で強姦罪の実行の着手がみとめられるとすれば、Aの傷害は強姦行為に基づくものと評価されて強姦致傷罪が成立することになる。これに対して、強姦罪の実行の着手がみとめられないとすれば、Aの傷害は強姦のための単なる準備行為にすぎないダンプカーへの引きずり込むという暴行から生じた傷害罪を構成するにとどまり、これと強姦罪とは併合罪となる。

6　Xの罪責

Xは、Yに強姦の犯意を生じさせ、強姦行為を実行させているので、Xについて強姦罪の教唆犯が成立し得ることは問題ない。ところが、Xは、YがAをダンプカー内に引きずり込んで走り去った時点で、反省して一一〇番通報しており、これが教唆の中止犯となるのではないか、が問題となり得る。Xの教唆行為は、Yが強姦罪の実行の着手に至った時点で既遂となる。なぜならば、教唆犯は可罰的な違法行為を決意させてそれを実行させればよいからである。既遂犯については、中止犯の適用ないし準用を問題にする余地はないとする立場（判例・通説）においては、Xに中止犯の成立はあり得ないことになる。

これに対して、Xが一一〇番通報した時点で強姦罪の実行の着手はみとめられないとする立場、および既遂犯についてもなお中止犯規定の類推適用ないし準用をみとめる立場においては、Xについて中止犯規定の適用または類推適用ないし準用の可否を検討する必要が生じてくる。Xの行為は、はたして真摯な中止行為といえるか、が問題となる。たんに一一〇番通報しただけでは、Aに対する強姦罪の成立を阻止するための真剣な努力がなされたと評価することは困難であろう。したがって、中止犯規定の適用ないし準用をみとめることは難しいといえる。

次に、Yについて強姦致傷罪が成立するばあい、Xがその教唆犯となるか、が問題となる。なぜならば、強姦致傷罪は故意犯たる強姦罪の結果的加重犯であり、強姦についての教唆がなされ傷害の結果が生じたばあいにその重い結果に対しても教唆者の罪責を追及するのは酷ではないか、という疑問があるからである。結果的加重犯は故意犯と過失犯の複合形態であると解する見地においては、さらに過失犯に対する教唆犯が成立するか、という疑問が生じてくる。いずれにせよ、判例・通説の見地においては、結果的加重犯の教唆犯の成立が肯定されているので、Xについて強姦致傷罪の教唆犯の成立がみとめられることになる。

傷害罪と強姦罪の併合罪と解する見地においては、強姦罪の教唆犯が成立することは明らかである。傷害罪については、YがダンプカーにAを引きずり込む行為に関してXは表象・認容しているので、暴行の教唆の故意があり、その結果的加重犯としての傷害罪の教唆の成立を肯定してよいと考えられる。教唆行為は一個であるから、傷害罪および強姦罪の教唆は観念的競合である（五四条）。

第二款　間接正犯における実行の着手時期および構成要件的事実の錯誤

パチンコ店の従業員Aは、情を知らない同店従業員Xを利用して、使用済みのパチンコ用プリペイドカード（パッキーカード）一六〇枚に真正なカードの磁気情報を複写してこれを変造させたうえ、同店に設置されたカードユニット（自動玉貸装置）に挿入使用し、これにより電話回線を通じて、パッキーカードの支払いに関する事務処理をおこなっているY社のコンピュータに虚偽の情報を与えて、同パチンコ店にパッキーカードの消費金額名下に一六〇万円相当の財産上不法の利益を得させることを計画した。そこで、Aは、Xをだまして変造のパッキーカードを作出させたが、Xは途中で変だと気付き、Aの意図を見抜いたけれども作業を続行し変造のパッキーカードをユニットに挿入した。カードユニットがY社のコンピュータと電話回線とつながっていなかったため、Aはその目的を遂げなかった。本件におけるシステムは、次のようなものであった。パッキーカードをパチンコ店内のカードユニットに挿入すると、カードの消費金額に関する情報が同店内に設置された集計装置（ターミナルボックス）に送られ、ターミナルボックスは、パチンコ店の者が「開始処理」をしてから、締めボタン

を押して「締め処理」をするまでの間、カードユニットからのカード消費金額に関する情報を収集し、「締め処理」で一日分のカード消費金額が確定すると、日毎にその情報が電話回線を通じてY社の決済センターのコンピュータに自動伝達され、さらに集計されたデータが同社管理本部経理部のホストコンピュータに伝送されるものであった。

店長Bは、Aの計画を知っていたが、そのまま放置していた。

AおよびBの罪責について論じなさい（ただし、パッキーカードの変造の罪責は除く）。

【論　点】

1　間接正犯における実行の着手時期

2　間接正犯と錯誤

3　不作為による幇助犯の成否

【本事例の趣旨と論述上の注意】

未遂犯に関しては、実行の着手、中止犯および不能犯の取扱いが重要な論点であり、事例式の形でこれらに関連する論点が問題とされている。

本事例では、間接正犯との関連で実行の着手が問題となり、間接正犯に焦点を合わせて錯誤の問題を絡ませたうえ、これに不真正不作為犯の問題を結び付けて問われているのである。

前記の何れの問題も固有の論点を包含しているので、それについて詳しい論述が必要である。十分に説得的な論述をするためには、問題の淵源に遡る「そもそも論」としての本質論に深入りしないで、本来の論点に必要な限度で触れるようにした方がよい。本質論が不要であると言っているわけではない。必要以上にそれを論述すべきでないと言いたいのである。論述の兼ね合いというのは、実に難しいものであるが、要は、本質を的確に把握したうえで、それを論点に関連づけて簡潔に叙述していくようにすることである。そのためには問題となる「実体」の把握が必要であるから、解説においては、その概説をしておくことにする。

【解　説】

1　問題の所在

本事例においてAは、情を知らないXを利用してプリペイドカードを変造させたうえ、それを使って財産上不法の利益を得ようとしている。これは、電子計算機使用詐欺罪の間接正犯形態であり、Aは、その目的を遂げることができなかったのであるから、間接正犯の未遂が問題となり、実行の着手時期の確定が必要となる。ところが、Xは、途中でAの意図を見抜いたけれども、Aに言われたとおりの行為を遂行しているので、Aは結果としてXに対する教唆の事態を生じさせたことになる。したがって、Aは遂行形態において錯誤に陥っているので、その取扱いが問題となる（間接正犯と錯誤）。

ところで、店員Bは、Aの計画を知りながらそのまま放置しているので、不作為によってAの犯行を帮助したことになるのではないか、が問題となる。そこで、Bの罪責につき不作為による電子計算機使用詐欺未遂罪の帮助犯の成否を検討する必要がある。

らない。

2　間接正犯における実行の着手時期

(1)　実行の着手の意義

間接正犯における実行の着手時期を検討する前に、実行の着手に関する一般的議論をまず概説しておくことにする。これは、未遂犯の本質に関わる根本問題であり、その的確な理解が本事例の解決の大前提となるからにほかならない。

実行の着手とは、犯罪を開始することをいい、何らかの意味で結果発生をもたらすような行為を開始することを意味する。刑法は「犯罪の実行に着手しこれを遂げなかった」ばあいを未遂犯として処罰している(四三条)。実行の着手前の準備行為を予備といい、実行の着手は、未遂と予備とを限界づける概念である。刑法上、予備は原則として不可罰であり、きわめて例外的に処罰されるにとどまるため、実行の着手があるとみとめられるか否かは、可罰性の存否に直結するばあいが多いので、実際上、重要な意義を有することになる。実行の着手をどの時点でみとめるべきかは、未遂犯の処罰根拠に関わり、違法性の本質をいかに解するか、という根本問題に遡って考察する必要がある。実行の着手の問題は、不能犯論において具体的危険説をとったばあい、未遂犯と不能犯を分けるメルクマールともなる。というのは、未遂犯が結果発生の具体的な危険性を有する行為であるのに対して、不能犯はその危険性のない行為を意味するからである。いいかえると、未遂犯が、当該行為事情の下で当該行為から結果発生が具体的にあり得たか否か、を判断するものであるのに対して、不能犯は、一般人の見地をも考慮して想定された行為事情の下で結果発生があり得たか否か、を判断するものである。この点に関して、結果発生の具体的可能性を問題にする点で両者は共通性を有していると見ることができるのであり、そこに可罰的な未遂犯と不可罰的な不能犯との限界づけが存在することになる。

従来、実行の着手時期をめぐって主観説と客観説とが対立してきた。主観主義刑法学の立場から主観説が、客観主義刑法学の立場から客観説がそれぞれ主張されてきたので、その対立は、一見すると、きわめて厳しいものであるかの観を呈する。しかし、主観主義と客観主義の対立が解消している現時点では、それは客観主義の内部における争いに転化してしまっている。

未遂犯の処罰根拠に関して、人的不法論（行為無価値論）と物的不法論（結果無価値論）はまったく異なる理解を示すので、実行の着手の問題を考えるに当たって、人的不法・物的不法または行為無価値・結果無価値の観点が重要な意味を有することとなった。現在、実行の着手については、人的不法論・物的不法論の見地からどのように解されるべきか、が新たな焦点となっているといえる。その意味において、実行の着手の問題は、違法性の本質論の一環として議論されているのである。

(2) 学説の状況

客観説は、未遂犯処罰に関して行為がもたらす結果発生（法益侵害）の危険性を重視する立場である。すなわち、主観説が「行為者」の危険性を問題とするのに対して、客観説は、「行為」の危険性を問題にするのである。このような行為が有する危険性に関して、客観説は、何をもって結果発生の危険性があると解するか、をめぐって、さらに形式的客観説と実質的客観説とに分かれる。

(i) 形式的客観説

形式的客観説は、構成要件を基準にして法益侵害の危険性を形式的に把握するもので、構成要件の一部の実現があった時点、または全体として見て定型的に構成要件の内容をなすと解される行為があった時点で実行の着手をみとめる。すなわち、犯罪の「実行」とは、構成要件に該当する行為であり、その「着手」とは犯罪構成事実を実現

する意思をもってその実行を開始することをいうとされ、それ自体が構成要件的特徴を示さなくても、「全体として見て定型的に構成要件の内容をなすと解される行為」であれば、これを実行の着手と解してさしつかえないとされている。

この説に対しては、構成要件該当性の有無は、その構成要件を厳格に解釈するか、それとも多少のゆとりをもってゆるやかに解釈するか、によって結論が著しく異なるとの批判がある。すなわち、この説は、要するに、「何が構成要件に該当する行為か」という問いに対するに、「構成要件に該当する行為がこれだ」という答えをもってするに等しく、タウトロギーを犯すものであると批判されているのである。このような批判に対しては、着手時期とは、要するに各個の犯罪類型との関連で、個別的に決定する以外に方法はなく、したがって、総則的な課題として、最小公倍数的な定義を求めるなら、それは形式的客観説によるしか方法がない、との反論がなされるが、仮にこれをみとめたとしても、さらに次の批判が当てはまることになる。すなわち、構成要件該当行為を、法文の文理の側から、生活用語例に基づいて解釈するとしても、この見地から犯罪の概念要素に属するとされる行為の範囲はあまりにも狭く、実行の着手を非常に遅い時期にみとめることになり、不当である。

そこで、構成要件的行為そのものでは狭すぎるとして、構成要件該当行為と直接関連があるため「自然的観察のもとにその一部として理解せらるべき行為」とか、構成要件の全部もしくは一部の事実またはそれに「密接した事実」を実現することとかの修正をほどこして、形式的客観説を出発点にしつつある程度の実質化をめざす立場が出てくる。この立場は、構成要件の「一部実現」とするところにすでに明確を欠くものがあると批判されている。すなわち、「『一部』ということを考えるには、どうしても、そこに合目的的な解釈の作用が介入せざるをえないからである。それならば、『密接する』という一句を加えた方が、かえって正確に内容を表現することになる」と率直に

その実質的根拠が述べられている。しかし、そこに、また、この説の理論的矛盾が露呈している。なぜならば、形式的な把握を前提としつつ、かえってこれを否定する結論をみとめざるを得ないからである。この説は、「密接する行為」の限界をさらに示さなければならず、また、予備行為と実行行為との区別を曖昧にしてしまうので、妥当でないとされる。

(ii)　実質的客観説

実質的客観説は、実行の着手をもって結果発生の現実的危険を惹起する行動をおこなうことと解する立場で、法益侵害の危険性を実質的、現実的に把握する。この説によれば、「犯罪構成要件の内容たる行為、すなわち、犯罪実現についての現実的危険性を含む行為を開始する時」、あるいは、「結果発生の現実の脅威がみとめられる行為で、実行行為自体あるいは実行ときわめて接着した段階にある行為がなされた時」に、実行の着手があるとされる。実質的客観説は、構成要件的行為の一部かどうか、ではなく、結果発生の「実質的危険」とその程度を区別の基準にする点に特徴があり、そこにおいては、未遂が結果発生の具体的危険性を有する「具体的危険犯」であることを前提として、その具体的危険が切迫したことを根拠にして未遂が予備から実質的に区別されることになる。

ところで、実質的客観説は、「現実的危険性」の有無を判断するに当たって、行為者の主観をどの範囲まで取り込んで考慮に入れるか、をめぐって、①行為者の意図・計画および性格の危険性を併せ考慮すべきであるとする説、②故意または過失のみを考慮すべきであるとする説、③主観的要素はまったく考慮すべきでないとする説とに分かれている。行為者の主観面を考慮に入れるならば、もはや客観説とはいえないし、逆にこれを考慮に入れないならば実質的危険の存否は判定できないとの批判がある。すなわち、犯罪の完成に必要な行為をおこなったかどうか、あるいは、法益侵害に対する現実的危険を発生させたかどうか、という判定は、行為者が何を目的とし、どのよう

な手段で目的を追求しようとしているか、という行為者の主観面を度外視しては、とうてい不可能である。もし、行為者の主観面をも顧慮したうえでの総合的判定を予想しているのだとすれば、それは、もはや客観説には属し得ないとされるのである。

(iii)　折衷説

折衷説は、行為者の主観面と行為の法益侵害の危険性という客観面とを総合的に判断して実行の着手時期を定める立場である。現在、主張されている折衷説としての個別的客観説は、客観的見地から、行為者の犯罪の計画によれば直接的に犯罪の構成要件の実現を開始する時に、実行の着手があるとする。折衷説によれば、「行為者の所為計画によれば当該構成要件の保護客体に対する具体的危険が直接的に切迫した時に実行の着手を肯定すべきである」とされる。個別的客観説は、具体的危険の有無の判断に当たって主観面を考慮に入れる理由を、次のように説明する。単純な作為犯のばあいであっても、たとえば、相手方が胸元に銃を構え、引金に指をかける行為は、行為者に殺意があれば当然実行の着手がみとめられ、殺人未遂が成立することになるが、単なる冗談であれば犯罪にもならない。

このように、危険性の認定は元来客観的状況を基準にしてなすべきものであるが、危険が切迫したような客観的状況があっても、行為者が犯意をもたないことが被害者または第三者に明らかであれば、実行の着手はないとすべきであり、この結論は、実行の着手の認定のためには行為者の主観面をどうしても考慮せざるを得ないことを意味するとされるのである。

折衷説に対しては、行為者の「全体的企図」・「犯罪の計画」という主観的要素を基礎にして行為の危険性を判断する点に、まず批判が加えられる。すなわち、実行の着手時期が、現実には多くのばあい立証できない行為者の全

体的所為計画という主観的・内面的要素を基礎にして定められるため、実用に堪え得ないとされるのである。

(3) 判例の状況

窃盗罪の実行の着手に関して、従来、判例は「密接行為」説の立場をとっていた。すなわち、窃盗罪につき「窃盗の目的を以て家宅に侵入し他人の財物に対する事実上の支配を犯すに付密接なる行為を為したるときは窃盗罪に著手したるものと謂ふを得べし」と判示し、侵入窃盗のばあい、物色行為を始めた時点で実行の着手をみとめ、「犯罪構成事実に属する行為及びこれに直接密接する行為がなされたときに犯罪実行の着手がある」と判示してきたのである。しかし、最近では、折衷説ないし実質的客観説の立場に近いものもある。すなわち「店舗内において、所携の懐中電燈により真暗な店内を照らしたところ、電気器具類が積んであることが判ったが、なるべく金を盗りたいので自己の左側に認めた煙草売場の方に行きがけた」時に実行の着手を肯定した判例は、もはや「密接行為」説に立つものとはいえないのである。その後、最決昭45・7・28（刑集二四巻七号五八五頁）は、「被告人が同女をダンプカーの運転席に引きずり込もうとした段階においてすでに強姦に至る客観的な危険性が明らかに認められるから、その時点において強姦行為の着手があった」として、むしろ実質的客観説の立場をより鮮明にしたと解されるに至っている。

(4) 諸説の検討

(i) 危険概念

未遂犯が法益侵害（結果発生）の危険性を惹起する行為を処罰するものであることについては、現在、争いはない。これは、すでに述べたように、未遂犯論において主観説が理論的に克服されたためである。しかし、客観説の内部において、結果発生の危険性の意義に関しては、なお見解が必ずしも一致していないことに注意する必要がある。

すなわち、結果発生の危険の内容の理解をめぐって、形式的客観説の見地から、これを「抽象的危険」と解する立場がある。形式的客観説の見地から、未遂犯を一種の「抽象的危険犯」として把握するのは、論理的に一貫した主張といえる。なぜならば、個別具体的な状況の下での現実的な危険発生の有無を考慮することなく、抽象化・定型化された構成要件の一部の開始があったか否か、を問題にする立場こそ、「形式的」客観説にほかならないからである。

これに対して実質的客観説の立場からは、未遂犯を処罰するのは、その行為が結果発生の「具体的危険性」を有しているからであるとされる。この危険性は、行為者の性格の主観的な危険性ではなく、行為の有する法益侵害の「客観的な危険性」である。したがって、未遂犯は、抽象的危険犯ではなく具体的危険犯である。その危険が、切迫したものであるところに、未遂が予備から区別される実質的な理由があるとされる。ここにおいては、未遂犯を「抽象的危険犯」として把握する「形式的」把握が明らかに否定されている。個別具体的状況における具体的で現実的な危険が問題とされているのである。「実質的」客観説がこのように具体的・現実的危険を問題にすることも、形式的客観説とはまったく逆の極において、論理的に一貫しているといえる。未遂は、実行の着手の時点から、結果発生の現実的「危険」が次第に量的に増加していくプロセスを内含する概念をその特質とする。本来、危険は、結果「発生」に至るまでの「可能性」からきわめて高度の「蓋然性」まで包含し得る概念なのである。したがって、その危険の「どの段階」から処罰の対象とすべきかは、ある意味で「立法政策」の問題であり、「処罰根拠」の問題である。それゆえ、そこには一義的な限界が存するわけではない。それぞれの理論的立場から限界線が引かれるにすぎないという意味において、「相対的な」ものである。この点について、わたくしは、従来の見地における「現実的危険」ないし「具体的危険」の程度で足りると解している。

(ii)　危険と行為者の主観

次に、前記の「現実的危険」、「具体的危険」は行為者の主観をまったく排除して判断できるかが、問題となる。たしかに、結果発生の危険性は、本来、客観的事実を基礎にして判断されるべきものである。しかし、たんに客観的・外形的・物理的側面だけをいかに詳細に認識し得たとしても、それだけでは、いかなる結果の発生の危険性を確定できるかは、明らかではない。行為者の主観をも考慮に入れてはじめて、具体的内容をもった「結果」の発生の危険性の有無が判定できることになるのである。たとえば、AがBにピストルを突きつけているばあい、Aの主観を考慮に入れなければ危険性は具体的に判定できない。Aに殺意があれば殺人の実行の着手があり、たんに冗談であれば殺人の実行の着手はみとめられず、(ピストル所持の点を除けば)まったく違法行為は存在しないことになるのである。さらにいえば、殺人の実行行為なのか、傷害の実行行為なのか、あるいは脅迫の実行行為なのかは、行為者の主観をあわせ考えなければ判別できないし、ピストルを射ったが当たらなかったばあいでも、殺人未遂なのか傷害未遂としての暴行なのかは、行為者の主観を考慮に入れなければ、判別できないのである。それだけでなく、殺人の故意があれば行為者の身体はその目的の達成に適するように規整されることになる。未遂のばあい、故意が主観的違法要素だといわれるのは、まさに故意を考慮に入れて、行為の客観的危険性を判断すべきであることを意味する。

このように、危険性の有無の判断に当たって行為者の主観を考慮に入れる立場に対しては、次のような批判がある。すなわち、行為者の意思の役割と比重が高まれば、行為の危険は、結果との具体的関連を離れて抽象化され、意思の危険に近づくことになる。極端な主観説も客観説も一方的であるとして、両面の統合を説くだけでは、なぜそれが客観説たり得るのか、不明確である。たしかに、行為者の意思を重視し結果との具体的関連を離れて抽象化

がなされれば、「行為の危険」が「意思の危険」に転化してしまうおそれはあるが、しかし、それは極端に抽象化されたばあいの話である。具体的な結果発生との連関を問題にするかぎり、前記のおそれは単なる杞憂にとどまり、このような考察方法は、なお客観説の範疇に属するといえる。

このようにして、現実的危険性の判断資料として故意（または過失）を考慮に入れるべきことは明らかとなったが、さらに問題となるのは、故意または過失以外の主観的要素を考慮すべきかどうか、である。この点につき、わたくしは、行為者の犯罪計画が前記の現実的危険性に影響を与えることは否定できないので、これをも考慮に入れるべきであるとする折衷説（個別的客観説）の立場を支持している。たしかに、通常のばあいにおいては、故意の有無により結果発生の危険が判断され得ることが多いといえるであろう。しかし、それだけでは十分でないばあいも存在するのである。たとえば、スリが窃盗の故意をもってポケットに外側から触れるという同じ行為をおこなったばあいであっても、被害者を特定したうえで財布の位置を確認する意図でおこなったときと、被害者を物色する過程でいわゆる「あたり行為」をおこなったときとでは、前者は未遂、後者は予備というように結論が異なるのであり、そのためには、故意の内部における実行計画の内容にまで立ち入ることが必要であるとされる。

（5）間接正犯における実行の着手

間接正犯とは、利用者が人（被利用者）を道具のように利用して犯罪を実行することをいう。間接正犯における実行の着手時期については、①利用者が被利用者を犯罪に誘致する行為を開始した時期とする利用者説、②被利用者が実行行為を開始した時期とする被利用者説、③構成要件的結果発生に至る現実的危険性を惹起した時期とする個別化説が対立している。必ずしも利用行為の開始が構成要件的結果発生の現実的危険を惹起するわけではないから、被利用者の行為が結果発生の現実的危険を惹起した時に実行の着手があると解するのが妥当である。したがって、

間接正犯の態様によって、利用行為の開始時に実行の着手をみとめることもあれば、被利用者の行為の開始時に実行の着手をみとめることもあり得るのであり、一律に利用者または被利用者のいずれか一方の行為を基準とすることはできない。

個別化説に対しては、被利用者が道具としての行為を開始した時に実行の着手をみとめると、実行の着手時期を他人の動作に依存させることとなって不当であるとの批判がある。しかし、間接正犯のばあい、利用者の意思によって被利用者があたかも道具のように支配されているところに利用者を正犯とする根拠があるのであるから、利用開始後の作為または不作為によって被利用者の行為が一方的に利用されている以上、結果発生の現実的危険を惹起したのは利用者の意思に基づく行為であって、被利用者の行為ではないと解すべきである。

3　関連判例

長野地裁諏訪支判平8・7・5（判時一五九五号一五四頁。有罪・控訴）は、パチンコ店の従業員らが共謀し、パチンコ用プリペイドカード（パッキーカード）を変造したうえ、これを使用して同店に財産上不法の利益を得させようとしたことにつき、同店内に設置された末端のカードユニット（自動玉貸装置）が、カード消費金額に関する情報を管理する会社のコンピュータと電話回線でつながっていないばあいであっても、同末端に変造カードを挿入して虚偽の情報を与えた時点で電子計算機使用詐欺罪の実行の着手がみとめられるとした。

弁護人は、Tボックス（ターミナルボックス）から被害会社の電子計算機に情報を送った段階で実行の着手をみとめるべきであると主張した。これに対して、本判決は、「たしかに、弁護人の指摘するように、本件の場合、翌営業日にTボックスの開始処理をし、さらに締め処理をしなければ、虚偽のカード消費情報は被害会社の領域に到達しな

い。しかし、右の行為は人為的な行為とはいうものの、加盟店が営業する限り、必ず誰かが、虚偽の情報が入力されていることを知っていても知らなくても機械的に行う行為であり、その操作方法も簡単で、操作する者がその方法を誤る危険性は極めて少ない。カードユニットに蓄積された情報は、Tボックスの締め処理以前の段階で、既に被害会社のホストコンピューター内の情報となることが確実になっているものといってよく、このような事情に鑑みるときは、右のTボックスの処理の点は、もはや因果の流れの中にあるものと解するのが相当である」としたうえで、「今日のような高度情報化社会において、コンピューターシステムの果たしている役割は絶大なものがあり、今後もコンピューターシステムの果たす役割はますます大きくなることは確実である。コンピューターシステムにおいては、端末に入力された情報は、極めて正確にホストコンピューターに伝送され、各種事務処理の基本情報として右システムで予定されたとおりの機械的な処理による活用がなされている。端末に虚偽の情報が入力された時点で、電子計算機使用詐欺罪の実行の着手を肯定すべきである」と判示している。実行の着手時期について、本判決は、実質的客観説に基づいて、カードユニットに虚偽の情報を入力した時点で、法益侵害の具体的な危険が発生することを肯定して実行の着手時期としている。本判決は、コンピュータの末端を利用したばあいの事案における実行の着手時期に関する重要な先例となるものである。

4　間接正犯と錯誤

間接正犯と教唆犯または従犯との間の錯誤には、①間接正犯の故意で客観的には教唆の事実を生じさせたばあいと、②その逆のばあいとがある。②は本問とは関係ないので省略する。①には、間接正犯を犯す意思で教唆に当たる行為をおこなったばあいと被利用者が犯罪実現の途中で情を知るに至ったがそのまま犯行を続行したばあいとが

ある。前者においては、たとえば、Aが事情を知らないBを利用してCに毒物を与えようとしたところ、BはAの意図に気づいたが、Aの言いなりになってCを毒殺したばあい、Aの罪責はどうなるのか、が問題となる。この点について、学説は、(ア)Aは殺人罪の間接正犯、Bはその直接正犯であると解する説、(イ)客観的に教唆の事実が生じた以上、Aに教唆犯、Bに正犯が成立すると解する説、(ウ)Aに教唆犯、Bに正犯が成立し、ばあいによっては間接正犯の未遂がみとめられ、法条競合で前者だけがみとめられると解する説が対立している。

わたくしは、(イ)説が妥当であると考えている。間接正犯の故意は、自ら直接に法規範に違反する意識を含むのに対して、教唆犯の故意は、他人を介して法規範に違反する意識を含んでいるにすぎないから、両者は明らかに異なっている。したがって、たんに六一条一項の規定を根拠として、間接正犯と教唆犯とを同視することはできない。実質的な違法性および非難可能性の程度に即して考えると、間接正犯の故意は教唆犯の故意をその中に包摂するといえるから、その外部的行為が定型に当たる以上、Aについて教唆犯をみとめるべきである。いいかえると、間接正犯の故意は、他人を道具として利用し特定の犯罪を実現する意思であるから、広い意味では軽い教唆の故意を含んでいると解され、このばあいの錯誤にも法定的符合をみとめてもよい。したがって、間接正犯の故意で教唆の事実を惹起すれば、教唆犯よりも間接正犯のほうが罪責は重いから、三八条二項の趣旨に従って軽い教唆犯が成立することになる。

さらに、利用者が情を知らない被利用者を犯行に誘致したところ、被利用者が犯罪実現の途中で情を知るに至ったが、そのまま自己の意思で犯行を続行して完成させたばあい、利用者の罪責はどうなるのか、という問題がある。本事例は、まさにこの問題に関わる。この点について利用者の誘致行為は、教唆行為ではなく実行行為に当たるから間接正犯とされるべきであるとする見解がある。しかし、これは因果関係の錯誤の問題であり、間接正犯の故意

は阻却されて教唆犯が成立すると解する見解が妥当である。間接正犯における因果関係は、利用者の誘致行為のままに被利用者があくまでも道具として犯罪実現に尽力したことを要するから、被利用者が、途中で情を知るに至り、その後の行為を自身の正犯的意思でおこなった以上、もはや間接正犯の因果的経過とはいえず、その間の錯誤は、相当因果関係の範囲を逸脱していることになる。したがって、重い間接正犯の故意は阻却されて、軽い教唆犯の故意がみとめられることになる。いいかえると、このばあいにも、利用者の間接正犯の意思は、実質上、軽い教唆犯の故意を包含すると解し得るから、利用者の行為と被利用者の行為とを全体的に捉えて、結局、利用者には当該犯罪についての教唆犯をみとめるべきなのである。

5　不作為による幇助犯の成否

Bの罪責に関して不作為犯による幇助犯の成否が問題になる。そこで、不真正不作為の共犯の一般問題について概説しておこう。

(1)　不真正不作為犯の共犯

従来、共犯論は作為犯を中心にして議論してきたといえる。不真正不作為犯の共犯についても、作為犯とまったく同様に扱ってよいと解されてきた。しかし、不作為犯の問題が重要視されるようになっている。本事例では、不作為犯の共同正犯の成否、共同正犯と幇助犯の区別、不作為による幇助犯の成否が問題となる。すなわち、Bについて不真正不作為犯としての電子計算機使用詐欺未遂罪の共同正犯または幇助犯の成否が問題となるのである。共犯についてはは項を改めて後で説明する。

（2）不真正不作為犯の成立要件

不真正不作為犯の成立要件について概説しておくことにする。本事例で重要性を有する要件については項を改めて説明することにしよう。

（i）不作為の存在

不真正不作為犯は「不作為」による作為犯であるから、まず不作為が存在しなければならない。目的的行為論者の多くは、作為＝行為、不作為＝行為をしないことと解するが、判例・通説によれば、不作為は社会的に期待された作為をおこなわないことであり、不作為も「行為」の一種である。

（ii）作為の可能性・作為との同価値性

不作為によってなされなかった作為は、当該行為者にとって遂行可能なものでなければならない。なぜならば、法は、不可能を強いることはできないからである。作為との同価値性は、作為義務とは別個の「実行行為」性の問題である。不真正不作為犯においては、不作為のすべてを処罰するのではなくて、価値的に見て作為と同視できる程度の不作為だけを処罰するので、罪刑法定主義の趣旨に反するわけではない。たとえば、母親がその乳児の首を絞めて殺すのも、授乳をしないで餓死させるのも、規範的には、殺人行為として同価値とみとめられ、社会生活上も、その母親の不作為を作為と同じ程度の犯罪性をもった行為と評価されるのである。このように、作為との同価値性（等置性・同視性）を要求することによって、罪刑法定主義違反の疑問は、実質的に解消され得る。規範論の見地から、アルミン・カウフマンが罪刑法定主義違反の問題を提起して以来、不真正不作為犯論の成立要件論に関しては、つねに根底において罪刑法定主義との関連が意識されてきたのである。それゆえ、不真正不作為犯の問題を考える際には、直接、前面に押し出すか否か、は別として、つねに罪刑法定主義に違反しないかどうか、を考慮に入

れなければならないのである。

(iii)　不作為と結果との因果関係

不真正不作為犯は結果犯について成立するので、不作為と結果との間の因果関係の存在を必要とする。作為犯のばあい、条件関係は、「当該作為がなかったならば、当該結果は発生しなかった」ときにみとめられるのに対して、不真正不作為犯のばあいには「期待された作為がなされていたならば、当該結果を回避できたであろう」ときに条件関係がみとめられることになる。目的的行為論者の中には、不作為については因果関係は存在し得ず、ただ「準因果関係」として前記のような肯定判断の存在をみとめるべきであるとするものもある。しかし、これも、実際上は判例・通説と同じである。

(iv)　保障人的地位と作為義務の存在

不作為は、「保障人的地位」にある者の「作為義務」に違反するものでなければならない。通説である保障人説によれば、保障人的地位を有する者の不作為だけが構成要件に該当し、作為義務は違法要素ではなくて構成要件要素であり、作為義務を負う者が保障人である。これは保障人説の初期の見解である。このように解すると、不真正不作為犯の「主体」を構成要件該当性の段階で限定できるが、個別的・具体的な作為義務を定型的・抽象的判断である構成要件該当性の段階で議論するのは妥当でないことになる。

そこで、保障人的地位を類型化したうえで、これを構成要件要素として把握し、作為義務を違法性の要素と解する区別説が主張されるに至っている。不真正不作為犯の問題がまず構成要件該当性にあることを明確にし、「保障人的義務」(作為義務)そのものと保障人的義務を生じさせる事実的・法的事情としての「保障人的地位」とを区別する立場(区別説)が妥当である。構成要件は違法行為類型であり、構成要件該当性は価値に関係した類型的事実判断で

あるから、「保障人的地位」は構成要件要素であり、「保障人的義務」そのものは違法要素であると解すべきなのである。区別説をとると、保障人的地位は、構成要件上、きわめて重要な意味を有するが、その認定はどのようになされるべきか、が問題となる。すなわち、作為義務の発生事情（保障人的地位）と構成要件との関係の問題である。作為義務は、特定の構成要件との関係においてその結果発生の防止を義務づけるものである必要があるから、当該構成要件の予想するものでなければならず、特定の構成要件との関連で認定されなければならないのである。

(v)　故意・過失の存在

不真正不作為犯の主観的要件として、故意・過失の存在が必要である。故意について、判例・通説は未必的故意で足りると解するが、確定的故意でなければならないとする見解もある。

(3)　作為義務の発生根拠

作為義務の発生根拠について通説・判例は、形式的三分説の立場に立ち、作為義務は、①法令、②契約・事務管理、③条理によって生ずるとする。①法令に基づくものとして、たとえば、親子関係において、民法上、親権者は子に対する監護義務を負っており（民法八二〇条）、夫婦は民法上、相互扶助義務を負っているので（民法七五二条）、それが基礎となって法的作為義務が生ずるばあいが挙げられる。②契約・事務管理に基づくものとして、たとえば、契約に基づいて他人の子を預かった者はその子に関して契約上の義務に由来する作為義務を有し、また義務がないのに事務管理（民法六九七条）を開始した者も、準法律行為に基づく法的作為義務を負うばあいが挙げられる。③条理に基づくものとして、とくに先行行為によるばあいが典型例とされる。

形式的三分説に対しては、①処罰の実質的根拠を明らかにできない、②条理を義務発生の根拠とするのは無限定にすぎる、との批判が加えられている。そこで、通説は、作為義務が発生する範囲の類型化を試みている。たとえ

ば、①先行行為に基づく防止義務、②管理者の防止義務、③信義誠実の原則上みとめられる告知義務、④慣習上みとめられる保護義務などが、その例として挙げられる。ほかにも種々の限定化・類型化の試みがなされている。たとえば、作為義務を実質的に捉え、①一定の法益を保護すべき保護的保障と、②法益に危険をもたらす事態を監視すべき監視的保障の二つに機能的に分類する立場（ドイツにおける多数説）が有力に主張されている。

「先行行為」に基づくものは、自己の行為によって結果発生の危険を生じさせたばあいを意味する。先行行為としては、たとえば、自分の行為で火を出したとき、自動車の運転によって人を轢いたとき、池の中へ人を突き落としたときなどが挙げられる。先行行為を故意または過失に出たものに限るか、違法なものに限るかについて見解が分かれるが、結果発生防止の観点が問題になるのであるから、先行行為は、類型的に違法であれば足り、責任があることを必要としない。「支配領域性」は、他人の法益の保護がその人の手にのみ委ねられているばあいを意味する。たとえば、幼児・嬰児の生命保護がその手中に委ねられているとき、自動車で轢いた被害者を車中に入れてしまい、他人が救助の手を出せない状況に置いたときに支配領域性があるとされる。

（4）不作為犯と共犯

不作為犯と共犯の問題は、共犯の関与形態によって、不作為によって関与する形態（「不作為による共犯」）と不作為犯に対して関与する形態（「不作為犯に対する共犯」）とに区別される。不作為による共犯は、共犯形式によって、①不作為による共同正犯、②不作為による教唆、③不作為による幇助（従犯）の問題に分かれる。不作為犯に対する共犯は、①不作為犯に対する教唆と②不作為犯に対する幇助（従犯）の問題に分かれる。不作為犯に対する共同正犯は、不作為による共同正犯の問題に包括される。なぜならば、共同正犯は共同実行を問題にするので、共同者のそれぞれについて加功行為の態様と対象が同時に問題となり得るからである。

(i)　不作為による共同正犯

不作為による共同正犯があり得るか、という問題は、さらに、①不作為と不作為の共同正犯と、②不作為と作為の共同正犯の問題とに分かれる。本事例においては、Aの罪責に関して①が問題となる。①の点について、積極説と消極説とがある。共同実行は、作為だけでなく、不作為によってもなされ得る。消極説は、作為と不作為とは、存在構造上、決定的に異なるのであって、不作為は行為でないから、不作為については共同実行の意思も共同実行の事実もあり得ないとして、これを否定するが、妥当でない。たとえば、父母が意思を連絡して乳児に授乳をせずこれを死亡させたばあい、保障人的地位を有する複数の者が、共同実行の意思をもって死亡の結果をもたらす不作為をおこなって殺人罪を実現したのであるから、共同正犯が成立すると解すべきである。共同正犯が成立する範囲について、共同者各自が作為義務を有するばあいに限られるとする見解もあるが、作為義務を有しない者も、作為義務を有する者と共同してその作為義務違反の不作為を実現することは可能であると解すべきである（六五条一項参照）。したがって、たとえば、母親Aと第三者Bが共同意思のもとに相互に利用・補充し合って乳児に授乳しないで死亡させたばあいも、共同正犯が成立することになる。

(ii)　不作為犯に対する幇助

判例・通説は、不作為犯の正犯者を幇助することができると解している。不作為をおこなおうとしている者を精神的に支援することによって、作為義務の不履行を容易にすることは可能であるからである。このばあいにも、不作為の故意が存在しない以上、これを強化することもあり得ないとして、不作為犯に対する幇助の成立をみとめず、これを作為による正犯と解する異説も主張されている。しかし、不作為の故意は存在するから、それを精神的に強化するという事態はあり得るので、これを幇助犯として扱うべきである。この幇助行為を作為の正犯として処罰す

るのは、実質的観点からも妥当でない。

(iii)　正犯と共犯の区別の基準

前述のとおり、不真正不作為犯においては、不作為の「実行行為」性を基礎づけるのは不作為の「作為との同価値性」である。すなわち、価値的に見て構成要件的行為の実行行為性を有するばあいには、不作為の共同正犯が成立することになる。なお、判例において幇助行為としての同価値性という表現が見られるが、これは正確でないと解される。

不作為による幇助犯に関して、東京高判平11・1・29（判時一六八三号一五三頁。破棄自判・一部上告、一部確定）は、不作為による幇助犯の成立をみとめる前提となる犯罪を防止すべき義務をみとめることができないとして、強盗致傷罪の犯行を阻止しなかった不作為による幇助犯の成立をみとめた原判決を破棄している。本判決は、まず不作為の幇助犯の成否について、一般論として「正犯者が一定の犯罪を行おうとしているのを知りながら、それを阻止しなかったという不作為が、幇助行為に当たり幇助犯を構成するというためには、正犯者の犯罪を防止すべき義務が存在することが必要であるといえるのである。そして、こうした犯罪を防止すべき義務は、正犯者の犯罪による被害法益を保護すべき義務（以下、『保護義務』という。）に基づく場合と、正犯者の犯罪実行を直接阻止すべき義務（以下、『阻止義務』という。）に基づく場合が考えられるが、この保護義務ないし阻止義務は、一般的には法令、契約あるいは当人のいわゆる先行行為にその根拠を求めるべきものと考えられる」と判示している。

6　AおよびBの罪責

(1)　Aの罪責

本事例において罪責が問題となる犯罪類型は、電子計算機使用詐欺罪（二四六条の二）であり、本条には二つの行為類型が規定されている。前段は、コンピュータ（電子計算機）に「虚偽の情報」、「不正の指令」を与えて「財産権の得喪若しくは変更に係る不実の電磁的記録」を作成し、これによって自己または第三者に財産上の利益を得させる行為を規定している。後段は、「財産権の得喪若しくは変更に係る虚偽の電磁的記録を人の事務処理の用に供して」自己または第三者に財産上の利益を得させる行為を規定している。

本事例は前段に関わる。前段の行為については、実行の着手は、虚偽の情報または不正の指令を与える行為に着手した時点であるとされる。問題は、なぜその時点で法益侵害の危険性が生じたと解されるか、である。本事例のコンピュータシステムにおいては、端末に入力された情報は、きわめて正確にホストコンピュータに伝送され、事務処理の基本情報としてコンピュータシステムで予定されたとおりに機械的に処理されるので、端末に虚偽の情報が入力された時点で、法益侵害の具体的危険が発生したと解されるのである。

Xは、途中でAの意図を見抜いているので、間接正犯の「道具性」を喪失していることになる。Aの罪責につき間接正犯の成立を肯定する見解もあるが、Aの行為終了後に犯罪遂行における因果関係の錯誤が生じているので、因果関係の錯誤に関する法定的符合説の見地から、三八条二項の趣旨に従って間接正犯の故意を阻却し教唆犯の成立をみとめるべきである。したがって、Aは、電子計算機使用詐欺未遂罪の教唆犯の罪責を負うことになる。

(2)　Bの罪責

Bは、Aの犯行を黙認しているが、その幇助罪の罪責を負うか、に関して、とくに作為義務の存否が問題となる。

Bは、パチンコ店の店長としてその店の経営者に対して、契約上の義務として店に損害を生じさせないために、従業員を監督する義務があると解される。もちろん、反対説があり得るが、その義務に基づいてAの犯行を阻止すべき作為義務があると解するのが妥当である。たしかに、Aは、パチンコ店に利得させようとしているが、しかし、不法利得は正規の収益ではないから、パチンコ店にとって無益であり、作為義務を否定する事情とはなり得ない。Bの不作為は、電子計算機使用詐欺罪における作為と同価値性を有するとはいえないので、同罪の不作為犯の正犯を構成せず、Aの犯行の幇助犯とされるべきである。

第三款　中止未遂（中止犯）

XおよびYは、かねてより恨みを抱いていたA・B兄弟を殺害することを共謀し、それぞれ登山ナイフを携帯してA・Bが住んでいるマンションの一室に赴き、XはAの胸部を、YはBの腹部をそれぞれ一刺しした。出血に驚いたXとYは、さらに突き刺すことを躊躇していたところ、Aが「助けてくれ。」と苦悶の表情を浮かべて哀願するのを見て可哀相に思い、相談のうえ、救急車を呼ぶことにし、Xが電話で一一九番通報したが、Xは発覚を恐れて「俺は帰る。」と言い残して逃げ去った。Yは、バスタオルで傷口を押さえるなどの止血行為をおこない、救急車の到着するのを見届けてから室外に出て立ち去った。AとBは病院に収容されて治療を受けたが、Aは治療の甲斐なく死亡し、Bは一命を取り止めた。

XおよびYの罪責について論じなさい（特別法違反の点は除く）。

【論　点】

1　中止犯（中止未遂）の刑の必要的減免の根拠。別の観点からは、中止犯の法的性格の理解の如何
2　「自己の意思により」の意義。任意性の意義と中止犯の法的性格との関係
3　中止行為の意義
（1）意義
（2）着手未遂と実行未遂とで違いがあるか。
（3）違いがあるとすれば、両者を区別する基準は何か。
（4）「真摯性」の意義と要否
4　中止行為と結果不発生との間の因果関係の要否
5　中止犯の効果の非連帯性

【本事例の趣旨】

中止犯（中止未遂）に関しては、各論点につき従来から見解が多岐に分かれており、理論上、その相互関係が理解し難いところである。さらに、実務において弁護人から中止犯の主張が多くなり、その成否に関する下級審判例が増加している傾向が見られ、その検討が必要となっている状況にある。そこで、共犯の罪責を問う形で中止犯に関

する問題を分析・検討することにする。

【論述上の注意】

【論点】において示したように、本事例の論点は多岐にわたっている。これらのすべてについて、同じウェイトを置いて論述すると、非常に平板な叙述になってしまうので、各論点の比重の置き方に注意する必要がある。とくに大上段に構えた議論を始めてしまうと、限られた時間で要領よく叙述することができなくなり、収拾不能となってしまう危険があるので、あくまでも甲および乙の罪責を論ずることとの関連において、問題点を分析していくようにするとよい。

それぞれの論点をめぐって学説が対立しているので、そのすべてに同じ割合で触れて検討しようとすると、紙幅が足りなくなってしまうため、自説を論拠づけたうえで、他説について自説からの批判を述べるようにすることが望ましい。

【解　説】

1　問題の所在

中止犯（中止未遂）は、行為者が「自己の意思」によって犯行をやめることをいい、刑がかならず減軽または免除される（四三条ただし書き）。行為者の意思とかかわりなく結果が発生しない障害未遂のばあい、その刑は任意的減軽にとどまる（四三条本文）。中止犯は、自らの意思によって犯行をやめて結果を発生させないのであるから、障害未遂よりも寛大に扱われるべきことは自明の理である。しかし、中止犯を優遇する根拠を刑法理論上、どのように説明

するのか、つまり、中止犯の法的性格をどのように解するのか、については、激しく争われる。法的性格の問題がくり返し議論されるのは、犯罪論の根幹に触れる論点が包蔵されており、犯罪論の発展とともに新たな角度からの検討が必要となってくるからである。すなわち、中止犯の問題においては、犯罪論のさまざまな論点が登場し、「あたかも『犯罪論の縮図』のような印象を与え」、刑罰理論や犯罪処罰の根拠についても考えなければならず、「純粋に理屈を貫くだけではだめで、実際的な考慮を取り入れることが必要であり、そのことにより問題はさらにむずかしくなっている」とされているのである。

中止犯における問題の核心は、「自己の意思」を犯罪論体系上、どこに位置づけ、その内容をどのように解するのか、ということであり、さらにこれが要件論にどのような影響を及ぼすか、が問題となる。成立要件として中止行為と中止の任意性がある。問題の根源は、①「客観的なものは違法性へ、主観的なものは責任へ」というテーゼと②「違法性は連帯的に、責任は個別的に」というテーゼを厳格に維持すべきか否か、にある。①および②のテーゼを貫徹すれば、中止犯における「自己の意思」という「主観的」要素は、当然に責任要素とされ、その観点から要件論を吟味していけばよいことになる。しかし、最近では、①および②のテーゼには疑問が提起されているので、違法性論、責任論、共犯論の発展を考慮に入れて検討する必要が生じているのである。

2　中止犯の法的性格

学説は、大別すると、刑事政策説、法律説、両者を併用する説に分かれる。

(1)　刑事政策説

刑事政策説は、いったん成立した未遂犯を中止行為によって覆滅させることはできないが、任意に中止したばあ

いには、そのことに対する褒賞として刑を免除することが、犯罪の防止という刑事政策の目的に合致するものであるとする。この説は、従来、少数説にとどまっている。

ところが、刑事政策説の立場を正当としたうえで、次のような「危険消滅説」が主張され、新たな検討が要請されるに至っている。すなわち、未遂行為における犯罪性が中止行為によりいかなる影響を被るのかという評価の事後的変更の問題は、過去の事実は過去に確定しており、中止行為により変更しようがないので、これを観念することはできず、中止犯規定の意義は、中止行為それ自体について独立に問題とされなくてはならないとされる。そして、中止犯の規定は、「未遂犯の成立により危険が招致された具体的被害法益を救助するために、『既遂結果惹起の危険』の消滅を奨励するべく設けられた純然たる政策的なもの」とされ、刑法二二八条の二の「解放による刑の減軽」と類似の趣旨と理解すべきであるとされるのである。これは、未遂犯の処罰根拠は「既遂結果惹起の危険」にあると理解し、未遂犯としての処罰の根拠となり、法的に否認された事態を消滅させることが、中止犯規定の奨励するところであるとするものである。

刑事政策説に対しては、次のような批判がある。①ドイツ刑法二四条は中止犯を不処罰としているが、わが刑法は刑の必要的減免をみとめているにすぎず、これだけでは犯罪防止の目的は達成せられ難い。②刑が減軽されるべきばあいと免除されるべきばあいとを区別する理由は刑事政策的見地からは合理的に説明できない。③犯罪防止の目的を達成するためには、刑の免除（または減軽）という具体的な特典が事前に行為者に知られていることが要請されるが、現行法上、それは要件とされていない。

(2)　法律説

法律説は、刑事政策的考慮だけでは中止犯の本質を把握できず、犯罪の成立要件との関係において中止犯を理解

すべきであるとする。刑事政策説との併用説は法律説を刑事政策説によって補充するものであるから、一元的な法律説を検討すれば足りる。

(i)　違法性減少説

違法性減少説は、未遂犯における故意は主観的違法要素であるから、一度故意を生じた後にこれらを放棄し、あるいは自ら結果の発生を防止したばあいは、違法性の減少をみとめることができるとし、違法性も一つの評価であり、後に至って消滅することも可能であるとする。違法性減少説は、従来、物的不法論(結果無価値論)の見地から主張されてきたが、人的不法論(行為無価値論)の見地からも、「自己の意思による」中止という主観的要素が違法性の評価に影響を与えるとし、実害が発生しなかったことに加え、「反規範的意思を撤回し合規範的意思を中止行為という外界に表動させたことによる違法性の減少」をみとめる立場もある。

違法性減少説に対しては、次のような批判がある。①未遂犯における故意を主観的違法要素としてみとめない見地からは、主観的違法要素の事後的消滅による違法性減少はあり得ない。②一つの事実に対する違法評価は固定的なものであるから、変化した事実に対する違法評価は先のものとは別個のものであって、先の事実に対する違法評価に影響を及ぼし得ない。③違法性の減少をみとめると、通説である制限的共犯従属性説によるかぎり、正犯の中止行為の効果が共犯者全員に及ぶことを承認しなければならなくなるが、これは、中止犯の「一身専属的効果」に明らかに違反する。つまり、「違法は連帯的に作用し、責任は個別的に作用する」というテーゼをみとめる以上、結果不発生を理由とする違法性減少は、共犯者全員について肯定されるべきことになる。④違法性減少だけでは中止犯に対する刑の必要的減免の理由を十分に説明できない。⑤もし中止犯の法的性格が違法性減少に尽きるのであれば中止行為について「任意」性を要求する必要はないはずである。なぜならば、任意性があろうがなかろうが、要

するに、故意の放棄があれば、それだけで十分に違法性減少を説明できるからである。しかし、法は「自己の意思により」中止行為がなされたことを要求している。

(ii)　責任減少説

責任減少説は、刑の減免の根拠を責任非難の程度の減少に求めるが、その減少がみとめられる理由は、「中止行為に示される行為者の人格態度」、「広義の後悔」、「すでに破った法的義務にふたたび合致しようとする意欲」などに求められている。

責任減少説に対しては、次のような批判がある。①責任減少説の中には、中止犯における任意性を倫理的悔悟と解して、倫理的責任の減少を基礎にして責任減少をみとめる見解もあるが、これは法的責任と倫理的責任を混同するものである。②中止犯には違法性減少の側面がみとめられるべきであるから、これを全面的に否定するのは妥当でない。

(iii)　違法性・責任減少説

違法性の減少をみとめつつ、なお任意性の要件を合理的に説明しようとする見解は、責任減少説との併用を説く。この点につき種々の見解が主張されているが、わたくしは、次のように解している。すなわち、故意を主観的違法要素としてみとめるかぎり、中止行為による違法性減少を肯定すべきであり、また、任意性のある中止行為は「法敵対性」を弱めるので責任減少も否定できない。つまり、ひとたび違反した法規範にふたたび合致しようとする行為者の態度の中に、責任非難の減少がみとめられるのであるが、任意になされた中止行為があってはじめて責任非難が減少することに注意しなければならない。そして、任意性は、「法的責任」の減少という観点から考えるかぎり、悔悟などの倫理的要素を必要とせず、自発性を意味すると解すべきである。

3　自己の意思によること（任意性）の意義

「任意性」をいかに解するか、について、次のように見解が分かれている。

(1)　主観説

この説は、内部的動機が外部的障害の表象によって生じたものでないばあいに任意性があるとする。その際、フランクの公式により、行為者が中止に当たって、「たとえ為し得るとしても、為しとげることを欲しない」としたばあいに任意性があり、「たとえ欲したとしても、為しとげることはできない」としたばあいには任意性がないとされる。為しとげることができたか否か、は行為者を基準にして判定される。

(2)　限定的主観説

この説は、主観的事情を限定的に解し、悔悟・慚愧・同情・憐憫などの広義の後悔に基づいて中止するばあいに任意性があるとする。

(3)　客観説

この説は、一般の経験上、意思に対して強制的影響を与えない事情が動機となって止めたばあいに任意性があるとする（通説）。最高裁判所の判例は、この立場をとっていると解される（最判昭24・7・9刑集三巻8号一一七四頁、最決昭32・9・10刑集一一巻九号二二〇二頁）。

(4)　折衷説

外部的障害についての行為者の受取り方を客観的に判断し、①外部的事情の認識が行為者の意思決定の自由を奪い「やろうと思ってもやれない」と考えたばあいが障害未遂であり、②外部的事情を認識したから止めたにせよ、「やろうと思えばやれた」と考えたばあいが中止未遂であるとする（福岡高判昭61・3・6判時一一九三号一五二頁）。

(5)　不合理決断説

合理的に犯罪を遂行する犯罪者の意思を基準にし、その冷静な理性的判断の結果、中止したばあいは自己の意思によるものではないが、不合理な決断によったばあいは任意の中止であるとする。この説によれば、「自己の意思により」とは、心理的自由ではなく冷徹な理性的犯罪遂行という価値からの自由を意味し、犯罪者の理性的意思の弱さが現れたばあいには、任意性が肯定される。たとえば、強姦の被害者が寒さから鳥肌立っているのを見て欲情が減退したばあいには、任意性がみとめられ、状況が別の方法で目的が実現できるよう行為者にとって好都合になったため犯罪を中止したばあいは、理性的判断によるのであるから、任意性はみとめられないことになる。

(6)　私見

このように見解が多岐に分かれるが、わたくしは次のように解すべきであると考えている。すなわち、事後的な合義務的行為といえるためには、たんに故意を放棄しただけでは足りず、一般的には遂行の障害とならないような事情を認識しているにもかかわらず、あえて遂行を取り止める行動に出る点にこそ、「法敵対性」の緩和による責任の減少がみとめられるのであるから、客観説が妥当である。

4　中止行為の意義

(1)　意義

犯罪の遂行を「中止した」というのは、「中止行為」、すなわち、犯罪の完成を阻止する行為をしたことを意味する。したがって、着手未遂のばあいは、実行行為を続行しないという不作為があれば足りるが、実行未遂のばあいには、結果の発生を防止すべき作為をおこなわなければならない（通説・判例）。すなわち、着手未遂においては、実

行に着手した時点で実行行為の遂行をそれ以上おこなわなければ、実行行為による結果発生はあり得ないので、不作為で足りるが、実行未遂においては、結果をもたらし得る実行行為が完了しており、そのまま放置すると結果が発生する危険性がきわめて強いので、これを除去するための積極的な作為が要求されるのである。

(2) 真摯性

判例・通説は、中止行為が結果発生防止のために真剣な努力を払っておこなわれたこと、すなわち、真摯性を要求する（大判昭13・4・19刑集一七巻三三六頁）。これは、形式的に中止行為がなされただけでは責任減少をみとめるべきではないとする思考に由来する。ここにいう真摯性は、倫理的評価とは直接、関係を有せず、結果の不発生を真に意欲して行動したか否か、という観点から判断される。

5　中止行為と結果不発生との間の因果関係

(1) 因果関係の要否

真摯な中止行為がなされたが、他の原因で結果発生が防止されたばあい、中止犯となるのであろうか。これは、中止行為と結果の不発生との間に因果関係が必要か、という問題である。責任減少説は、中止行為それ自体の有する責任非難の減少を積極的に評価するので、そのような中止行為がなされれば足り、因果関係を不要とする結論をみとめるべきことになろう。違法性減少説は、結果不発生の原因として中止行為を見るので、因果関係を要求すべきことになろう。通説・判例は、因果関係の存在を必要と解している。しかし、因果関係を厳格に解すべきではなく、未遂にとどまるかぎり、なお、違法性減少をみとめ、さらに責任減少もあるので、中止犯規定の適用を肯定してもよいと解する立場が妥当であるとおもう。

（2）　結果が発生したばあい

真摯な中止行為がなされたにもかかわらず、結果が発生したばあいに、中止犯規定の適用をみとめるべきか否か、が問題となる。責任減少説を徹底すれば、中止犯規定の類推適用を肯定すべきであろう。違法性減少説によれば、結果が発生した以上、違法性の減少はあり得ないので、中止犯規定の類推適用の余地はないことになろう。通説は、中止犯（中止未遂）は未遂犯にほかならない以上、結果が発生したばあいには、中止犯規定の適用はあり得ないとする。この点について、わたくしは次のように考えている。たしかに、結果が発生してしまった以上、客観的側面だけを理由とする違法性減少をみとめるのは困難となるが、しかし、主観的違法要素としての故意放棄による行為無価値の減少に基づいて違法性減少を肯定できるし、ふたたび法的義務に合致しようとした点で「法敵対性」の微弱化による責任減少もみとめられるから、両者を考慮して刑の減軽の限度で、中止犯規定の類推適用を肯定すべきである。

6　中止犯の効果の非連帯性

共犯者のうちの一人が中止行為をおこない、その中止行為によって結果が現実に阻止されたばあいには、中止行為をおこなった者についてだけ、中止犯の規定が適用される。つまり、中止犯は、一身専属的な性質をもっているのである。中止行為が違法要素であるとすると、違法性だけの問題ということとなり、「違法性は連帯的に作用する」というテーゼに従う以上、共犯者にとって「全体として」結果が発生しないことが確定しているから、それは共同正犯者全体について同じ効果を伴うべきではないか、という疑問が生ずる。つまり、中止犯規定についても、連帯的な作用をみとめるべきことになるので、一人の者についてだけ中止犯を適用するのはおかしいという批判が加え

られる。しかし、故意の放棄による違法性の減少をみとめる違法性減少説が中止行為をしなかった者についてまで中止犯の必要的減免の効果を付与するのは不当である。責任減少説の見地においては、中止犯の成否は、個別的な行為主体の責任に関する問題であるから、「責任は個別的に作用する」こととなり、中止犯の規定が中止行為者だけに適用されるのは、きわめて当然である。

違法性・責任減少説によれば、共犯は、「結果が発生しなかった」点についてだけ、未遂犯として「共同して」罪責の追及をうけるにとどまり、ふたたび義務に適合しようと中止行為をおこなった者についてだけ中止行為による違法性および責任の減少の効果をみとめれば足りることになる。したがって、中止行為者についてのみ、中止犯の規定が適用される。故意を放棄する行為それ自体と故意を放棄するに至る意思形成の過程の法規範への適合性とを分けて議論すべきであり、違法性の「個別性」を中止行為による結果不発生と中止に至る意思形成の観点からみとめられる違法性・責任の減少によって基礎づけるべきである。このようにして、中止犯における違法性の連帯性と責任の個別性を基礎づけることができるのである。従来、中止未遂の違法性減少をみとめるのは1において述べた②のテーゼに違反すると批判されてきたが、しかし、現在では、共犯における違法性の相対性を肯定する立場が有力になっており、②のテーゼ自体の存立が危ぶまれるに至っているのである。

7　XおよびYの罪責

XとYは、殺人罪の共謀共同正犯として扱われるが、中止犯との関係では別個に考える必要があるので、それぞれ分けて検討することにする。

(1)　Xの罪責

Xは、殺意をもってAの胸部をナイフで一刺ししているが、さらに突き刺すことを取り止めている。これは、Xの主観を重視すれば、殺人の実行行為はまだ終了しているとはいえず、着手未遂ということになる。しかし、客観的見地からは実行行為は終了したと解することもできる。着手未遂のばあい、中止行為は実行行為の遂行を取り止めるという不作為で足りるとされる。仮にXの行為が着手未遂であるとしても、一刺したことによってAが死亡する具体的危険が発生しているのであるから、その危険を除去する作為に出る必要があるといえる。したがって、さらに刺すことを止めるという不作為だけでは中止行為として不十分ということになろう。その限度で、実行未遂と同様の扱いを受けるべきである。Xは、一一九番通報をしているが、それで足りるか、が問題となる。Xは、発覚を恐れて逃走しているが、そのこと自体は任意性とは関係がない。なぜならば、一一九番通報以外に何ら危険除去の行為に出ていないことが中止行為とならない点が問題となっているからである。さらに、共同正犯関係からの離脱の要件を具備していないし、共同正犯の中止犯の要件も具備していない。そこで、X自身の中止犯の成否を考える必要がある。判例・通説によれば、真摯な行為が要求されるので、Xについては中止行為は存在しないと解されるから、中止犯は成立しないことになる。もっとも、Aは死亡しているので、このことから判例・通説によれば中止犯の要件を検討するまでもなくその成立を否定することができる。

仮にYについて中止犯の成立が肯定されたばあい、その効果はXには及ばない。

(2)　Yの罪責

Yについても、危険除去のための真摯な中止行為が要求される。Yは、救急車が到着するまで、バスタオルで傷口を押さえるなどの止血行為をおこなっている。この点で真摯な中止行為がなされているといえる。しかし、Bが

一命を取り止めたのは、病院における治療によるのである。つまり、Yの中止行為とBの死亡という既遂結果の回避との間には因果関係はないことになる。それでもなお中止犯の成立を肯定できるかは、中止犯の法的性格の捉え方の如何による。Aは死亡しているので、この点については、前述のとおり判例・通説は中止犯規定の適用を否定するが、類推適用を肯定する立場もある。

第五章　共　犯

第一款　正犯と共犯および身分犯と共犯

Aおよび Bは、宝石店に侵入して、宝石類を窃取することを共謀したうえ、某日午前四時ころ、某市所在のX宝石店に侵入し、五〇〇万円相当の宝石類を窃取し、逃亡しようとした際、Bが出入り業者の従業員Yに発見、追跡され、同日午前五時ころ、同市内の路上で取り押さえられた。Aは、その場でBの逮捕を免れさせるために、Yに対し所携の特殊警棒で頭部などを数回殴打する暴行を加え、Yに通院治療約七日間を要する頭部打撲などの傷害を負わせた。その際、Cは、AおよびBが宝石店に侵入し宝石類を窃取することを知りながら、両名を乗せた普通乗用自動車を運転してX宝石店まで走行し、侵入し窃取する間、付近に待機し、さらに窃取後、AがBの逮捕を免れさせるためYに暴行を加えるであろうことを知りながら、Aを同自動車に乗せて前記路上まで走行したうえ、Aの暴行の間その場に待機し、AがBの奪還に成功すると両名を自車に乗せて逃走した。

A、BおよびCの罪責について論じなさい。

【論　点】

1　共同正犯か幇助犯か。
2　事後強盗致傷罪と刑法六五条の適用の可否
3　窃盗幇助罪と事後強盗致傷幇助罪の罪数関係

【本事例の趣旨および論述上の注意】

共犯に関して、正犯（共謀共同正犯・共同正犯）と幇助犯（従犯）との区別が、判例および学説上、大いに議論されている。共謀共同正犯論は、判例・学説上、今や確立されたものとなっており、理論的には、いかなる見地から基礎づけるのか、が争点となり、実務的には、共謀共同正犯の要件と幇助犯との限界が重要な問題となっているといえる。つまり、共謀共同正犯肯定説が圧倒的多数となっているため、要件論ないし限界論に重点が移行しているので、本事例においてもその点が問題となる。論述に当たっては、共謀共同正犯の理論的基礎づけに深入りするのは避けて、要件論ないし限界論と関連づけて本質論を簡潔に書くようにした方がよい。また、共同正犯と幇助犯との区別についても、自説を前面に押し出したうえで、そのあてはめを詳述する方が望ましい。

共謀共同正犯の本質論を展開させるのであれば、AおよびBのうちの何れかを支配的立場にあるものとし、他の一方に見張り行為をさせるという事例を作るのであるが、本事例ではあえてその論点を避けてCとの関連を問うているのである。

つぎに「身分犯と共犯」の問題は、共犯論における難問の一つとされている。本事例では事後強盗罪との関連でこれが問題となる。事後強盗罪は刑法各論の重要論点であるが、身分犯と共犯という総論の観点からも考えておく

必要があるといえる。

罪数に関して、吸収関係が問題となる。しかし、これはあくまでも付随的問題であるから、簡略に触れることで足りる。

【解　説】

1　問題の所在

本事例において、AとBが建造物侵入・窃盗を共謀しそれを共同実行しているから、まずAとBの行為が五〇〇万円の宝石について窃盗罪を構成することには、問題はない。ここで共謀共同正犯論を議論するまでもないことになる。ところが、Cについては事実関係が必ずしも明らかでない。Cは、A・Bの建造物侵入・窃盗の謀議に参加したうえでA・BをX宝石店まで自車で運んだのか、それともA・Bの謀議後に運行を依頼されたのか、が明確でないのである。そこで、Cの罪責につき、前者のばあいには共謀共同正犯と幇助犯（従犯）との区別、後者のばあいには共同正犯と幇助犯との区別が問題となる。さらに、AとBについて事後強盗罪の成否が問題となり、それが肯定されたばあい、Cはその幇助犯の罪責を負うか、が問題となってくる。その際、事後強盗罪と刑法六五条の適用関係の検討が必要であり、さらに罪数関係が議論される必要がある。

2　共謀共同正犯と幇助犯の区別

（1）　共謀共同正犯論の意義

共謀共同正犯とは、二人以上の者が一定の犯罪を実行することを共謀し、その共謀した者（「共謀者」）の中の一部

の者が共謀した犯罪の実行に出たばあいに、共謀に参加したすべての者について共同正犯としての罪責がみとめられる共犯形態をいう。そして、これを肯定する見解を共謀共同正犯論という。

判例上、確立した共謀共同正犯論は、当初、学説としては、少数説にとどまっていた。すなわち、「実行行為の共同」が存在しない以上、単なる共謀者は共同正犯とはいえないとして、共同正犯は「実行」共同正犯であることを要すると解する通説の立場から厳しい批判を受けたのである。さらに、共謀共同正犯論は、共同意思主体という超個人的な主体をみとめることによって近代刑法学における「個人責任の原則」に反する「団体責任」を肯定することになると批判された。このような学説の状況を踏まえたうえで、最高裁の判例は、共同意思主体説に依拠しない新たな論拠づけを提示した。すなわち、最高裁は、「共謀共同正犯が成立するには、二人以上の者が、特定の犯罪を行うため、共同意思の下に一体となって互に他人の行為を利用し、各自の意思を実行に移すことを内容とする謀議をなし、よって犯罪を実行した事実が認められなければならない。したがって右のような関係において共謀に参加した事実が認められる以上、直接実行行為に関与しない者でも、他人の行為をいわば自己の手段として犯罪を行ったという意味において、その間刑責の成立に差異を生ずると解すべき理由はない。さればこの関係において実行行為に直接関与したかどうか、その分担または役割のいかんは右共犯の刑責じたいの成立を左右するものではないと解するを相当とする」（最〔大〕判昭33・5・28刑集一二巻八号一七一八頁〔練馬事件判決〕）と判示して、「他人の行為をいわば自己の手段として犯罪を行った」という間接正犯類似の共謀共同正犯概念を提示したのである。

判例が不動のものであることが自覚されて、学説上、共謀共同正犯否定説は勢力が弱くなり、現在では肯定説（共謀共同正犯論）が通説となっている。共謀共同正犯論は、その基礎づけをめぐって多岐に分かれている。すなちわ、①共同意思主体説、②共同意思のもとに一体となり、相互に了解し合って互いに相手を道具として利用し合う点に正

犯性をみとめる間接正犯類似説、③共謀者は実行担当者の行為を支配するから正犯者としての行為支配がみとめられるとする行為支配説、④六〇条の「共同して実行した」とは、二人以上の共同意思に基づいて犯罪を実行することをいい、実行行為を分担し合った実行共同正犯のばあいだけでなく、共同実行の意思と共同実行の事実とがみとめられるかぎり共同正犯が成立するとする包括的正犯説、⑤「本人が共同者に実行行為をさせるについて自分の思うように行動させ本人自身がその犯罪実現の主体となったものといえる」ようなばあいを正犯とする説、⑥実行を担当しない共謀者が、社会観念上、実行担当者に比べて圧倒的優越的地位に立ち、実行担当者に強い心理的拘束を与えて実行に至らせているばあいに共同正犯の成立をみとめる優越支配共同正犯説などが主張されているのである。

「個人主義的原理」に基づく共犯理論の立場からは、共謀共同正犯は、次のように解されるべきである。すなわち、共謀共同正犯関係にある個々の構成員の心理内容の中核をなすのは、それぞれ相手の行為を利用することによって犯罪を容易に、かつ、確実に遂行・実現しようとすることである。いいかえると、共犯者間に存在する「相互的利用関係」こそが、共同正犯の本質をなし、共謀共同正犯にもその存在がみとめられるのである。この利用関係を全体として見れば、犯罪の「分業・分担」にほかならず、共謀者もそれぞれ役割分担をしていることになり、正犯性がみとめられることになる。このように解することによって、「行為共同説」との「理論的整合性」も得られる。すなわち、行為を共同するというのは、行為者の心理内容としては、他人の行為を「相互的に利用」することとなるのである。このような「相互的利用関係」は、各構成員にとって単独正犯としての間接正犯における利用関係に類似する。すなわち、藤木博士が指摘されたように「二人以上の者が犯罪遂行について合意に達したばあい、この二人の行動を全体的にみたときは、間接正犯における利用関係に対比すべき実体をそこに見出すことが可能である」

のである。このようにして、わたくしは、間接正犯類似説を支持している。

間接正犯類似説に対しては、実行行為概念を実質化して不当であるとの批判がある。たしかに、間接正犯類似説は実行行為概念を「実質的に」把握しているが、しかし、実行行為の実質的把握は、共同正犯のばあいだけでなく、単独犯においても実行の着手について生ずる一般的問題であって、間接正犯類似説固有の難点ではない。つまり、不能犯と未遂犯の限界に関して具体的危険説や客観的危険説をとったばあいに、やはり実行行為概念は「危険性」との関連で実質化されているのである。したがって、問題は、実行行為をつねに形式的に解しなければならないのかどうか、にかかっている。実行の着手時期に関して、すでに形式的客観説よりも実質的客観説の方が優勢となっている現在では、前記の批判はもはや有効性を失っていることになる。

(2)　共謀共同正犯の成立要件

共謀共同正犯が成立するためには、①共同して犯罪を実行する意思（共同意思）、②相互に他人の行為を利用して各自の意思を実行に移す謀議（共謀の事実）、③共謀者のある者がその犯罪を実行することを要する（実行行為）。

①共同意思とは、相互に他人の行為を利用・補充し合って犯罪を実行する意思をいう。このばあい、「教唆の意思」または「幇助の意思」では足りず、正犯者としての意思が必要である。共同意思は、共謀者相互の間に存在していることが必要である。②の共謀の事実は、二人以上の者が、一定の犯罪をおこなうため相互に他人の行為を利用し補充し合い、各自の犯意を実行に移すことを内容とする謀議をおこない、合意に達したばあいにみとめられる。したがって、たんに共同実行の認識があるだけでは足りず、犯罪を他の関与者と協力し合って遂行する共同実行の意思が必要である（最判昭24・2・8刑集三巻二号一一三頁）。謀議は、必ずしも同一場所に集まってなされることを要せず、たとえば、AからB、BからCというように、順次、謀議がなされるばあい（順次共謀）でもよい。③共謀共同正犯

が成立するためには、少なくとも共謀者の一人が、共謀に基づいて実行行為をおこなわなければならない。共謀の基本的部分と異なる実行行為がおこなわれたばあいは、共謀者にその実行行為および結果についての刑事責任を負わせることはできない（東京高判昭60・9・30刑月一七巻九号八四〇頁）。なぜならば、このようなばあいには、謀議の実現があったとはいえないからにほかならない。

3　共同正犯と幇助犯の区別

諸外国の立法例において、正犯と狭義の共犯との区別をみとめる立場が一般的であるが、犯罪の成立に条件を与えた者をすべて正犯者とし、教唆犯・従犯との区別を重視しない統一的正犯概念ないし包括的正犯概念による立法例もある。統一的正犯概念をみとめない立法主義のもとにおいては、正犯と狭義の共犯の区別の基準に関して、①主観説と客観説、②拡張的正犯概念と制限的正犯概念、③行為支配説、④実行行為性説（形式説）などが主張されている。現在、有力なのは③と④であり、④が通説となっている。

③行為支配説とは、構成要件を実現する意思をもって、その実現のために因果関係を目的的に支配・統制することを行為支配とし、行為支配の有無によって正犯と共犯を区別する説をいう。行為支配説は、目的的行為論を基礎にして、「行為支配」を有する者を正犯と解している。すなわち、正犯は、行為の遂行とその経過とをみずから支配する者であり、共犯とは、正犯の行為支配に従属する者であるとされるのである。

行為支配説に対しては、次のような批判がある。すなわち、行為支配という観念は、もともと責任の有無判定の基準として提案されたものであって、あまりに漠然としているためほとんど問題とされなかった観念の焼直しにすぎず、それが責任よりはるかに細かい解釈問題である正犯と共犯の区別に関する基準としては役に立たない。しか

も、その考えを貫けば、例えば、暴力団の親分が絶対服従の関係にある子分に抗争相手を襲撃し殺傷するよう指示したばあいのように、今日では共犯（教唆犯）として疑われないものも間接正犯とせざるを得ないことになり（行為支配は明らかに親分にある）、従来の共犯体系そのものを混乱・崩壊に導くことになるとされる。さらに、教唆犯・幇助犯についても、教唆者・幇助者が教唆行為・幇助行為についての支配をもたなければならないことは同様であるべきはずであるから、行為支配による区別は妥当でないとされる。これらの批判は正当である。④実行行為性説（形式説）とは、基本的構成要件に該当する行為、すなわち、実行行為をおこなう者を正犯、修正された構成要件に該当する行為、つまり、教唆行為および幇助行為によって正犯に加功する者を共犯と解する説をいう。この見解は、構成要件論の立場から基本的構成要件に該当する行為の実行を正犯のメルクマールとする立場である。この見解によれば、正犯と共犯は実行行為の有無という「形式的」基準によって区別されるが、正犯と共犯の「実質的」差異は次の点にあることになる。すなわち、正犯は、当該犯罪を実行したことについて第一次的な責任を負担すべきものであり、共犯は、正犯をとおしてその犯罪の実現に加わったことによって第二次的な責任を課せられるべきものである。正犯は、みずから直接的にその犯罪を実現したか（直接正犯）、または、これと法的に同視し得る形態で、他人を道具として利用することによってその犯罪を実現した（間接正犯）ことを要するのに対して、共犯は、そのような正犯を教唆または幇助することによって、その犯罪の実現に関与したものとされるのである。

実行行為説に対しては、次のような批判がある。すなわち、この見解は処罰の範囲を明確にするという長所をもつが、たとえば、見張り行為について、形式的に、つねにこれを従犯と解するなど、実際の適用上、必ずしも妥当とはいえないとされる。また、この説は、実行行為か否か、で正犯と共犯とを区別するが、一方では因果関係との関係を遮断するとともに、他方では従属性のドグマと実行行為の規範的な把握によって、正犯の相対的な拡大を招

いているとされる。

わたくしは、構成要件論を堅持しつつ、正犯と共犯を「構成要件の実現態様」と解しているので、構成要件の中核となっている構成要件的行為、すなわち、実行行為こそが正犯行為の中核となると解する実行行為性説（形式説）が妥当であると考えている。

正犯および共犯の行為は、いずれも主観的要素と客観的要素から成り立っているので、それぞれ独自の主観的要素を必要とする。正犯の実行行為は、みずから実行行為をおこなう意思を要し、共犯の教唆行為および幇助行為は、それぞれ教唆の意思、幇助の意思を必要とする。その限度で、主観説のいう正犯意思と他人の行為に加担する意思は、なお意義を有することになる。また、共同正犯は、共同正犯に当たる行為とともに、共同して犯罪を実行する意思、すなわち共同実行の意思を必要とする。

4　身分犯と共犯

（1）　身分概念

身分犯と共犯に関して六五条は、「犯人の身分によって構成すべき犯罪行為に加功したときは、身分のない者であっても、共犯とする（一項）。身分によって特に刑の軽重があるときは、身分のない者には通常の刑を科する（二項）」と規定しているにとどまり、身分概念については何ら触れるところがない。身分概念について最高裁の判例は、「刑法六五条にいわゆる身分は、男女の性別、内外国人の別、親族の関係、公務員たる資格のような関係のみに限らず、総て一定の犯罪行為に関する犯人の人的関係である特殊の地位又は状態を指称するもの」であると解しており（最判昭27・9・19刑集六巻八号一〇八三頁）、「営利の目的」は六五条二項にいう「身分」に当たるとする（最判昭42・3・

7刑集二一巻二号四一七頁)。通説は、判例の身分概念を支持している。

これに対して、六五条一項の身分は「社会的・法律的等の人的関係において特定の義務を負担する地位または資格」を意味し、同条二項の身分は「刑の加重・減軽の原因たる地位・資格・状態」を意味すると解する説(義務犯説)もある。

身分概念に関する対立は、真正身分犯を「義務犯」として捉えるか、「法益侵害犯」として捉えるか、という身分犯の法的性質の理解の相違に由来する。すなわち、前者は、一定の身分から生ずる「義務」に違反する行為を処罰するのが真正身分犯であると解し、後者(通説・判例)は、法益侵害に重点をおいて身分概念をゆるやかに解し、目的犯における目的、強姦罪における男性たることなども真正身分犯の「身分」に含める。わたくしは、義務犯説を支持している。犯罪は第一次的に法益侵害として捉えられるべきであるが、真正身分犯について「義務犯」性を肯定しても、それは身分犯という「特殊な」犯罪についていえることであり、けっして犯罪一般を「義務犯」と解するものではない。

(2)　六五条一項にいう「共犯」の意義

「共犯」の意義に関して、学説は、次のように分かれている。すなわち、①すべての共犯形式に適用されるとする説(通説・判例)、②真正身分犯については教唆犯・従犯に対してのみ、不真正身分犯についてはすべての共犯形式に対して適用されるとする説、③教唆犯・従犯についてのみ適用されるとする説、④共同正犯についてのみ適用されるとする説が主張されているのである。わたくしは、通説・判例を支持している。

①説の根拠は、次のとおりである。(ア)法文上、本条も共同正犯の規定もともに「共犯」の章下にあり、六五条一項にも「共犯とする」との文言があるから、「共犯」には共同正犯も当然に含まれる。(イ)非身分者は、元来、身分犯

の正犯とはなり得ないのに、なぜ教唆犯・従犯とはなり得るのかを合理的に説明しないかぎり、限定的適用をみとめるべき成文上の根拠を欠く。(ウ)共同正犯排除説は、非身分者には法律的意味での「実行」はあり得ないとするが、しかし、「実行」は「事実的意味での協力的実現行為」であるから、非身分者もこれをおこない得る。(エ)共同正犯を排除すると、非身分者は、現にきわめて重要な実行行為をおこなっても正犯とならず、それが教唆の実質を伴わないかぎり、従犯として刑の減軽を受けることとなって、教唆犯が正犯に準じて処罰を受けるのに比べて均衡がとれない。

(3) 六五条一項と二項との関係

第一説は、六五条一項は真正身分犯についてその成立と科刑を規定して身分の連帯的作用をみとめ、同条二項は不真正身分犯についてその成立と科刑を規定して身分の個別的作用をみとめたものと解する(通説・判例)。第二説は、六五条は「違法性は連帯的に、責任は個別的に」という原理に基づいて、一項は身分が行為の違法性を規制する要素(違法身分)となっているばあいに違法性の連帯性を規定し、二項は身分が行為の責任を規制する要素(責任身分)となっているばあいに責任の個別性を規定していると解する。第三説は、六五条一項は真正身分犯および不真正身分犯を通じて身分犯における「共犯の成立」について規定し、二項は特に不真正身分犯の「科刑」について個別的作用をみとめる旨を規定していると解する。

第一説の通説・判例の立場が妥当である。六五条は、一項において「犯人の身分によって構成すべき犯罪行為」と規定しており、これが真正身分犯、すなわち構成的身分犯に関する規定であることは、文言上、明らかであり、また、二項において「身分によって特に刑の軽重があるとき」と規定しているので、これが不真正身分犯、すなわち加減的身分犯に関する規定であることも、文言上、明らかである。「真正身分犯」については、六五条の一項が「身

分のない者であっても、共犯とする」と規定しているので、共犯として扱うこととなり、犯罪の「成立」だけでなく、その共犯に対する「科刑」まで本項が規定していることになる。二項は、不真正身分犯について「身分のない者には通常の刑を科する」と規定しており、これは、通常の「犯罪」が成立し、それについて「通常の刑を科する」ことを意味する。つまり、不真正身分犯について二項が「成立」と「科刑」を規定しているのである。

(4)　事後強盗致傷罪と刑法六五条の適用の可否

判例・通説は、事後強盗致傷罪を真正身分犯と解して六五条の適用をみとめる。この見解からは、「窃盗犯人」であることが真正身分ということになる。これに対して、義務犯説の見地からは、一定の義務を負っている者のみが犯し得る犯罪類型を真正身分犯と解するので、窃盗犯人たることは真正身分とはなり得ない。なぜならば、誰でも窃盗行為をおこなうことが可能であり、窃盗犯人となったからといって暴行・脅迫をおこなってはならない義務を負うわけではないからである。ところが、不真正身分犯は、義務違反を本質とするものではなく、身分がたんに刑の加重減軽事由となるものであるから、窃盗犯人であるという事実は、不真正身分となり得る。しかし、事後強盗罪を不真正身分犯と解すると、事後強盗罪は暴行罪・脅迫罪を基本犯として刑が加重された犯罪類型として把握せざるを得ないという不都合が生ずる。事後強盗罪は、あくまでも財産犯であって、人身犯としての単なる暴行罪・脅迫罪の加重類型ではないことに注意しなければならない。

従来、共犯と身分の問題は、どちらかというと犯罪共同説を当然の前提として議論されてきたきらいがある。すなわち、判例・通説が「身分」犯概念を拡張し日常用語例よりもその内容を希薄化してきたのは、身分犯として構成して六五条を適用することによって共犯の成立を容易に説明することが可能となるからであろう。つまり、「同一犯罪の共同」を必要とするかぎり、別個の犯罪の同一化をみとめる六五条一項の存在はきわめて重宝であり、また、

通常の刑を科することによって量刑における具体的妥当性を確保できる同条二項も運用の妙を発揮できるのである。ところが、行為共同説の見地からは、異なる犯罪類型間においても共同正犯の成立が広くみとめられ、また、科刑も成立した犯罪類型ごとに判断されるのであるから、身分犯と共犯に関する規定の経由を必要としないばあいが多いといえる。このような観点から、行為共同説の問題と身分犯と共犯の問題とのいわば「棲み分け」を考えていく必要がある。

5　関連判例

建造物侵入・強盗致傷罪の共同正犯として起訴された被告人について、幇助罪が成立するとしたうえで、建造物侵入および窃盗の幇助罪と事後強盗致傷の幇助罪に該当するが、窃盗の幇助罪は事後強盗致傷の幇助行為と時間的、場所的に近接した一連の行為であるので窃盗の幇助罪は事後強盗致傷の幇助罪に吸収されると解した事例として、大阪地裁堺支判平11・4・22（判時一六八七号一五七頁。有罪・確定）がある。本件の事実関係は、次のとおりである。中国人であるA、B、CおよびDは、パチンコ店に侵入し、パチンコ遊技機設置のロムを窃取することを共謀のうえ、平成9・11・25午前四時ころ、BおよびDが、大阪府堺市内所在のパチンコ店内に侵入し、株式会社Xのパチンコ遊技機設置のロム四個を窃取し、逃走しようとした際、Bが出入り業者の従業員Eに発見、追跡され、同日午前五時ころ、同市内の路上で取り押さえられた。Aは、その場でBの逮捕を免れるために、Eに対し、所携の特殊警棒で頭部などを数回殴打する暴行を加え、同人に通院治療約七日間を要する頭部打撲などの傷害を負わせた。その際、被告人は、Aら四名がパチンコ店に侵入しロムを窃取することを知りながら、前記四名を乗せた普通乗用自動車を運転して同店まで走行し、侵入し窃取する間、付近に待機し、さらに窃取後、AがBの逮捕を免れるためE

に暴行を加えるであろうことを知りながら、Aを同自動車に乗せて前記路上まで走行したうえ、上記暴行の間その場に待機し、AがBの奪還に成功すると右両名を自車に乗せて逃走し、Aら四名の建造物侵入およびAの強盗致傷の各犯行を容易にした。

被告人は、建造物侵入・強盗致傷の共同正犯として起訴されたが、本判決は、まず、「被告人は、この場面においても、一貫してAの指示に従って行動しているにすぎず、その関与の仕方は常に従属的かつ消極的であることに照らすと、未だ『実行行為者に対する支配的地位』にあるものとは認め難く、共謀共同正犯の成立を肯認するには躊躇せざるを得ない。」としたうえで、幇助犯の成否について次のように判示している。すなわち、「被告人は、窃盗犯人であるAが、共犯者であるBの逮捕を免れさせるために、Eに対し暴行を加えることを認識した上で、Aの犯行を容易にする行為に及んでいるのであるから、これが、少なくとも、Aの事後強盗（致傷）に対する幇助行為に当たることは明らかである（傷害の結果についての認識がないことは、右犯罪の成立に影響しない。）。ところで、本件は、窃盗の幇助犯が、正犯者の事後強盗致傷罪（奪還行為）を幇助した場合であるが、事後強盗罪は、窃盗犯人たる身分を有するものが刑法二三八条所定の目的をもって、人の反抗を抑圧するに足りる暴行、脅迫を行うことによって成立するいわゆる真正身分犯であるところ、同罪の趣旨、罪質、法定刑等に照らすと、同条の『窃盗』には幇助犯は含まれないとするのが相当であるから、結局、被告人については、刑法六五条一項、六二条一項により、事後強盗致傷罪の幇助犯が成立する。」と判示しているのである。

本判決は、建造物侵入と窃盗について被告人に共同正犯が成立するか、について検討し、共謀共同正犯の成立要件である「実行行為者の行為を自己の犯罪の実現のために利用する意思」および「実行行為者に対する支配的地位」の存在をみとめることは困難であるとして、幇助犯が成立するにとどまる旨を判示している。この点で本判決は、

共謀共同正犯と幇助犯との限界に関する事例判例としての意義を有することになる。

さらに本判決は、事後強盗致傷についても共同正犯の成否について、被告人は、一貫して主犯者の指示に従って行動しているにすぎず、「その関与の仕方は常に従属的かつ消極的であることに照らすと」共謀共同正犯をみとめることはできないとした。事後強盗致傷の幇助については、被告人は、窃盗犯人であるAが、共犯者であるBの逮捕を免れさせるために、被害者Eに対して暴行を加えることを認識したうえで、Aの犯行を容易にする行為に及んでいるのであるから、Aの事後強盗致傷に対する幇助行為に当たることは明らかであると判示されている。本判決は、事後強盗罪の趣旨、罪質、法定刑などに照らすと、同条の「窃盗」には窃盗の幇助犯は含まれないから、結局、被告人には、刑法六五条一項、六二条一項により、事後強盗致傷罪の幇助犯が成立すると解している。本判決が二三八条の「窃盗」に幇助犯が含まれないとする点は妥当であると考える。しかし、事後強盗罪が真正身分犯であるとする点は不当である。したがって、六五条の適用をまつまでもなく強盗致傷罪の幇助犯の成立をストレートに肯定すべきなのである。

6　罪　数

本事例では、とくに窃盗幇助と事後強盗致傷幇助の罪数関係が問題となる。判例・通説は、窃盗罪と事後強盗罪との関係につき、事後強盗罪は、窃盗犯人が暴行または脅迫をおこなったばあいに成立するのであるから、窃盗罪は事後強盗罪に吸収されて別罪を構成しないと解している（大判明43・11・24刑録一六輯二一二五頁）。このように吸収関係と解するのは妥当である。吸収関係とは、競合する二個以上の罰条において構成要件的評価上、一方が他方を包括（吸収）する関係に立つばあいをいう。このばあい、一個の行為に適用されるように見える数個の構成要件のうち、

あるものが他のものに比べて完全性を備えているときには、「完全法は不完全法を拒否する」という法理に従って、より完全な罰条が適用される。たとえば、殺人が既遂に達したばあいは（一九九条）、その行為による傷害罪（二〇四条）・殺人未遂罪（二〇三条）はこれに吸収される。

前出大阪地裁堺支判平11・4・22は、罪数処理について、「被告人の行為は、建造物侵入及び窃盗の幇助罪と事後強盗致傷の幇助罪に該当することになるが、事後強盗罪の罪質や、右幇助行為が、いずれも犯行に使用した車両の運転行為であって、時間的にも場所的にも近接した一連の行為であることにかんがみれば、窃盗の幇助罪は事後強盗致傷の幇助罪に吸収されると解する事ができる。したがって、結局、被告人については、建造物侵入及び事後強盗致傷の幇助罪が成立する。」と判示している。これは妥当な見解である。

7　A、BおよびCの罪責

Aは、Bと窃盗罪の共謀共同正犯の関係にあるから、判例・通説の見地においては、「窃盗」犯人の身分を有し、犯人たるBの逮捕を免れさせる目的でYに暴行を加えて傷害を負わせているので、強盗致傷罪の罪責を負う。窃盗罪は強盗致傷罪に吸収されるので、結局、建造物侵入罪と強盗致傷罪の罪責を負う。両罪は手段・目的の関係にあるので、牽連犯となる（五四条一項後段）。

Bは、自ら暴行行為をおこなっておらず、Aが一方的にBの逮捕を免れさせるために暴行行為に出ていると解される。このように、二人以上の窃盗犯人のうちの一人が他の者との意思連絡もなく、本条所定の目的で暴行（または脅迫）をしたばあいには、他の者は三八条二項の適用により、窃盗の限度で刑責を負う（福岡高宮崎支判昭30・3・11裁特二巻六号一五一頁）。したがって、Bは、建造物侵入罪・窃盗罪（牽連犯）の罪責を負うことになる。

Cについては、まず建造物侵入罪・窃盗罪の幇助犯と事後強盗致傷罪の幇助犯の成立が考えられるが、窃盗罪は事後強盗致傷罪に吸収される。なお、事後強盗罪と事後強盗致傷罪とは結果的加重犯の関係にあり、基本的行為について（幇助）の故意がある以上、結果的加重犯の成立がみとめられるので、事後強盗致傷罪の幇助犯の罪責を肯定することができる。

第二款　共謀共同正犯

新興宗教団体の熱心な信者であるXは、その宗教団体の教祖Yから、「教団を裏切ったAに厳しい制裁を加えなければ、教団は崩壊するに至る。神はお前がAを半殺しにすることを命じている。もしAを半殺しにしなければ、神託により私はお前を殺さなければならない。」と脅された。Xは、恐れおののき、Yに呼び出されて来たAの両手をロープで縛り、Yの面前で木刀で力まかせにAを殴打したが、そこへ同教団幹部Zが来合わせ、Yから事の経緯を聞いて納得し、ZもYとともにXが殴打するのを見ていた。数日後、AはXの殴打による全身打撲傷が原因で死亡したが、致命傷をもたらした殴打は、Zが加わる前のものであったか、後のものであったかは、不明である。

X、YおよびZの罪責を論じなさい。

【論　点】

1　共謀共同正犯の成否とその根拠および要件
2　結果的加重犯と共同正犯の成否
3　結果的加重犯と承継的共同正犯
4　強要に基づく緊急避難の成否

【本事例の趣旨】

緊急避難に関しては、従来、その法的性格をめぐる議論が華々しく展開されてきた。最近では、正当防衛論の活発さに比べると、いささか色あせた感がないではない。なぜこのような対照的な傾向が生じたのか、というと、正当防衛の成否が、判例上、頻繁に問題とされるのに対して、緊急避難の事案があまりないからである。判例における正当防衛「権」の拡大化が学界の関心を呼び起こし、正当防衛に関する議論が多岐にわたって深められたため、活況を呈するに至ったといえる。このような状況の下で、オウム真理教事件において緊急避難論が展開されたのであった。とくに「強要に基づく緊急避難」の問題は、これまで単なる机上の空論の観を呈していたのであるが、学校設例・講壇事例のような事案が現実に発生してみると、やはりそれに理論的に対応する必要に迫られることになる。まさしく現実味を帯びた問題として、実践的にも重要性を有するに至ったわけである。これは、犯罪論の根本に関わる論点であるので、本事例においてこれが問われているのである。

また、結果的加重犯の問題も「責任主義」という犯罪論の根幹に関わる本質的論点である。責任主義の要請の観点から結果的加重犯の法的性格と成立要件を検討する必要がある。これは、基本的論点であるといえる。さらに、

それと共同正犯との関係を考えると、過失の共同正犯という基本的問題を検討せざるを得なくなる。そのうえ、承継的共同正犯がからんでくると、共同正犯の限界論についても考察する必要が生ずる。

これらの基本的論点について検討してほしいというのが、本事例の趣旨である。

本事例においては、X、YおよびZの罪責が問題となっているので、共犯論が共通の問題として提起されていることになる。直接、殴打行為をおこなっているのはXであるから、まず、XおよびYとの関係において、形式的に見れば「実行行為」をおこなっていないとされるはずのYについて、共同正犯なのか教唆犯なのか、が問題となる。共同正犯が成立するとなると、共謀共同正犯の観念をみとめなければならない。その際、共謀共同正犯論の肯否とその根拠および成立要件が検討されなければならない。

つぎに、Zとの関係において、ZはXの実行行為の途中から加功したことになるが、それは「承継的共犯」の問題として提起される。そして、Zは、Yから経緯を聞いてその場で、Yと共にXの実行行為を見ていただけであるので、それは「幇助」犯となるのか、共同「正犯」となるのか、が問題となる。共同正犯であるとすれば、「承継的共同正犯」であるということになる。

Xについていえば、Yから強要された結果として殴打行為に出ているので、「強要に基づく緊急避難」の成否が問題となるのである。

このように、本事例においては、きわめて基本的な論点が問題になるわけであるから、これらの論点について根本に遡って解説することにする。

【解　説】

1　共謀共同正犯の成否と根拠および要件

(1)　共謀共同正犯論の意義と実質的根拠

共謀共同正犯とは、二人以上の者が一定の犯罪を実行することを共謀し、その共謀した者（「共謀者」）の中の一部の者が共謀した犯罪の実行に出たばあいに、共謀に参加したすべての者について共同正犯としての罪責がみとめられる共犯形態をいう。共謀共同正犯が共同正犯とされるためには、直接実行行為を分担しなかった単なる共謀者にも、「共同実行の事実」が存在しなければならないが、これを肯定できるかどうか、が共謀共同正犯論の根本問題である。

(i)　共謀共同正犯論の実質的根拠

共謀共同正犯論の実質的基礎は、現実の実行行為者の背後にいる黒幕的存在を「正犯」者として処罰しようとする当罰要求である。そして、その解釈論上の基礎づけは、統一的正犯概念を否定して正犯と狭義の共犯とを区別し、正犯の方が狭義の共犯よりも罪質が重いとする思考によってなされる。すなわち、背後にいて計画を立て実行を指示した黒幕的な人物は、犯罪の遂行にとって、自ら実行に当たった者に比べて実質的には重要な役割を演じているのに、これを教唆犯・幇助犯としてしか処罰できないとすると、実行正犯者と同じ、あるいはこれより重い刑を科するのが困難となって、実際上、不都合である。教唆犯の法定刑は正犯と同じであるので、その範囲内で正犯より重い刑を量定することは可能であるから、不都合はないとする見解もある。しかし、通説は、「正犯」という「名」は、その犯罪の「主犯」であるという実質的な評価も含んでいるとする。統一的正犯概念をみとめていない現行法の下においては、「正犯」と「教唆犯」・「幇助犯」は単なる「量」的差異ではなくて、あくまでも「質」的差異とし

てみとめられなければならない。

(ii)　判　例

共謀共同正犯は、大審院時代以来、判例上、確立したものであるが、学説上は、少数説にとどまっていた。すなわち、従来の通説は、実行行為の共同が存在しない以上、単なる共謀者は共同正犯とはいえないとしたのである。さらに、共謀共同正犯論は、共同意思主体という超個人的な主体をみとめることによって近代刑法学における個人責任の原則に反する「団体責任」を肯定することになると批判されてきた。

このような学説の状況を踏まえて、最高裁判所の判例は、共同意思主体説に依拠しない新たな論拠づけを提示した。すなわち、最高裁判所は、「共謀共同正犯が成立するには、二人以上の者が、特定の犯罪を行うため、共同意思の下に一体となって互に他人の行為を利用し、各自の意思を実行に移すことを内容とする謀議をなし、よって犯罪を実行した事実が認められなければならない。したがって右のような関係において共謀に参加した事実が認められる以上、直接実行行為に関与しない者でも、他人の行為をいわば自己の手段として犯罪を行ったという意味において、その間刑責の成立に差異を生ずると解すべき理由はない。さればこの関係において実行行為に直接関与したかどうか、その分担または役割のいかんは右共犯の刑責自体の成立を左右するものではないと解するのを相当とする」(最〔大〕判昭33・5・28刑集一二巻八号一七一八頁〔練馬事件判決〕)と判示して、「他人の行為をいわば自己の手段として犯罪を行った」という間接正犯類似の共謀共同正犯概念を提示したのである。

(iii)　学　説

学説上、共謀共同正犯否定説は勢力が弱くなり、現在では肯定説が多数説となっている。

共謀共同正犯肯定説は、その理論づけに差異があり、多岐にわたっている。すなわち、①共同意思主体説、②共

同意思のもとに一体となり、相互に了解し合って互に相手を道具として利用し合う点に正犯性をみとめる間接正犯類似説、③共謀者は実行担当者の行為を支配するから正犯者としての行為支配がみとめられるとする行為支配説、④六〇条の「共同して犯罪を実行した」とは、二人以上の共同意思に基づいて犯罪を実行することをいい、実行行為を分担し合った実行共同正犯のばあいだけでなく、共同実行の意思と共同実行の事実とがみとめられるかぎり共同正犯が成立するとする包括的正犯説、⑤「本人が共同者に実行行為をさせるについて自分の思うように行動させ本人自身がその犯罪実現の主体となったものといえる」ようなばあいを正犯とする説、⑥「実行を担当しない共謀者が、社会観念上、実行担当者に比べて圧倒的優越的地位に立ち、実行担当者に強い心理的拘束を与えて実行に至らせている」ばあいに共同正犯の成立をみとめる優越支配共同正犯説などが主張されている。

個人主義的原理に基づく共犯理論の観点からは、共謀共同正犯は次のように解されるべきである。すなわち、共謀共同正犯関係にある個々の構成員の心理内容の中核をなすのは、それぞれ相手の行為を利用することによって犯罪を容易に、かつ、確実に遂行・実現しようとすることである。いいかえると、共犯者間に存在する「相互的利用関係」こそが、共同正犯の本質をなし、共謀共同正犯にもその存在がみとめられるのである。この利用関係を全体として見れば、まさしく犯罪の「分業・分担」にほかならず、共謀者もそれぞれ役割分担をしていることになり、正犯性がみとめられることになる。このような相互的利用関係は、各構成員にとって単独正犯としての間接正犯における利用関係に類似するものであるといえるので、間接正犯類似説が妥当であると解する。

(2)　共謀共同正犯の成立要件

共謀共同正犯が成立するためには、①共同して犯罪を実行する意思（共同意思）、②相互に他人の行為を利用して各自の意思を実行に移す謀議（共謀の事実）、③共謀者のある者がその犯罪を実行すること（実行行為の存在）を要する。

2　結果的加重犯と共同正犯の成否

(1)　結果的加重犯の意義と要件

結果的加重犯とは、基本的行為に故意を必要とするが発生した結果を重視して刑が加重される犯罪類型をいう。その典型例として傷害致死罪（二〇五条）が挙げられる。基本的行為と結果に関して、基本的な犯罪行為と結果との間に、因果関係を必要とすれば足りるのか、さらに過失を必要とするのか、が問題となる。

これは近代刑法の基本原則である責任主義にかかわる問題である。この点について判例は、条件関係があれば足りるとする。そして、最判昭32・2・26刑集一一巻二号九〇六頁は、「因果関係の存する以上被告人において致死の結果を予め認識することの可能性ある場合でなくても」、傷害致死罪は成立するとして、重い結果について予見可能性が不要であることを明言する。

判例の立場を支持する見解もあるが、条件関係だけでは結果的加重犯の成立範囲が広がりすぎるとして、相当因果関係を必要とする見解もある。後者の立場の根拠は、次の点にある。すなわち、①基本的犯罪については故意があり、かつその行為のもつ危険の射程内（相当因果関係の範囲内）で生じた結果について、行為者に責任を追及しても「社会生活観念上不合理」ではない。②折衷的相当因果関係説においては、すでに結果発生の予見可能性が顧慮されているので、さらに過失を必要とするまでもないとされるのである。

しかし、因果関係の存在だけで重い結果について責任を追及するのは、責任主義の見地から疑問があるので、通説は、重い結果について予見可能性ないし過失を必要と解している。責任主義を貫徹すべきであるとの観点からは、通説が妥当であるといえる。

（2）結果的加重犯と共同正犯

判例は、結果的加重犯の共同正犯を肯定している（最決昭54・4・13刑集三三巻三号一七九頁）。問題はその論拠づけにある。

結果的加重犯は、基本的犯罪がおこなわれると通常、重い結果が発生しやすい高度の危険性が存在するので、その基本的犯罪と重い結果とを結合して一つの犯罪類型とされたものである。したがって、二人以上の者が共同して基本的犯罪を実行するばあいには、重い結果を発生させやすい高度の危険を含んだ事態が行為者全員に共通して存在するのであるから、行為中の一部の者の過失によって重い結果が発生させられたときには、他の共同者のすべてにも、少なくとも、重い結果を発生させたことについての客観的な注意義務の違反がみとめられ、構成要件的過失があるといえることになる。なぜならば、結果的加重犯の重い結果を発生させやすい高度の危険を含んだ基本的犯罪を共同して犯している以上、一般人を標準とした客観的な注意義務の違反は、共同者のそれぞれに共通して存在し得るからである。したがって、構成要件該当性の段階で、基本的犯罪の共同実行者全員について結果的加重犯の共同正犯の成立が肯定され得る。つぎに、共同正犯のばあい、とくに各行為者それぞれの主観的な注意義務の違反が存在しなければならない。ただ、通常、構成要件的過失があるのに責任要素としての過失がみとめられない事態は稀であり、共同行為者の全員に責任要素としての過失がみとめられる以上、究極的にも結果的加重犯の共同正犯が成立し得るものと解されている。

このように、結果的加重犯の共同正犯が成立し得るかどうか、の問題は、究極的には、過失犯の共同正犯をみとめ得るかどうか、と密接に関連する。すなわち、結果的加重犯は、基本たる故意行為と重い結果についての過失犯との複合形態として把握されているので、最終結果の発生についての共同正犯が肯定できなければ、全体として結

果的加重犯の共同正犯はみとめ難いということになる。わたくしは、行為共同説の見地から過失の共同正犯の成立を肯定するので、結果的加重犯の共同正犯も肯定すべきであると解する。

3　結果的加重犯と承継的共同正犯

(1)　承継的共同正犯の意義

承継的共同正犯とは、ある行為者（先行者）が実行行為の一部を終了したがその結果が発生する前に、他の行為者（後行者）が、その事情を認識したうえで先行者との意思の連絡の下に事後の行為（残余行為・後行行為）を共同しておこなうばあいをいう。承継的共同正犯においては、後行者はいかなる範囲で共同正犯としての罪責を負うのか、が争われる。承継的共同正犯の根本問題は、後行者が、先行者の予定した「全体としての犯罪」について、共同正犯の要件を具備しているとしてよいのかどうか、である。

これは、次の三つの観点から検討される必要がある。すなわち、①承継的共同正犯において、後行者の「意思」と「外形的行為」のいずれを重視すべきか、という観点。意思を重視すれば、後行者の「追認」によって全体が共同正犯として把握され、外形的行為を重視すれば、「後行行為」についてのみ共同正犯をみとめるべきであると解することになる。②犯罪の「不可分性」の観点。とくに結合犯・結果的加重犯のばあい、構成要件として二つの行為が不可分に結びついているので、これを分解してその二個の行為について共同正犯の成否を考えるのは、そもそも罪質上、問題があるのではないか。一方、後行行為をまったく不問に付するのも、実際上、不都合であると考えられる。そこで、犯罪の不可分性を強調する見地から、承継的共同正犯の全体について共同正犯の成立を肯定しようとする。③共同正犯の「成立範囲」と「処罰・責任の範囲」とを同一視すべきか否か、という観点。共同正犯のば

あいに「一部実行の全部責任」の原則が働くのは、主観的要件と客観的要件の「同時存在」があるからであって、承継的共同正犯においてはその前提が欠けるので、後行者にこの原則が適用されるのは介入後の共同行為に限定されるべきことになる。この見地においては、共同正犯としての成立範囲と共同正犯者相互の処罰とは一致しないことになる。

(2)　承継的共同正犯の成立要件

承継的共同正犯の成立範囲について、学説は、①後行者は、先行者との共同意思の下に加担しているので、加担前の先行者の行為のすべてについて正犯としての罪責を負うとする説と、②加担前の先行者の行為ないしその結果が加担後においてもなお継続しているばあいに限り、後行者は加担前の先行者の行為について正犯としての罪責を負うとする説（通説）とに分かれている。

実行行為の共同の事実がみとめられるためには、先行者と後行者とが相互に実行行為を利用・補充し合うという関係があることを要するから、そのような関係が存在しない先行者の実行行為について承継的共同正犯の成立をみとめるのは妥当でない。後行者が先行者の実行行為を利用・補充し合うといえるのは、後行者が先行者の実行行為および結果を自己の犯罪遂行の手段として利用する意思の下に利用したばあいに限られるべきであるから、②説が妥当であるとおもう。

(3)　結果的加重犯と承継的共同正犯

たとえば、先行者の暴行を引き継いで後行者が暴行を加えたところ、被害者が死亡したばあい、いずれの暴行が致死の原因となったか不明のときには、後行者は傷害致死の罪責を負うか。これが、結果的加重犯と承継的共同正犯の問題である。

結果的加重犯のばあい、発生した重い結果について後行者は罪責を負わないと解すべきである。傷害致死罪、強姦致傷罪、強盗致死傷罪などにおいて、先行者が死傷の結果を惹起したことを認識して後行者が加担したばあいについて、学説は、結果的加重犯の承継的共同正犯を肯定する説とこれを否定する説とに分かれている。これらのばあい、重い結果と後行者の行為との間に因果関係がみとめられないのであるから、後行者に結果的加重犯の共同正犯の成立を肯定することはできない。したがって、承継的共同正犯を否定する説が妥当である。この見地においては、たとえば、先行者の暴行を引き継いで後行者が暴行を加えたところ被害者が死亡したばあい、いずれの暴行が致死の原因となったか不明のときには、傷害の限度で共同正犯が成立し、後行者は傷害致死の罪責を負わない。

4　強要に基づく緊急避難の成否

「強要に基づく緊急避難」というのは、たとえば、AがBを脅迫して構成要件該当行為をおこなわせたときに、三七条の緊急避難として（通説によれば）違法性が阻却されるか、という問題のことである。本事例におけるYとXがこれに当たる。

さらに例をあげれば、自分の子供を誘拐した誘拐犯人A〔本事例におけるY〕から「子供を殺されたくなかったら、銀行強盗をして一億円を強奪してこい」と告げられた父親B〔本事例におけるX〕は、子供の生命を救うために、緊急避難として強盗を行うことができるか、といった事例があげられている。この点について、次のように指摘されている。すなわち、このようなばあいにも、形式的には、刑法三七条の緊急避難の規定が適用可能と見えるが、しかし、学説の多くは緊急避難の成立を肯定することに対して消極的である。このような見解も、責任阻却による犯罪の不成立は肯定する。背後にいる強要行為者Aは自己の不正な犯罪計画をBを利用して実現しただけであ

り、侵害が転嫁される第三者は、自己に対する加害行為を甘受しなければならないいわれはなく、正当防衛権を否定されるべきでないと指摘されている。

この問題について、XはYという「不正の側」に立ち、「不法に加担」しているから、その事実は「害の衡量」においても考慮され、その結果、緊急避難の成立が制約される（軽い犯罪では違法性阻却が可能であるが、強盗などの重い犯罪では違法性は阻却されない）とする見解があるが、これに対して次のような批判がある。すなわち、この見解は、Bの侵害回避行為は背後者Aによる犯罪実現の一環として捉えられるので、放置できないという観点から、「害の衡量」においてこの事情を考慮しようとするが、このような「Aによる犯罪の抑止」という観点は保全法益の保護価値の枠内で捉えることは不可能であるとされるのである。Aの処罰によって達成されるべきものであって、「Aの被害者」であるBの罪責にとって無関係であるはずのこうした考慮をYの可罰性判断にストレートに、しかもその不利益に取り込むことは、問題であるとされるのである。東京地判平8・6・26判時一五七八号三九頁は、強要されて殺人をおこなった事案について、身体の自由に対する現在の危難をみとめ、過剰避難の成立を肯定している。

第三款　承継的共同正犯

Xが強盗の意思で脅迫をおこなってAを抗拒不能の状態に陥れた段階で、たまたまその場を通りかかった友人Yは、Xから事情を聞いてこれに加わり共同実行の意思をもって、Aから財布を奪取した。

Ⅰ　このばあいのXおよびYの罪責について論じなさい。

Ⅱ　前記のばあい、XがAに対して暴行を加え傷害を負わせて抗拒不能の状態に陥れた段階で、Yが財布を奪取したときには、XおよびYの罪責はどうなるか。

【論　点】

1　承継的共同正犯の意義
　考察の視点
（1）後行者の「意思」または「外形的行為」のいずれを重視するか。
（2）犯罪の「不可分性」をどのように取り扱うか。
（3）共同正犯の「成立範囲」と「処罰・責任の範囲」を同一視するか否か。
2　判例・学説の立場。

【解　説】

1　承継的共同正犯の意義と問題点

承継的共同正犯とは、ある行為者（先行者）が実行行為の一部を終了したがその結果が発生する前に、他の行為者（後行者）が、前述の事情を認識したうえで先行者との意思の連絡のもとに事後の行為（残余行為・後行行為）を共同しておこなうばあいをいう。承継的共同正犯においては、後行者はいかなる範囲で共同正犯としての罪責を負うのか、が争われる。承継的共同正犯のばあいには、「意思の連絡」は先行者によって実行行為の一部が遂行された後に生じ

ており、「共同実行」も残余行為としての後行行為についてのみ存在するにとどまる。先行者が予定した「全体としての犯罪」について共同正犯の要件が具備していると解してよいのかどうか、が承継的共同正犯の肯否の根底に横たわる根本問題である。これについては、次の三つの観点から検討されなければならない。

まず、①承継的共同正犯において、後行者の「意思」と「外形的行為」のいずれを重視すべきか、という観点がある。意思を重視すれば、後行者の「追認」によって全体が共同正犯として把握され、外形的行為を重視すれば、「後行行為」についてのみ共同正犯をみとめるべきであると解することになる。

つぎに、②犯罪の「不可分性」の観点がある。とくに結合犯・結果的加重犯のばあい、構成要件として二つの行為が不可分的に結びついているので、これを分解してその二個の行為について共同正犯の成否を考えるのは、そもそも罪質上、問題があるのではないか。一方、後行行為をまったく不問に付するのも、実際上、不都合であると考えられる。そこで、犯罪の不可分性を強調する見地は、承継的共同正犯の全体について共同正犯の成立をみとめようとする。

最後に、③共同正犯の「成立範囲」と「処罰・責任の範囲」とを同一視すべきか否か、という観点がある。共同正犯において「一部実行の全部責任」の原則がみとめられるのは、主観的要件と客観的要件の「同時存在」があるからである。承継的共同正犯のばあいにはその前提が欠けるので、後行者にこの原則が適用されるのは介入後の共同行為に限定されるべきことになる。この見地においては、共同正犯としての成立範囲と共同正犯者相互の処罰とは一致しないことになる。

判例は、とくに結果的加重犯について承継的共同正犯の成立範囲をめぐって見解が一致していないので、実務上もなお重要性を有する問題領域となっている。

2　判例の立場

判例は、承継的共同正犯に関して、単純一罪について、後から参加した者も当該犯罪全体につき共同正犯の責任を負うものとしている。結果的加重犯である強盗致死傷罪および強姦致傷罪に関し、財物奪取行為または姦淫行為だけに関与した後行者が、先行者の行為による死傷の結果につき責任を負うかどうか、については、肯定説と否定説とに分かれている。大阪高裁の判決が、一部肯定説の立場を明示して注目されてきている。この判決においては、「先行者の犯罪遂行の途中からこれに共謀加担した後行者に対し先行者の行為等を含む当該犯罪の全体につき共同正犯の成立を認め得る実質的根拠は、後行者において、先行者の行為等を自己の犯罪遂行の手段として積極的に利用したということにあり、これ以外には根拠はないと考えられる。従って、いわゆる承継的共同正犯が成立するのは、後行者において、先行者の行為およびこれによって生じた結果を認識・認容するに止まらず、これを自己の犯罪遂行の手段として積極的に利用する意思のもとに、実体法上の一罪（狭義の単純一罪に限らない。）を構成する先行者の犯罪に途中から共謀加担し、右行為等を現にそのような手段として利用した場合に限られると解するのが相当である。」と判示されている（大阪高判昭62・7・10高刑集四〇巻三号七二〇頁）。

3　学説の立場

承継的共同正犯の成立範囲について、学説は、後行者は、先行者との共同意思のもとに加担しているので、加担前の先行者の行為のすべてについて正犯としての罪責を負うとする説と、加担前の先行者の行為ないしその結果が加担後においてもなお継続しているばあいにかぎり、後行者は加担前の先行者の行為について正犯としての罪責を負うとする説とに分かれている。

実行行為の共同の事実がみとめられるためには、先行者と後行者とが相互に実行行為を利用・補充し合うという関係の存在が必要であるから、そのような関係が存在しない先行者の実行行為について承継的共同正犯の成立をみとめるのは妥当でない。後行者が先行者の実行行為を利用・補充し合うといえるのは、後行者が先行者の実行行為および結果を自己の犯罪遂行の手段として利用する意思のもとに利用したばあいに限られるべきであるから、後説が妥当である（通説）。

4　XおよびYの罪責

(1)　IのばあいのXおよびYの罪責

本事例Iのばあいにおいて、Xは、強盗の故意でAを脅迫し抗拒不能の状態に陥れている。この段階でXは、強盗罪の実行に着手している。そこに通りかかったYが、Xから事情を聞き、Xと共同実行の意思をもってAから財布を奪取している。XおよびYについて強盗罪の共同正犯が成立するか否か、が問題となる。これは、承継的共同正犯の成否の問題である。犯罪の「不可分性」を重視すると、強盗罪の承継的共同正犯は否定されるべきであろう。強盗罪は、暴行または脅迫を手段として相手方を抗拒不能にしたうえで、それを利用して財物の交付を受け、または不法な利益を取得する犯罪である。このばあいに承継的共同正犯の成立をみとめないとすると、Xは強盗罪の未遂罪の罪責を、YはAの財物たる財布を窃取しているので、窃盗罪の罪責を負うこととなる。

しかし、このような結論は、実質的観点から見ると妥当でないとおもわれる。なぜならば、実態に即して見ると、XとYは、すでにXによって作出されたAの抗拒不能状態を共同して利用し、強盗行為の一部である財物奪取をYがおこなうことによって、強盗罪の結果を実現しており、XとYの行為の実質は共同正犯行為にほかならないと解

されるからである。このばあい、承継的共同正犯の成立が肯定されるべきである。承継的共同正犯の成立がみとめられるばあい、後行者は先行行為後に自らおこなった行為の限度で罪責を負うべきである。したがって、Xは一項強盗罪の既遂罪の罪責を、Yは窃盗罪の既遂罪の罪責をそれぞれ負うことになる。XとYには、異なる犯罪について共同正犯の成立がみとめられるが、行為共同説の見地からはこの結論は妥当である。

(2)　ⅡのばあいのXおよびYの罪責

前述のように、ⅡのばあいにもXとYとの間に承継的共同正犯が成立する。しかし、このばあいには、Xの暴行行為によってAに傷害の結果がすでに発生しており、それをYに帰責させてよいかどうか、が問題となる。なぜならば、その傷害の結果に対して後行者は何ら関与できないからである。そうすると、Yは傷害の点についての罪責を負わず、窃盗罪の既遂罪の罪責を負うことになる。そしてXは、強盗致傷罪の罪責を負う。なお、Xについては、結果的加重犯としての強盗致傷罪が成立している以上、財物奪取の有無は問題とならない。

第四款　間接正犯と正当防衛

Aは、暴力団X組組長Bによる正当防衛行為を利用して暴力団Y組組長のYを殺害することを企て、X組とY組が対立抗争関係にあったため、Yに虚偽の情報を与えてBを襲撃するように仕向けたうえ、BにYによる襲撃の事実を連絡した。Bは、かねてよりYの襲撃を予期していたので、Aから連絡を受けると、ただちに反撃のために日本刀を準備したうえで、配下のCに事情を話して反撃することを共謀した。血気盛んなCは、襲

撃を受けたばあいには、その機会を利用して襲撃者に対し積極的に加害行為をする意思を有して猟銃をBに内緒で準備していたところ、YほかY組組員Zら数名が日本刀を振りかざして襲いかかって来たのに対して、すかさず猟銃を乱射してYのほかZら数名を射殺した。

A、BおよびCの罪責を論じなさい（ただし、特別法違反の点を除く）。

【論　点】

1　違法性が阻却される行為を利用する間接正犯

（1）肯定説および否定説の論拠

（2）間接正犯と錯誤

2　正当防衛の成否

（1）確実に予期される侵害と急迫性との関係

（2）積極的加害意思と急迫性および防衛意思との関係

（3）防衛意思の要否

（4）防衛行為の相当性――過剰防衛

3　A、BおよびCの罪責

【本事例の趣旨】

現在、間接正犯論は揺れ動いている。その理論的展開に当たって、多くの論者が積極的に自説を主張し、論争の渦中にある。従来の通説は、道具理論によって間接正犯の正犯性を基礎づけてきたが、道具性の内容をより明確化すべきであるという観点から、「実行行為性」や「行為支配」や「規範的障害」の観念を用いて正犯性を論証しようとする見解が有力に主張されている。また、間接正犯と共犯の従属形態との理論的関係の理解にも変化が生じている。多くの論者が規範的障害説を支持する傾向が見られる。このような理論状況において争われているのは、正当行為、とくに正当防衛行為を利用する間接正犯の成否である。そこで、この問題について検討することにしたが、それとの関連で正当防衛の要件論も問題となる。いずれも基本的論点であるから、正確な理論的観点からの検討が必要とされることになる。

【論述上の注意点】

基本論点が刑法上の根本問題に関っているので、どこまで遡って論述するか、がポイントとなる。あまり根本まで遡ると、論述すべきことが多過ぎてまとまった叙述がきわめて困難となる。A、BおよびCの罪責を考えるに当たって、それぞれの相関関係が影響を及ぼすので、よく整理してから論述しないと、途中で論理的脈絡を見失って矛盾の多い叙述となってしまうおそれがあるので、その点に十分配慮する必要がある。

【解　説】

1　違法性が阻却される行為を利用する間接正犯

(1)　間接正犯をめぐる問題状況

(i)　間接正犯の正犯性

間接正犯概念は、学説史上、ドイツにおいて限縮的正犯概念と極端従属形式から生ずる処罰の間隙を補充するものとして主張され、直接正犯でも共犯でもないという意味で消極的に基礎づけられた。その後、間接正犯の正犯性を積極的に基礎づけるために「道具理論」や「優越性の理論」や「行為支配論」が主張されるに至っている。わが国においては、構成要件論の立場から「実行行為性」を基準とする見解が通説であり、間接正犯の正犯的性格は、「規範主義」的観点から直接正犯と実質上異ならない実行行為性の存在が要求され、利用者の誘致行為には、客観的に被利用者の身体活動を介して、一定の法益の侵害・脅威を惹起するについて必然的かつ現実的な因果的危険性が含まれており、それは直接正犯における実行行為と法的に同様に評価されることになる。ここにいう誘致行為の「現実的な因果的危険性」という基準を基本的に支持すべきであると考えるが、「規範主義的観点」が強調されると、間接正犯の成立範囲はかなり拡大する。

そこで、通説を補足する形で「規範的障害説」が主張されるに至り、利用しようとする他人が規範的に見て犯罪実現の障害となるかどうか、を基準として間接正犯の範囲を画定しようと試みられている。すなわち、他の人間であっても、それが規範的障害たり得ないばあい、その利用はみずからの手で犯罪を実現するのと同様であるので、正犯性がみとめられているのである。他の人間が規範的障害たり得るばあい、法秩序としてはそこに一方的な利用関係をみとめることはできないから、被利用者が犯罪の実行に着手するのをまって（共犯の従属性）はじめて犯罪（共

犯）の成立をみとめるわけである。規範的障害とならない他人とは何か、が問われることになる。この説に対しては、間接正犯の成立範囲の基準としては、規範的障害を欠くに至らせた利用行為（強制・欺罔・権威の利用など）および被利用者の形態的分析をさらに必要とするとの批判がある。

「行為支配」説は、責任能力者を利用する者の主観には、自己のほかにさらに責任分担者があるという自覚があり、また自己の行為支配可能性はまったく間接的であるのに対して、責任無能力者を利用する者は、自己が唯一の責任者であることを認識し、また行為支配の可能性は直接的ではないにしても直接に近いものであり、いわゆる道具理論の根拠もここにあると主張する。行為支配説に対しては、行為支配という観念が責任の有無を判定する基準として提案されたものであり、漠然としていて、正犯と共犯の区別に関する基準としては役に立たず、また、共犯行為にもそれぞれ行為支配があるとの批判が加えられてきた。最近、この行為支配論を再構成し、一切の正犯形態に対する上位概念かつ統一的な実体概念であることを主張し、さらに「正犯の背後の正犯」をも承認する見解が主張されている。これに対して、その意味するところが実行行為性がなくとも行為支配があれば正犯だというのであれば、行為支配概念に構成要件関連性をもたせることの説明がつきにくいと批判されている。

ところで、間接正犯を否認する見解も主張されている。かつて共犯独立性説を基礎とする否認論が有力であったが、現在では独立性説はほとんど支持されていない。そこで、共犯従属性を前提にしながら、限縮的正犯概念を徹底し、間接正犯を共犯へ編入する拡張的共犯論が主張されているのである。この立場を純粋惹起説からの不要説として特徴づける見解も主張されている。すなわち、間接正犯無用論ないし限定論は、共犯固有犯説を貫き、罪名独立性の立場に立てば、間接正犯という構成はあえて必要でなくなるとされる。間接正犯という概念を残すとしても、それは、直接正犯といってもよいばあいに限定されるのであり、その概念には特別の意味はないとするが、この立

場も、「正犯」の成立範囲については広狭の差が見られるとして、次のように分類される。

(a)　全面的否定説　間接正犯の概念を全面的に否定して共犯に解消してしまう見解は、他人の無過失の行為を利用する行為も、情を知らない「被害者」の行為を利用するばあいも、すべて（間接）正犯ではなく、共犯であるとする。

(b)　規範的障害説　「規範的障害」が介入するばあいにのみ、正犯性を否定する見解は、たとえば、無過失の行為を利用したばあいないし情を知らない被害者の行為を利用したばあいには、共犯ではなく正犯であるとする。

このような純粋違法結果惹起説の間接正犯無用論は、正犯概念の弛緩を防ぎ、可罰性の範囲を限定しようとする点にあるものであるが、しかし、この説に対しては、逆に「共犯概念」を弛緩させ、共犯としての可罰性を拡大するとか、この説は、「正犯なき共犯」をみとめざるを得ず、不合理であるとかの批判が加えられている。

正犯か共犯かを分ける基準は、実行行為かどうかであるが、現実的には、「行為支配」があるかどうかであり、それを決定するのは、被利用者の行為が「可罰的規範的障害」として介在するかどうか、その介在によって「行為支配」が否定されるかどうか、であると解する見解もある。

(ii)　正当防衛を利用する間接正犯の肯否

正当防衛を利用する間接正犯が問題となる事例として、Xが、Bがいつも携帯ナイフを持っていることを知って、それを利用してAを殺そうと考えて、Aに「Bを殺せ」とけしかけたところ、AはBを攻撃し、Bの正当防衛行為によってナイフで刺されて死亡したというケースが提示されている。それに関する学説は、つぎのように分類されている。

(a)　間接正犯説

通説は、Xを殺人の間接正犯とする。なぜならば、Xは、Bの「正当防衛」という適法行為を利用したのであり、制限従属性説によれば、正当な行為に対する共犯は成立しないからである。つまり、Xが違法な意図を秘めていたことに気づかなかったBはXの道具であるから、Xは道具を利用した間接正犯であるとされることになる。

これに対しては、Bの正当行為を誘発したAの行為が道具かどうか、を検討する必要があり、Aは、「Bを殺せ」とそそのかされたが、自分の行為がBを殺害する行為であることを知っているので、規範的障害があり、教唆の構造を示しているから、Aは道具ではないとの批判がある。すなわち、Aの攻撃が前提となってBの正当防衛行為が誘発されているが、Bの行為が自動的ではないので、破綻するとされるのである。

(b)　教唆犯説

Xの行為は、Aに対するBの殺人の教唆であり、Aは実行行為に出ているから、この時点でも、Xの教唆はすでに実行行為に従属して可罰的であるとされる。Xの行為が既遂か未遂か、は、Bの反撃によるAの死亡がXの教唆行為に客観的に帰属されるかどうか、によるとされる。

(c)　違法性の相対性論からのアプローチ

この事案については、正犯が適法であっても、共犯が違法ということがあり得るか、という観点からのアプローチも存在する。例外的に、このような事案で、正犯が構成要件に該当することは必要であるが、違法であることを要しないとする最小従属性説を採る学説は、ここでは「違法の相対性」をみとめることになる。また、最小従属性説を採って、正犯の法益侵害・危険に連帯するが、違法性には連帯しないとする一般理論を展開する見解もある。

また、正当防衛行為者には、積極的加害の意思がないが、利用者にはそれがあるので、正当防衛行為者は適法で

あるけれども、利用者は違法であるとする見解もある。この見解によれば、主観的なものは個別的であるべきだから、積極的加害意思のない被利用者は適法、それがある利用者は違法ということがあり得るとされる。

さらに、利用者には「急迫不正の侵害」が欠けているとする見解もある。この見解によれば、客観的事情によって違法性判断は相対化するとされる。この見解に対しては、被利用者にとって急迫不正の侵害は、被利用者を通じて行為する利用者にとっても急迫不正の侵害であるというべきであり、少なくとも第三者のための緊急救助がみとめられるのであるから、急迫不正の侵害は、誰に対しても成り立つ客観的な状況であって相対的なものではないとの批判がある。

(2) 間接正犯と錯誤

間接正犯と教唆犯または従犯との間の錯誤には、①間接正犯の故意で客観的には教唆の事実を生じさせたばあいと②その逆のばあいとがある。①には、間接正犯を犯す意思で教唆に当たる行為をおこなったばあいと被利用者が犯罪実現の途中で情を知るに至ったがそのまま犯行を続行したばあいとがある。前者においては、一般に、たとえば、Aが事情を知らないBを利用してCに毒物を与えようとしたところ、BはAの意図に気づいたが、Aの言いなりになってCを毒殺したばあい、Aの罪責はどうなるのか、が問題とされている。この点について、学説は、(ア)Aは殺人罪の間接正犯、Bはその直接正犯であると解する説、(イ)客観的に教唆の事実が生じた以上、Aに教唆犯、Bに正犯が成立すると解する説、(ウ)Aに教唆犯、Bに正犯が成立し、ばあいによっては間接正犯の未遂がみとめられ、法条競合で前者だけがみとめられると解する説が対立している。

わたくしは、(イ)説が妥当であると考えている。一般的に、この理は、間接正犯の意思で行為に出たが、結果的に被利用者が違法行為をおこなったばあいに当てはまると解する。間接正犯の故意は、自ら直接的に法規範に違反す

る意識を含むのに対して、教唆犯の故意は、他人を介して法規範に違反する意識を含んでいるにすぎないから、両者は明らかに異なっている。したがって、たんに六一条一項の規定を根拠として、間接正犯と教唆犯とを同視することはできない。実質的な違法性および非難可能性の程度に即して考えると、間接正犯の故意は教唆犯の故意をその中に包摂するといえるから、その外部的行為が定型に当たる以上、利用者について教唆犯の成立をみとめるべきである。いいかえると、間接正犯の故意は、他人を道具として利用し特定の犯罪を実現する意思であるから、広い意味では教唆の故意を含んでいると解され、このばあいの錯誤にも法定的符合をみとめてもよい。したがって、間接正犯の故意で教唆の事実を惹起すれば、教唆犯よりも間接正犯のほうが罪責は重いから、三八条二項の趣旨に従って軽い教唆犯が成立することになる。

2　正当防衛の成否

(1)　急迫性

(i)　意　義

正当防衛の要件である自己または他人の権利に対する「急迫不正の侵害」の存在は、正当防衛行為をなし得る客観的な状況（正当防衛状況）を意味する。侵害（攻撃）の「急迫」性を、判例・通説は、「直接さし迫った」という意味に解している。このように解する理由は、正当防衛権の本質ないし任務に求められるべきである。すなわち、正当防衛権は、たんに犯罪行為の遂行を阻止すべきであるとするのではなくて、防衛行為者に対して危殆化された法益を保護する可能性を付与すべきものなのである。わが国の学説・判例も、急迫の侵害は、侵害が開始されて終了するまでの間だけではなく、侵害の危険がさし迫っているばあいをも含むと解している。すなわち、判例は、「『急迫』

とは、法益の侵害が間近に押し迫ったことすなわち法益侵害の危険が緊迫したことを意味するのであって、被害の現在性を意味するものではない」と明言しているのである。

(ii)　侵害の予期と急迫性の存否

「急迫」性は、元来、法益侵害の現実的危険として純粋に客観的に把握され得ると考えられてきた。したがって、侵害が防衛行為者において予期されているばあいであっても、侵害行為が現実化された時点で切迫性が客観的にみとめられる以上、「急迫」の侵害があるとされるわけである。すなわち、違法性判断はできるかぎり「客観的」であるべきであるとする見地から、侵害が「急迫」であるか否か、の判断は、正当防衛状況が存在したかどうか、を確定し、正当防衛の成立要件を検討する出発点として、行為者の不明確な主観的事情に影響されることなく、客観的（外部的）状況から事実的になされるべきであるとされる。実態から見ても、眼前に次第に近づいて来る相手に対しては、侵害を予期できたから急迫性がなく正当防衛ができないとし、とっさに不意打ちをくわせた相手に対しては、侵害を予期できないから急迫性があり正当防衛が可能であるとするのは妥当でないとされるのである。侵害の予期の存否・程度は、客観的な準備行為をしたうえでの防衛行為の妥当性、侵害の回避可能性の問題として、防衛行為の必要性・相当性判断において取り上げるべきであると解されている。

人的不法論の見地からも、侵害の単なる予期は侵害の「急迫性」を失わせるものではないと解し得る。なぜならば、不正の侵害を予見したとき、法は予見者に防禦行為を回避すべき義務を課していないからである。判例も、「侵害があらかじめ予期されていたものであるとしても、そのことからただちに急迫性を失うものと解すべきではない」と判示している。昭和五二年の最高裁決定も、このことを確認して「刑法三六条が正当防衛について侵害の急迫性を要件としているのは、予期された侵害を避けるべき義務を課する趣旨ではないから、当然又はほとんど確実に侵

害が予期されたとしても、そのことからただちに侵害の急迫性が失われるわけではない」と判示している。判例の立場は、学説によって支持されている。

(iii)　積極的加害の意思と急迫性の存否

前記の昭和五二年最高裁決定は、「単に予期された侵害を避けえなかったというにとどまらず、その機会を利用し積極的に相手に対して加害する意思で侵害に臨んだときは、もはや侵害の急迫性の要件を充たさない」と判示し、積極的加害意思があるばあいには急迫性が欠けるとした。判例のこの態度は、防衛意思についての理解の変遷と関係があるとされる。すなわち、判例は防衛意思を防衛行為の要件としているが、近時の判例は防衛意思の内容を従来の判例よりも希薄なものとすることによって、防衛意思を防衛の意図・動機よりはむしろ防衛の認識であるとする考え方に接近したことが、積極的加害意思を防衛意思の問題から急迫性の問題に移行させたことに反映しているとされるのである。

判例の立場の評価をめぐって、学説は、これを支持する説とこれに反対する説とに分かれている。このように説が分かれる理由は、まず、「急迫」性を純粋に外部的・客観的事情だけに基づいて判断すべきなのか、それとも行為者の内部的・主観的事情をも考慮して価値的・規範的に判断すべきなのか、という観点の相違に由来する。すなわち、急迫性の判断を客観的・事実的になすべきであるとする見地（物的不法論）からは、積極的加害意思に基づいて客観的な先制攻撃ないし挑発行為をおこなったばあいには、それによって急迫性がなくなることがあり得るが、積極的加害意思それ自体のような主観的・心理的要素をそのままに正当防衛の成否の判断（違法性判断）、しかもその成否の出発点である急迫性の判断に取り込むことは妥当ではないと主張されている。そして、仮に客観的状況にあらわれることのない積極的加害意思そのものがあるとしても、そのような意思それ自体を正当防衛成否の判断の出発点

において考慮することは妥当でないだけでなく、さらに、積極的加害意思があるとして急迫性を否定することは、客観的に切迫した不正の侵害が存在する状況のもとで、それに対して準備をし過剰の防衛行為をおこなった者について、積極的加害意思を理由に過剰防衛としての刑の減免を論ずる道をふさぐことになる。不正の侵害が客観的に切迫している以上、それに対する防衛行為は、必要性・相当性の程度を超えたばあいに過剰防衛に当たるのであり、客観的に切迫した不正の侵害も存在しないのに一方的に攻撃（防衛行為と同じ内容の）をおこなったばあいとは明確に区別する必要があるとされるのである。しかし、これは、物的不法論からだけ導かれる結論ではない。人的不法論の立場からも同じ結論が得られるのである。

このように、積極的加害意思と「急迫性」の関係が、直接、物的不法論・人的不法論の対立とは関係がないとすれば、その分岐点は、もっと根本的には、「緊急行為」としての正当防衛の性質の把握の違いにあると解される。つまり、どういうばあいに緊急権がみとめられるべきか、という問題が、正当防衛の成立要件に影響を及ぼしているのである。たしかに、急迫性の要件は、正当防衛の客観的要件であるが、客観的要件であるということ自体ではなくて、その「内容」が重視されるべきなのである。つまり、問題は、どういう意味で客観的なのか、ということにある。この観点からは、侵害の「急迫性」は、「法益侵害の危険性」、つまり、現実に法益侵害の蓋然性ないし可能性が存在することを意味するのである。そうすると、法益侵害の可能性は、たんに侵害行為者の側の客観的事情だけではなく、被侵害者の対応関係によっても重大な影響を受けることになるはずである。侵害が予期されているばあい、被害者にとって侵害は突然のものとはいえず、それを阻止するための準備（迎撃態勢を作ること）が可能となり、法益侵害の可能性はそれだけ低下するわけである。したがって、迎撃態勢が強化されればされるほど、迎撃者（防御者）の法益が侵害されるおそれは減少していくことになる。防御者が、たんに防御するにとどまらず積極的に加害す

る意思を有しているばあいには、防御者の法益が侵害される可能性は失われ、むしろ逆に、防御者の方が侵害者としての性格さえ帯びてくるのである。このばあい、形のうえでは、あくまでも急迫不正の侵害に対応して迎撃しようとする意思が存在するのであるから、加害意思が防衛意思を消滅させるとは考えられない。つまり、積極的な加害意思は、防衛意思の程度を超えるものであるが、けっして防衛意思を否定するものではないのである。防衛行為は、本来、攻撃者に対する加害行為なのであるから、加害意思の存在は防御行為の性格に影響を及ぼすはずはない。むしろ、加害意思は、防御者の法益が侵害される可能性を減ずる作用をいとなんでいると見るべきである。したがって、防御者が侵害を予期し積極的に加害する意思を有しているばあいには、侵害の急迫性が失われるという事態が生じ得ると解される。

そこで、どういうばあいに急迫性が失われるのか、が重要な問題となる。侵害の急迫性は、あくまでも「法益侵害の危険」の問題であるから、その存否の判断は具体的になされる必要がある。換言すると、ここにいう危険は、いわば「具体的危険」であって抽象的危険ではないのである。たしかに、侵害の急迫性を純客観的に捉えることは、論理的には可能である。そして、法益侵害がまさに現実化しようとした瞬間に急迫性がある、と評価ないし認定してもよいであろう。そうすると、侵害の予期は急迫性に何ら影響を及ぼさず、さらに積極的加害の意思があったとしても、やはり急迫性は依然として存在すると評価することもできるであろう。しかし、このように解すると、積極的加害意思があるばあいに、前述のとおり、法益侵害の結果発生の蓋然性が減少している点が、まったく看過されてしまうことになる。このばあい、予期されていた侵害行為がなされる可能性に変化は生ぜず、その侵害行為は、それ自体としていわば抽象的危険行為であるにとどまる。問題は、そのような抽象的危険の発生によって侵害の急迫性がみとめられてよいかどうか、にある。むしろ、単なる可能性からきわめて高度の蓋然性まで包含し得る危険

概念としての急迫性は、法益侵害の「現実的」可能性の観点から考察されるべきである。そうだとすれば、攻撃者と被攻撃者との対応関係に応じて、法益侵害の可能性は決まることになる。防御者に積極的加害意思があるばあいには、急迫性の程度に変化が生ずる。積極的加害意思は、客観的な迎撃態勢によって推測されることが多い。このように客観化された積極的加害意思があるばあいに、侵害の急迫性は消滅すると解すべきである。

侵害の予期と侵害の急迫性の存否に関する先例とされる最高裁の判例は、「刑法三六条にいう『急迫』とは、法益の侵害が現に存在しているか、または間近に押し迫っていることを意味し、その侵害があらかじめ予期されていたものであるとしても、そのことからただちに急迫性を失うものと解すべきではない」と判示した。そして、最高裁の判例は、「刑法三六条が正当防衛について侵害の急迫性を要件としているのは、予期された侵害を避けるべき義務を課する趣旨ではないから、当然又はほとんど確実に侵害が予期されたとしても、そのことからただちに侵害の急迫性が失われるわけではないと解するのが相当であり、これと異なる原判断は、その限度において違法というほかはない。しかし、同条が侵害の急迫性を要件としている趣旨から考えて、単に予期された侵害を避けなかったというにとどまらず、その機会を利用し積極的に相手に対して加害行為をする意思で侵害に臨んだときは、もはや侵害の急迫性の要件を充たさないものと解するのが相当である。そうして、原判決によると、被告人Aは、相手の攻撃を当然に予想しながら、単なる防衛の意図ではなく、積極的攻撃、闘争、加害の意図をもって臨んだというのであるから、これを前提とする限り、侵害の急迫性の要件を充たさないものというべきであって、その旨の原判断は、結論において正当である」と判示している。本決定は、昭和四六年判決の内容をさらに深化させ、①当然またはほとんど確実に侵害が予期されるばあいにも、ただちに侵害の急迫性が失われるわけではないこと、②予期される侵害の機会を利用し積極的に相手方に加害行為をする意思で侵害に臨んだばあいには、急迫性が失われること、を明

言している。学説は、本判旨を支持し加害意思や反撃の準備を「急迫性」の認定の基礎にしようとする立場と侵害の予見・反撃の準備を急迫性の問題から排除し、これらを防衛意思あるいは防衛行為の相当性の問題として扱う立場に分かれている。わたくしは、前説を妥当と解している。

下級審の判例に、他の暴力団により、けん銃で襲撃を受けた暴力団関係者が、その反撃として、現場に駈け付けた氏名不詳者らとともに、襲撃者をけん銃で射殺した行為につき、右襲撃があり得ることを予期し、そのばあいには、その機会を利用して襲撃者に対し積極的に加害行為をすることを、右氏名不詳者らと事前に共謀しており、これに基づいて右殺害行為に出たものと認定して、正当防衛の成立を否定した事例がある（京都地判平12・1・20判時一七〇二号一七〇頁）。本判決は、被告人に正当防衛が成立しないことについて次のように判示している。すなわち、「正当防衛が成立するためには、侵害に急迫性があることが必要であるが、緊急行為としての正当防衛の本質からすれば、反撃者が、侵害を予期した上、侵害の機会を利用し積極的に相手に対して加害行為をする意思で侵害に臨んだときは、侵害の急迫性は失われると解するのが相当である（最高裁昭和52・7・21決定、刑集三一巻四号七四七頁、同昭和59・1・30判決、刑集三八巻一号一八五頁等参照）。これを本件について見るに、本件銃撃戦に加わった被告人及び氏名不詳者らは、前記認定のとおり、甲会長に対して、けん銃等を使用した襲撃があり得ることを予期していたが、警察等に救援を求めることもせず、同会長の外出時には、ボディーガードとして被告人が甲会長に同行するとともに、二台の自動車に分乗した男たちが、無線機で連絡を取り合うなどしながら、その周辺を見張り、かつ、けん銃を適合実包とともに携帯するなどの厳重な警護態勢を敷いていたものである。そして、甲会長らが本件襲撃を受けるや、被告人らは、事前の謀議に従い、即座に対応してこれに反撃を加え、本件襲撃者をその場から撃退するにとどまらず、殺意をもってけん銃を発砲して激烈な攻撃を加えて乙及び丙を殺害したものであって（このことは、乙及び丙の前記被

弾状況や、『丁理容店』にいる甲会長が本件襲撃を受けたことを察知したと解される氏名不詳者らが、同会長や被告人の救援に向かうことなく、逃走中と思われる本件襲撃者に対する反撃に向かっていることなどからも裏付けられる。）、甲会長が襲撃を受けた機会を利用して積極的に本件襲撃者に加害行為をする意思で、乙及び丙の殺害を実行したものと評し得、また、関係各証拠を総合しても、予期していた以外の相手からの襲撃であったものとは認められないから、侵害の急迫性の要件を欠いており、正当防衛はもとより、過剰防衛も成立する余地はない。なお、弁護人らは、警察官が反撃のためにけん銃を使用したことが正当防衛と認められた裁判例が存するなどとも主張するが、本件とは事例を全く異にし、本件に当てはまらないことは多言を要しない。」と判示されている。本判決は、上記最高裁判例に従ったものであり、このような考え方は、判例上、確立されている。

(iv)　防衛意思の要否

正当防衛にいう「防衛するため」とは、客観的に見て防衛の効果をもつものであれば足りるのか（防衛意思不要説）、それとも主観的に「防衛の意思」をもっておこなったことが必要であるのか（防衛意思必要説）、という点について見解の対立がある。これは、たんに三六条の文言をめぐる争いのように見えるけれども、「違法性を客観的に考えるか主観的に考えるか、という考え方の違いの、いわば試金石である」と特徴づけられている。つまり、これは物的不法論と人的不法論との対立の象徴的論点とされているのである。この点について、判例・通説は、防衛意思を必要とする立場（防衛意思必要説）に立っている。この防衛意思の内容は、大別すれば、防衛の意図・動機であるという理解と防衛の認識（急迫不正の侵害の事実〔正当防衛状況〕があるということの認識）であるという理解とがあり得るとされる。

防衛意思必要説においては、その意思の内容を「急迫不正の侵害に対応する意思」と理解する立場が優勢であり、「防衛の意思は、ほとんど反射的に生じることもあり得る」、「急迫不正の侵害を意識しつつ、これを避けようとする

単純な心理状態を指すもの」などと解する見解も、これと同趣旨と評価されている。これらの学説は、防衛意思の内容を防衛の意図・動機とは理解しておらず、むしろ、防衛の認識に近いものと理解しているとされ、この説の論拠は、侵害に対して憤激または興奮のあまり反射的に反撃を加えたようなばあいを、防衛意思がないとして正当防衛から除外すべきでないことに求められている。判例・通説は、人的不法論を前提にしているのである。

昭和五〇年一一月二八日の最高裁判決は、「防衛の意思と攻撃の意思とが併存している場合の行為は、防衛の意思を欠くものではないので、これを正当防衛のための行為と評価することができる」と判示している（刑集二九巻一〇号九八三頁）。

(v)　防衛行為の相当性——過剰防衛

防衛行為の相当性は、侵害行為と防衛行為とを比較して均衡がとれていることを意味し、けっして発生した結果との対比によって判定されるものではない。本事例において日本刀による侵害に対して猟銃で対抗するのは均衡がとれていないので、相当性が欠けることになる。

3　A、BおよびCの罪責

（1）　Aの罪責

Aは、Bの正当防衛行為を利用してYを殺害しようとしており、通説の立場によれば、殺人罪の間接正犯が問題となる。Bの行為が正当防衛に当たるばあいには、Aについて他人の適法行為を利用する殺人罪の間接正犯が成立することになる。しかし、行為支配がないため正当防衛行為を利用する間接正犯をみとめない立場においては、Bに対する殺人罪の教唆犯を肯定することになる。このばあいには、共犯の従属形式が問題となり、制限従属性説を

とると、「正犯なき共犯」をみとめざるを得ないという不都合な結果が生ずる。ところで、Bについて正当防衛の成立がみとめられないばあいには、Aは、間接正犯の意思で教唆犯の錯誤が存在する。三八条二項の趣旨に従って、軽い教唆犯の成立を肯定すべきである。

(2)　Bの罪責

Bは、確実に予期された侵害に対して相当な手段を用いて防衛行為に出ることをCと共謀している。その点において共同正犯と正当防衛が問題となる。判例は、防衛意思必要説をとり、違法性の相対性をみとめたうえで、正当防衛の要件を各共同正犯者ごとに検討すべきであるとする。その限度で「違法性の連帯性」が否定される。Yほか数名の殺害の結果は、「一部実行の全部責任の原則」により共同正犯者BとCによって生じさせられたものとして扱われる。Bには積極的加害意思がみとめられないと解されるので、Bとの関係においては不正の侵害の「急迫性」が存在する。防衛行為についても、Bの行為が独立して評価されるべきである。Cの行為は過剰といえるが、Bの行為はなお相当であるといえるので、Bについては正当防衛が成立し得る。

もっとも、Bについて積極的加害意思があるとされるばあいには、急迫性を欠くための正当防衛は成立しない。また、違法性の連帯性を強調してCの積極的加害意思に基づく過剰行為の効果をBにも及ぼすべきであると解するならば、Bについて正当防衛は成立しない。防衛意思不要説の立場からは、BおよびCについて過剰防衛がみとめられることになる。

(3)　Cの罪責

Cには積極的加害意思がみとめられるから、判例の見地からは、不正の侵害の「急迫性」が存在しないので、正当防衛は成立しない。しかし、防衛意思不要説の見地からは、Cの積極的加害意思は問題とならず、正当防衛状況

が肯定され、過剰防衛がみとめられることになる。

第三部　刑法各論

第一章　人格犯

第一款　殺人罪・自殺関与罪および監禁罪

Aは、内縁の妻Bと別れたいと考え、旅行に連れて行き、偽名で投宿したホテルの一室で、追死の意思がないにもかかわらず、Bに対して「心中しよう。一緒にこの睡眠薬を飲もう。」と説得して、致死量の睡眠薬を渡して飲ませたが、自分も飲むふりをして睡眠薬の一粒を口にふくんだだけであった。Bが睡眠状態に陥った時点でAは、発覚を免れるため部屋に鍵をかけて逃走した。数時間後、Bは、飲み込んだ睡眠薬の量が多すぎたため、途中で異状をきたし吐き出してしまい、フロントに電話して救出され、一命をとりとめた。

また、Aは、保険金を横取りしようと企て、末期ガンで入院中の弟Cに、「医者に聞いたら、余命は半年と言っていた。」と述べたうえで、自殺しても保険がおりるので、親孝行のためにと称して、母親を受取人とする保険

契約を締結させ自殺を決意させた。しかし、母親から「一日でも永く生きるのが親孝行だよ。」と言われたCは自殺を思いとどまった。
Aの罪責について、他説に言及しながら、自説を述べなさい（ただし、偽造罪および財産犯の成否の点は除く）。

【論　点】

1　殺人罪と自殺関与罪の限界
2　監禁罪の客体——監禁罪の保護法益
3　自殺関与罪の処罰根拠と未遂

【本事例の趣旨】

自殺関与罪と殺人罪の限界は、偽装心中の取扱いをめぐって、最高裁の判例との関連で早くから問題とされてきた問題である。すでに議論は尽きているかの観を呈しているが、今なお争われており、まだ決着が着いているわけではない。むしろ、自己決定権、法益関係的錯誤の理論などとの関連において新たな論点となっているといえるのである。さらに、自殺行為それ自体の違法性の肯否も厳しい対立点となってきている。監禁罪の客体の問題も古典的論点であり、これについても問われている。

【論述上の注意】

Aの罪責を論ずるに当たって、時系列に従って行為毎に論点を指摘したうえで、他説批判をしながら自説を展開していくと論述しやすいであろう。偽装心中未遂と殺人未遂の成否と睡眠状態に陥った者に対する監禁罪の成否と仮に同罪が成立し得るとしても、殺人未遂または自殺関与罪の未遂による評価で十分でないのか、自殺関与罪の未遂につき被教唆者の自殺行為の着手を必要とするか否か、を説得的に叙述するとよいであろう。

【解　説】

1　殺人罪と自殺関与罪の区別

殺人罪は、相手方の意思に反した生命侵害であり、自殺関与罪は相手方の意思に反しない生命侵害である。したがって、相手方の意思に反していたか否か、が両罪を分かつ基準となる。「相手方の意思に反していない」ものとして自殺関与罪（広義）が成立するための条件として、①自殺者または被殺者に死の意味を理解し自由な意思決定をする能力（意思能力）があること、②自分が死ぬことを知っていたこと、③自殺ないし殺人の嘱託・承諾が任意かつ真意に出たものであること、が挙げられている。

(1)　自由な意思決定能力

自殺の意味を理解して自由に意思決定をする能力を欠く幼児・精神障害者などの自殺は、自殺関与罪にいう「自殺」ではない。たとえば、自殺者が通常の意思能力もなく、自殺の何たるかを理解せず、しかも被告人の命ずることは何でも服従することを利用して、縊首の方法を教えて自殺させたときは、自殺関与罪ではなく殺人罪（間接正犯）を構成する（最決昭27・2・21刑集六巻二号二七五頁）。

(2) 死ぬことの認識

たとえば、愚鈍で被告人を厚く信じ万事意のままになる被害者に、「カルモチン」を服用したうえ頚部を縊れば一時仮死状態になるが、別の薬剤を服用して蘇生してやると虚構の事実を告げ、それを誤信した被害者を縊首させて死亡させたばあいには、まったく自殺する意思がないから自殺教唆ではなく殺人となる（大判昭8・4・19刑集一二巻四七一頁。もっとも本件は①の意思能力が欠如するばあいと見ることもできるとされている）。

(3) 任意かつ真実の意思

被害者に死ぬことの認識があっても、それが任意かつ真意に出たものでなければ、ここでいう「自殺」の意思によるものとはいえない。この点に関して問題となるのは、自殺意思に瑕疵のあるばあい、すなわち、自殺意思が威迫によるばあいと欺罔によるばあいの有効性である。自殺意思が威迫によるばあい、たとえば、暴行・脅迫を繰り返して被害者を自殺させたばあい、自殺の決意が自殺者の自由意思によるときは自殺関与罪となるが、暴行・脅迫が意思決定の自由を失わせる程度のばあいは殺人罪となる。自由意思によるものではないとして、死ぬことの認識のある被害者の行為を利用した殺人罪の成立をみとめるためには、その意思決定の自由を奪うに足る相当強度の威迫を要するとされる。

結局、被害者の錯誤を利用して自殺させるばあい、行為者の欺罔の内容が真実であったとしても自殺を思いとどまり得るような状況で被害者が自殺の決意をしたときには自殺教唆、その内容が真実であれば、自殺に追い込まれざるを得ないような状況で自殺の決意をするに至ったときは殺人ということになるとされる。その点で争いのあるのが、偽装心中のばあいである。

2　偽装心中の取扱い

偽装心中は、追死の意思がないのに追死するかのように装って相手を自殺させる行為である。偽装心中のばあい、死ぬこと自体には錯誤がないので、そのかぎりにおいて被害者の意思に反する殺害とはいえないが、被害者の完全に自由な意思決定に基づいておこなわれる通常の自殺関与行為とは異なる。偽装心中のばあいは行為者の欺罔による瑕疵ある意思に基づいているので、その点の評価をめぐって、次のような見解の対立がある。

(1)　殺人罪説

判例・通説は、偽装心中を殺人と解している（最判昭33・11・21刑集一二巻一五号三五一九頁）。最高裁の前記判決の事案は、被告人が、馴染みとなり遊興を重ねて夫婦約束までした被害者に別れ話を持ちかけたが、これに応じなかったため、心中を申し出て、被害者が自分を熱愛し追死してくれるものと信じているのを利用して、追死する意思がないのに追死するもののように装って、あらかじめ買い求めて持っていた青化ソーダを被害者に与えて嚥下させ死亡させたというものである。本判決は、「被害者は被告人の欺罔の結果被告人の追死を予期して死を決意したものであり、その決意は真意に添わない重大な瑕疵ある意思であることが明らかである。そしてこのように被告人に追死の意思がないに拘わらず被害者を欺罔し被告人の追死を誤信させて自殺させた被告人の所為は通常の殺人罪に該当する」と判示しており、その趣旨は、自殺しないのが被害者の真意であることを前提とし、その決意はこれに反するものであり、欺罔による決意は自殺関与罪の予定する決意ではないとしたものであると解されている。

弁護人が、本件は錯誤が死ぬこと自体に関するばあい（このばあいは殺人）とは違うと主張したのに対し、最高裁は、被害者の意思に重大な瑕疵があるばあいにおいては、それが被害者の能力に関するものであると犯人の欺罔による錯誤に基づくものであるとを問わず、要するに被害者の自由な意思に基づかないばあいは二〇二条の嘱託・承諾殺

としてはみとめ得ない、という原判断の見解を支持したのである。

通説は、追死という事実は自殺の決意の本質的要素であり、追死を装うという行為がなければ、相手方が自殺の決意を固めるということもないから、その者の自殺の決意はその自由な真意に出たものとはいえない。したがって、そこには刑法二〇二条の予定する自殺の決意はみとめられず、行為者は自殺の決意のない被害者の行為を利用してこれを死に至らせたものとして殺人罪の間接正犯に当たる、とする。そして、一方の追死が死の意思決定の動機であったとしても、なおその動機は死ぬという意思内容の重要な要素となっているから、このような動機についての錯誤は、死という法益侵害自体についての錯誤、不完全な意思というべきであって、たんに動機に錯誤があるにすぎないとして扱うべきではないとする。

すなわち、殺人罪説は、偽装心中のばあい、死ぬ決意は真実の意思に基づくものではないとするが、それは相手が追死するかしないか（死ぬのが二人一緒か自分一人か）について真意に合わない死の決意であるにすぎず、「生きるか死ぬかは、他の条件にかけることはできない性質のもの」であるから、条件がどうであろうと、行為の時点で死ぬこと自体を承知した以上、真意だといわざるを得ないとする。

さらに、殺人罪説が動機についての錯誤を死ぬこと自体についての錯誤と同視することに対して、相手が追死してくれると信じたからといって、自分の生命がなくなることを認識し決意していることに重要な法的変更が加わるものではなく、殺人罪説は、動機の錯誤に基づく自殺を、死ぬ意思のない道具を用いた意思に反する殺人と価値的に等置するものであって、間接正犯の成立範囲を不当に広げる恐れがある、と批判されている。

(2)　自殺関与罪説

自殺関与罪説は、次のように主張している。すなわち、偽装心中のばあい、追死という事実が相手方を自殺に至

らせる条件の一つにはなっているが、正常な判断能力があり、かつ自殺の何たるかを理解している者にとって、追死が自殺の本質的要素となり得るか、は疑問である。また、自殺を違法行為と見るとき、行為者による自殺の申し出にもかかわらず、相手方の規範的意思によって死の結果が遮断される可能性もある（規範的障害）。このばあい、行為者は相手方に行為動機を与えているにすぎず、死の結果を直接に支配しているとはいえない。偽装心中は、行為者の欺罔の内容が真実であっても、すなわち行為者が本当に追死するばあいであっても、自殺を思いとどまり得るケースとされる。

偽装心中のケースが通常の自殺関与行為より当罰性が高いことは否定できないが、それは立法論的に解決すべき問題であって、解釈論上は殺人罪の構成要件に該当しない以上、二〇二条によって処断するほかはないとされる。自殺関与罪説が、被害者は自殺すること自体については何ら誤認しておらず、ただその動機について錯誤があったにすぎないことを根拠にしている点に対しては、被害者の決意が「重大な瑕疵ある意思」であることを軽視するものであるとの批判がある。まったく意に反する者を死に致すばあいと、ともかく自己の生命を断つ目的で自ら毒物を使用したばあいとを同じに扱うことはできない。被害者の死は、被害者自らの決意によって生じており、自ら生命という法益を放棄したものにほかならず、その点に二〇二条の立法理由があるのであって、同条が自発的な完全に任意な意思で死を希望したばあいだけを規定したものと考えなければならない理由はない。したがって、自殺を決意して実行したばあいにおいて、被害者を道具に使用した殺人罪の間接正犯として解することはできないとされるのである。

なお、被害者に自己の生命に関する錯誤があれば、それは法益関係的錯誤であり無効であって「真意」の形成を妨げるが、被害者の生命と無関係な事情についての錯誤があっても有効であるとして錯誤を二分する法益関係的錯

誤説も、追死の有無は法益に直接関係しないとするのであるから、自殺関与罪説に含まれるとされる。

(3)　二分説

この見解は、偽装心中を一律に殺人罪か自殺関与罪かに決めることなく、欺罔行為が殺人の実行行為として評価できるものであるかどうか、という基準によって、殺人罪のばあいもあれば自殺関与罪にすぎないばあいもあると解している。その基準の内容として、被害者に精神的圧迫が存する事情を利用したかどうか、欺罔行為の内容・程度、自殺させる際の器具の準備など行為者の関与の程度を総合して、当該行為をとれば行為者の意思どおりに本人を死なせることが可能かどうか、などが挙げられている。

このような見解に対しては、違法・責任の重さという点でならば格別、両者の区別という点では問題の解決を一層困難にすることになるという批判が加えられている。

偽装心中について、自殺関与罪の客体としての適格性を備えており、しかも自殺関与罪の予定する決意がみとめられるとしながらも、追死欺罔が死の選択・決意をせざるを得ない内容・程度をもっておこなわれ、かつそれが死の選択・決意をそのままただちに実現できる態様においておこなわれたばあいは、殺人の実行行為性をみとめることができるとする見解がある。すなわち、追死が自殺決意の絶対的な条件となっており、その欺罔が被害者の決意に翻意の余裕を与えず、ただちに自殺できるような状況を設定しておこなわれたばあいは、被害者を欺罔して殺す行為をした、とするのである。この見解に対しては、次のような批判がある。すなわち、たとえば、執拗な自殺の教唆と手を下して殺害する行為が併存するようなばあいは殺人罪をみとめることも可能であろうが、そのばあいはすでに本来の偽装心中のケースとは異なり、むしろ被害者の側で自殺に至る意思決定の自由が本来的に失われてしまっているばあいといえるとされるのである。

3　監禁罪の客体――監禁罪の保護法益

監禁罪は、人の身体を間接的に拘束して行動の自由を侵害することを処罰するものである。本罪が成立するためには、被害者に行動意思および行動能力があることが必要なのか、が問題となる。具体的には、嬰児、泥酔者、重度の精神病者、睡眠中の者などが監禁罪の客体となり得るか、が問題となるのである。この点に関して、次のような見解の対立がある。

(1)　本罪は行動の自由が行動の意思およびその能力を前提とするとして、現実に行動の意思または行動能力を欠く者は本罪の客体となり得ないとする見解（主観説）。この見解では、行動の自由の現実的な侵害を問題にするので、被害者が行動の自由を奪われていることを意識していることが必要となる。したがって、歩行のできない嬰児や泥酔者、熟睡者などは、行動の意思も行動の能力もなく、さらに自由を拘束されているという意識もないので、それらは監禁罪の客体とはならないということになる。

(2)　場所的移動の能力のない者または意思活動の自由を欠く者を本罪の客体から除外すべきだとするが、ここでの意思活動はたんに事実的なもので足りるとする見解。この見解は、(1)の見解とほぼ同様の結論に到達するが、乳児や重度の精神病者などは、本罪の客体から除外されるけれども、それ以外の乳児や精神病者などは本罪の客体となるとする点で異なるとされる。泥酔者や熟睡中の者については、(1)の見解と同様に監禁罪の成立が否定されるが、ただ「被害者が意識を回復し、逮捕監禁の事実を知ったときは、当初から存在していた実行行為がその時点以降『不法』なものとなる」とされている。

(3)　身体活動の自由は、意思活動能力を前提とするが、それは事実上意思活動をなし得る能力であれば足りるとし、さらに身体活動の自由は可能的なもので足りるとする見解。この見解によれば、身体活動についての可能的な

自由も保護の客体であるとするので、被害者が自由を拘束されていることを意識する必要はないことになる。そして、幼児や精神病者も事実上の意思活動をなし得るので本罪の客体となり得るが、嬰児や重度の精神病によってまったく意識を欠く者などについては、事実上の意思活動もできないので本罪の客体とはなり得ないことになる。泥酔者や熟睡者については、身体活動についての可能的な自由があるから、本罪の客体となるとされている。

(4)　自然的意味において行動し得る者であれば、行動能力、意思能力などの存否に関係なく、本罪の客体となり、また行動の自由は必ずしも現実的に存在することを必要とせず、その可能性があれば足りると解する見解（客観説）。この見解は、通説・判例の立場となっている。この見解に従えば、幼児、精神病者、泥酔者や熟睡者も本罪の客体となり、さらに、この見解に従えば、被害者が行動の自由を拘束されていることを意識していることは必要でなく、自由の侵害の存否は客観的に定められることになる（広島高判昭51・9・21刑裁月報八巻九＝一〇号三八〇頁参照）。この見解は、被害者の行動の意思の存否に関係なく、行動の自由の侵害があったか否か、を客観的に判断すべきであるとする。つまり、自然の状態で事実上行動し得る者であれば客観的には行動の自由があると判断すべきであるとされるのである。泥酔者や熟睡者などは現実には行動の自由を失っているが、それは一時的なものにすぎず、行動し得る可能性が存する以上、本罪の客体となると解されている。それゆえ、部屋から出て来られないようにして多少の時間が継続した段階で監禁行為は既遂に達することになる。

客観説は、結果的には自分が部屋に閉じ込められたことを知らず、何ら自由を拘束されたことを意識しなかったばあいまで監禁罪として処罰するのは不当であると批判されている。

逆に、主観説に対しては、被害者が自由を拘束されていることを意識しているか否か、によって監禁行為であるかどうか、が決定されるので、監禁されている者が途中で寝込んでしまったばあい、現実には身体の拘束が続いて

いるのに寝込んだ段階で監禁行為は終了していることになってしまうとの批判がある。

(5)　自説の展開として監禁罪の客体について、わたくしは、現実に行動の意思ないし行動能力を有する者に限定すべきであるとする(1)の見解を支持する。

監禁罪は、一定の場所から脱出することを不可能ないし著しく困難にすることによって行動の自由を間接的に剥奪する罪である。本罪の保護法益は、行動の自由である。ここにいう行動の自由とは、身体的自由、とくに場所的に移動する自由を意味し、政治的・社会的行動の自由とは異なる。つまり、ここにおいては、あくまでも物理的・空間的な移動が問題となるので、その保護法益についても、これを自然主義的な観点から捉えようとする見解も主張されることになる。客観説がそうである。しかし、わたくしは、行動の「自由」という「精神」的観点からこれを考えるべきであるとおもう。主観説は、この観点から主張される見解である。

前記の意味における行動の自由は、一定の場所から移動しようとする意思があり、かつ、その能力があるにもかかわらず、外的な作用によってこれを阻止されたばあいにのみ、侵害され得る。つまり、移動したいのに移動できないときに、行動の自由が剥奪されたといえるのである。本来、自由は、その意味を理解できる者にとって意味をもつのであり、したがって、自由は自由の「意識」を前提として存在し得ることになる。たしかに、外的条件によって「強制されていない」状態としての自由というものを想定することはできるであろう。しかし、「強制」も「自由」を喪失させるからこそ、強制としての意味を有するのである。場所的拘束を加えることによって侵害される行動の自由も、場所的な移動のもつ意味を十分に理解し、かつ、これを実現できる者についてのみ保障すれば足りるのである。そのような理解力も行動力もない者について「自由」の侵害として法的な保護を与える必要はないであろう。もし、外形上、行動の自由を侵害する行為が他の保護法益を害するのであれば、その点を捉えて処罰すれば足りる

のである。客観説は、行動の自由をあまりにも自然主義的・物理的に解するものであって妥当でない。身体的行動の自由といっても、それが「自由」の問題であるかぎり、やはり精神的側面を考慮に入れる必要がある。

監禁罪は、身体的行動の自由を保護法益とするので、およそ意思能力・行動能力を有し得ない嬰児については、本罪は成立し得ない。さらに、通常は意思能力・行動能力を有しているが、一時的にこれを喪失している者（睡眠中の者・泥酔者など）についても、外形上の逮捕監禁行為がなされたときに、意思能力・行動能力が欠如している以上、その時点では自由の主体として扱う必要はないといえる。しかし、このばあいに監禁罪の成立をみとめないのは、逆に、われわれの日常感覚に適合しないのではないか、という疑問が提起され得る。たしかに、一時的に意思能力・行動能力を失っている者は、その状態が消滅すると、ただちに能力を回復できるのであるから、自由の「主体」として保護に値すると考えられ得るであろう。しかし、行動の自由は、現実に場所的に移動しようとした際に、それを阻止されることによって侵害されるものであるから、一時的に意思能力・行動能力を失っている者は、その状態の下では、もはや行動の自由を有してはいないといえる。したがって、その者は行動の自由を害されることもあり得ないのである。そのばあいには、能力を回復した時点での自由侵害を考慮すれば足りる。

ところで、監禁罪の成立を否定する立場に対しては、前記のとおり、監禁されている者が途中で寝込んでしまったばあい、現実には身体の拘束が続いているのに寝込んだ段階で監禁行為は終了していることになってしまうとの批判がある。たしかに、自由侵害の意識を必要と解するかぎり、このような不都合が出てきそうである。しかし、逮捕監禁行為がなされ、自由の侵害が意識されている状態がある程度継続した時点で、監禁罪は既遂となる（継続犯）。そして、その継続状態において場所的拘束が解かれないかぎり、一罪として包括的に評価してよいと考えられる。たしかに、機械的に見ると、睡眠状態の開始と同時に監禁罪が既遂となり、目覚めるとさらに新たな不作為による

監禁罪が成立するということになろうが、しかし、被害法益は同一であるし、場所的・時間的に近接しているので、包括的に一個の行為と解しても不当ではない。

4　自殺関与罪（狭義）の処罰根拠と未遂

（1）　自殺関与罪の処罰根拠

自殺関与罪（狭義）には、自殺の決意を有しない者に自殺の意思を生じさせて自殺させる自殺教唆罪と、すでに自殺の決意を有している者に対してその自殺行為を援助して自殺させる自殺幇助罪とがある。自殺関与罪（狭義）は、独立罪であるが、自殺（正犯）に対する関与という一種の共犯形態をとっている。自殺関与罪の本質ないし処罰根拠に関して、見解が分かれる。これは、観点を変えると、自殺不処罰の根拠は何か、という問題でもあるとされる。外形上共犯の形式をとる自殺関与行為（自殺教唆・幇助）が処罰されるのに、「正犯」に当たるべき自殺自体が処罰されないのはなぜか、が問われるわけである。自殺の不可罰の根拠については、①自殺者は自己の生命について処分の自由を有するから違法性がないとする違法性阻却説・放任行為説、②自殺は違法であるが期待可能性が欠けるから責任がないとする責任阻却説、③自殺は違法であるが可罰的違法性が欠けるとする可罰的違法性阻却説がある。人間の生命は、その者自身に属するものであり、本来、その者の処分の自由をみとめるべきであるから、自殺行為を違法とするのは妥当でなく、基本的には①説が妥当である。

自殺が本来不可罰だとすれば、二〇二条で自殺関与行為が処罰されている根拠および法定刑の減軽の根拠が問題となる。この点について、①違法性阻却説によれば、自殺は適法であるから、これに関与する行為も不可罰となるべきであろうが、しかし、生命という重大な法益の自己処分については、刑法がパターナリズムの見地から介入し

他人の関与を排除することには十分な合理性があるとされ、減軽処罰の理由は、被害者の同意による法益性の減少に求められる。②責任阻却説によれば、正犯たる自殺者の行為は違法であるから、制限従属性説の見地から、これに関与する者は可罰的であり、減軽処罰の理由は、自殺せざるを得ない正犯者の状況に同情したものであるから責任非難が減少するという点に求められる。③可罰的違法性阻却説によれば、自殺は本来違法であるから、これへの関与行為も違法であり、かつ、このばあいは可罰的違法性をみとめてよいとされる。この説に対しては、可罰的違法性のない行為に関与する行為は、やはり可罰的違法性がないと解すべきではないかとの批判がある。減軽処罰の理由は、違法性の減少に求められている。

(2) 自殺関与罪の未遂

特殊な性格を有する自殺関与罪を共犯ではなく独立の犯罪類型と解し、自殺を教唆された者が自殺に着手しなかったばあいでも二〇三条により二〇二条の未遂をみとめる見解もある。しかし、これに対しては、二〇二条の立法理由が自殺者の生命の保護にあるので、その具体的危険が生じた時に未遂とすればよいから、このばあいも実行従属性をみとめるべきであるとする見解も有力である。さらに、この結論は、同意殺、嘱託殺のばあいに、実際の殺害行為への着手が必要とされることとの均衡からも導かれるとされる。

5 Aの罪責

(1) Bに対する殺人罪の成否

判例・通説によれば、殺人罪が成立し、自殺関与罪説によれば、自殺教唆罪が成立する。二分説においては、Aの行為のどの部分をどれだけ評価するかによって、殺人罪または自殺教唆罪の何れかの成立を肯定することになる。

(2) Bに対する監禁罪の成否

通説・判例（客観説）の立場においては、致死量の睡眠薬を服用したBになお「潜在的」ないし「可能的」行動の自由があると評価できるか、が問題となり、これを肯定すれば、監禁罪の成立をみとめることになる。しかし、行動の自由は生命の存在が前提となるのであるから、生命を奪う行為である殺人罪として包括的に評価できると解すると、あえて監禁罪として独立の罪数評価を加える必要はないとすることもけっして不合理ではない。

主観説によれば、Bは監禁行為の客体となり得ないから、監禁罪が成立する余地はない。

(3) Cに対する自殺教唆罪の未遂の成否

自殺教唆罪は共犯ではなく独立の犯罪類型であることを強調する立場は、いわゆる実行従属性を必要としないので、自殺に着手していないCに対する自殺教唆罪の未遂を肯定する。しかし、独立の犯罪類型であるとしても、自殺者の保護を重視する立場は、Cの生命に具体的危険が生じたばあいに未遂をみとめるので、本事例においては自殺教唆罪の未遂は成立しないことになる。

第二款　名誉毀損罪・侮辱罪(1)

Xは、数ヶ所の市町村の住民を購買者とする地域新聞を発行している者であるが、産業廃棄物処理業を営んでいるA株式会社の顧問弁護士であるBに関して、「Bは、法律知識を悪用してA社に違法な廃棄物処理をさせて、近隣の住民の健康を害する大量のダイオキシンを発生させている。」という噂を聞きつけ、早速、記者を動

員して裏付け取材をし、確実な資料に基づいた報道であると確信してそれを記事にして掲載した。その記事の中で「このような違法かつ有害な営業活動をしているA社は、われわれ地域住民を死に追いやる殺人鬼の集団であり、最低の会社である。」旨も記載されていた。Xは、AおよびBから告訴され、名誉毀損罪および侮辱罪のかどで起訴されたが、裁判においてXが掲載した内容が真実であることの立証に努めたけれども、その証明ができなかった。

Xの罪責について論じなさい。

【論　点】

① 名誉毀損罪における事実の真実性の証明と錯誤

② 名誉毀損罪と侮辱罪の保護法益

【本事例の趣旨】

名誉毀損罪における事実の事実性の錯誤については、理論的にも実際的にも興味深い論点がある。また、名誉毀損罪および侮辱罪の保護法益も重要な問題であり、法人に対する侮辱罪の成立を肯定する最高裁の判例の評価をめぐって議論があるので、この点についても検討する必要がある。

【論述上の注意】
本事例は、古典的論点となっている問題点を議論しなければならないので、論述が平板になりすぎないようにする必要がある。事実証明の法的性格については、憲法論的視点からの捉直しが進んできており、それが違法性阻却の根拠の理解に影響を及ぼしていることを的確に把握したうえで、自己の立場を学説・判例の中に正確に位置づけて議論を展開していく必要がある。錯誤の問題であるからといって、もっぱら刑法総論の問題として議論するのは妥当ではない。あくまでも刑法各論の問題としての側面に焦点を合わせるべきである。

【解　説】

1　問題の所在

事実証明の法的性格に関して、学説上、新展開が見られる。憲法上保障されている「表現の自由」と個人の「名誉」の保護の調和を図るものとして規定されたのが、刑法二三〇条の二の事実証明に関する規定である。この規定において、真実の「証明」という訴訟法的側面と不可罰という実体法的効果の側面が結合されたため、その法的性格の把握に困難が生じたのであった。この法的性格の把握は、真実性の錯誤の取扱いにも重大な影響をもたらす。真実性の錯誤の取扱いに関しては、憲法論を基礎とした違法性阻却論が新たな解決策を提示しており、従来の錯誤論的アプローチとが複雑にからみ合っているので、学説の整理が困難になっている。

つぎに、名誉毀損罪と侮辱罪の保護法益についても、新たな発展がある。判例・通説は、何れも外部的名誉が保護法益であるとし、両者は事実の摘示の有無によって区別されると解する。これに対して、区別説は、名誉毀損罪の保護法益を外部的名誉、侮辱罪の保護法益を名誉感情であると解する。さらに別個の観点から、名誉毀損罪は、

情報を流通させる犯罪、情報犯罪であり、情報流通によって端的に害されるのは情報状態・情報環境であるから、これが名誉毀損罪の保護法益であるのに対して、他人の人格に対する侮辱の表示である侮辱によって端的に害されるのは、人間の尊厳であるから、侮辱罪の保護法益は普遍的名誉（人間の尊厳な状態）であるとする見解も主張されている。

前記のように保護法益を一つだけ、または、まったく異なる二つのものと解すべきではないとする見解も有力である。すなわち、社会的名誉と主観的名誉（名誉感情）とをまったく切り離してしまうのは不自然であり、社会的名誉もそれ自体として保護されるのではなく、その人が自己に対する社会的評価を尊重してもらいたいという感情をもつからこそ保護されるのであり、名誉感情も自己に対する社会的評価についてもつ感情であるとされるのである。名誉毀損罪および侮辱罪の保護法益を、第一次的には外部的名誉、副次的には名誉感情と解する立場もある。

2　真実性の証明の法的性格

①　処罰阻却事由説は、個人の名誉の保護を重視し、挙証責任の転換との関連で、犯罪の存否ではなくて処罰阻却について被告人に挙証責任を負わせるものであるから、訴訟法理論とも適合するといえる。しかし、つねに犯罪の成立をみとめる点で憲法的視点が欠けており妥当でない。

②　構成要件該当性阻却事由説は、表現の自由をとくに重視し、定型的違法性の阻却をみとめる。この説は、表現の自由と名誉の保護の調和を図るという点では非常に優れているが、錯誤論における処理として、客観的に証明可能な程度の資料・根拠の存在を要求する点が、説明できないと批判されている。すなわち、行為者の錯誤よりも、確実な資料・根拠に基づいた言論であったという客観的事実が重視されることになるとされるのである。

③　違法性阻却事由説は、定型的な違法性の阻却はみとめず、具体的に違法性の存否を判断することによって、表現の自由と名誉の保護とを調整しようとする。これは、具体的に妥当な結論を導き得るものとして、通説となっている。何をもって「真実」と解するか、について見解の対立がある。客観的に真実と証明されたばあいに違法性が阻却されるとする見解と、「証明可能な程度の真実」であれば足りるとする見解とがある。

④　上記の①②③説は、何れも一元的に法的性格を把握するが、これを二元的に理解すべきであるとする見解も主張されている。すなわち、名誉を毀損する事実の摘示が合理的根拠に基づく言論であるか否か、によって、違法性阻却がみとめられるばあいと処罰阻却とされるばあいとがあるとされる。

わたくしは、③の説の立場を支持しており、「証明可能な程度の真実」を違法性阻却事由と解する立場は、違法性論において、いわゆる事前判断（行為時基準判断）を要求する人的不法論と適合すると考えている。行為の時点では、摘示事実が客観的に真実であると証明されるか否かは、まったく不確実である。もし、客観的真実を要求すると、実際上、事実の摘示をなすことは不可能となるので、証明可能な程度の真実と解することによって、前記の困難を回避するのが妥当であると解される。

3　真実性の錯誤の取扱い

現在の学説における真実性の錯誤の法的処理には、従来からの立場である錯誤論からのアプローチと違法性論からのアプローチとがある。

(1)　錯誤論からのアプローチ

①二三〇条の二は「真実の証明ができた」ことによる処罰阻却事由であり、処罰阻却事由の錯誤は錯誤に陥った

事情のいかんにかかわらず刑事責任を免れないとする説、②事実が「証明可能な程度に真実であった」ことによる構成要件該当性阻却事由と解して、証明可能な程度の資料・根拠をもって真実と誤信したばあいには構成要件的故意が阻却されるとする説、③事実が「真実であった」ことによる違法性阻却事由と解したうえで、違法性阻却事由の錯誤は事実の錯誤であり、真実と誤信したときはつねに故意が阻却されるとする説、④事実が「真実であった」ことによる違法性阻却事由と解し、違法性阻却事由の錯誤は違法性の錯誤であり、「責任説」の立場から、錯誤が避けられなかったばあいには責任が阻却されるとする説、⑤事実が「証明可能な真実」であったことによる違法性阻却事由と解し、違法性阻却事由の錯誤に故意を阻却する効果をみとめ、客観的根拠により真実と信じたばあいには責任故意が阻却されるとする説などがある。

最近、新たな見解が主張されているので、ここで見ておくことにする。すなわち、二三〇条の二第一項を実体法的に解釈すれば、摘示した事実が真実であったことが違法性阻却事由であり、したがって、行為者が事実を真実だと考えたときは故意を阻却することになるが、表現の自由と名誉の保護の調和という観点からは、軽率な言論まで不可罰とする理由はないので、行為者には、被害者の名誉毀損の度合い、行為者の職業や能力などに応じて一定の情報収集義務が課せられており、この義務に違反したばあい、すなわち、事実を虚偽だと認識しなかったことについて過失がみとめられるばあいは、名誉毀損罪で処罰すべきであるとされるのである。そして、この解釈は、結局、二三〇条の二が、公共の利害に関する事実については規範的名誉を保護法益としつつも、摘示事実の虚偽性を認識しているばあい（故意犯）のみでなく、その虚偽性を認識しなかったことにつき、過失があったばあい、すなわち過失名誉毀損をも処罰すると解するものであり、その意味で、二三〇条の二は、三八条一項ただし書きにいう「特別の規定」に当たることになると主張される。

また、次のようにも主張される。すなわち、二三〇条はあらゆる事実上の名誉侵害を保護するものであるが、二三〇条の二は、それとは別個独立の構成要件であり、公共の利害に関する事実に関し事実が虚偽である限りにおいて名誉を保護する趣旨である。そして、当該構成要件は危険犯であり、法益侵害が発生しなくても（つまり、虚偽でなくても）処罰するが、ある程度の虚偽である可能性（危険性）の存在は必要であるので、相当な資料に基づいて発言したばあい、すなわち、このような「危険性」が排除されているという事実を認識しているようなばあいには、故意がないとされるのである。

(2) 違法性論からのアプローチ

この立場は、「確実な資料・根拠に基づいて真実であると信じた場合は、表現の自由の正当な行使であるから、二三〇条の二の違法性阻却事由には該当しないとしても、刑法三五条によって、違法性が阻却される」とする。この説は、真実性の誤信という主観が違法性を阻却するとしていた点で行為無価値を重視しすぎるものとして批判された。そこで、最近では、この点を修正して、確実または相当な資料・根拠に基づく言論自体が、三五条の正当行為として違法性を阻却すると解する立場が有力となっている。違法性論からのアプローチは、憲法二一条の表現の自由・知る権利を保障するためには、真実の言論だけでなく、一定限度で真実でない言論も許容されるべきであるから、確実または相当な資料・根拠に基づく言論は、刑法三五条により正当行為として違法性を阻却すると解する。この見解において、二三〇条の二は、相当な根拠に基づかない言論で、裁判時にたまたま真実性の立証に成功したばあいの処罰阻却事由を定めたものとされる（二元説）。この見解は、正当行為と処罰阻却事由の双方を二三〇条の二の枠内で二元的に考慮する説と、正当行為はもっぱら三五条の問題であり、二三〇条の二は処罰阻却事由だけを定めたものであると解する説とに分かれている。

違法性阻却の根拠に関して、「憲法的名誉毀損法論」の見地からの表現の自由の優越的衡量に求め、一応真実と考えられる程度の根拠があるばあいには、憲法二一条に基づく法令行為として、刑法三五条により行為の違法性が阻却されると主張される。すなわち、もし真実の言論以外は正当とされないとすると、事実が真実か否かは、最終的には裁判所で判断される以上、情報を流す者はつねに裁判で事実の真実性が否定されるリスクを負うことになり、慎重な者は危険を避けるために情報を流すのを控えるおそれがある。このような「自己検閲」によって市民にとって知る必要のある情報が流れなくなることを防ぎ、刑法の「萎縮効果」を回避するためには、一応真実と考えられる程度の相当の根拠をもって情報を流す行為は、憲法二一条の表現の自由の行使として、正当とされる必要があると主張されているのである。

4　Xの罪責

Xは、自分が発行している地域新聞にA社の顧問弁護士であるBが、法律知識を悪用して、A社に産業廃棄物の違法な処理をさせたという趣旨の記事を掲載している。摘示されている事実は、弁護士としてのBの社会的評価を著しく低下させるに足りる事実である。したがって、それはBの名誉を毀損すべき事実に当たるから、その事実を記事にして新聞に掲載したXの行為は、名誉毀損罪の構成要件に該当する。また、Xは、A社は殺人鬼の集団であり、最低の会社であるとしてA社を中傷・誹謗する記事を掲載している。これは、内容的にA社に対する抽象的判断を示すことによって、A社を侮辱したことになる。したがって、法人に対しても侮辱罪の成立をみとめる判例（最決昭58・11・1刑集三七巻九号一三四一頁）・通説によれば、これは侮辱罪の構成要件に該当することになる。しかし、法人について侮辱罪の成立をみとめない見解によれば、これは侮辱罪の構成要件に該当しない。

つぎに、Xは、前記の記事を記載するに当たって、記者を動員して裏付け取材をさせ、確実な資料に基づいた報道であると確信してその行為に及んでいる。そして、裁判において、Xが掲載したような事実が現実に存在したことの証明はできなかったのである。Xとしては、裏付け取材をしたうえで、確実な資料に基づいて真実と考えていた事実を掲載したのであるから、事実の真実性に関する錯誤があったことになる。

このばあい、その錯誤をいかに扱うか、については、前述のとおり、学説・判例上、争いがある。この点につき、わたくしは、次のように考える。すなわち、事実が証明可能な程度に真実であるばあいに違法性が阻却されるが、証明可能な程度に真実であるというのは、十分な証拠・資料をもって事実が真実であると考えられることを意味する。Xは、記者を動員して確実な資料を得ているので、事実判断の基礎資料としては十分であり、証明可能な程度に真実と考えていたことになる。したがって、Xの行為の違法性は阻却され、Xは名誉毀損罪の罪責を負わないことになるわけである。

事実の真実性の証明が違法性阻却事由であるとする見解によれば、その証明がなされていない以上、違法性の阻却はみとめられないことになる。後は、違法性阻却事由の錯誤（正当化事情の錯誤）の問題として処理される。この点については、それぞれの立場の根拠を簡単に述べたうえで、その結論を叙述すればよい。

侮辱罪の構成要件該当性を肯定する判例・通説の立場においては、さらに、その違法性が問題となり得るが、事実証明の規定は侮辱行為については適用されず、他に違法性阻却事由も責任阻却事由もないから、Xについて侮辱罪が成立する。

一回掲載した記事の中で、Bの名誉を毀損しA社を侮辱したのであるから、Bに対する名誉毀損罪とAに対する侮辱罪は、観念的競合である。

第三款　名誉毀損罪・侮辱罪(2)

「市政ジャーナル」という地域紙を発行しているXは、市議会議員であるA建設株式会社取締役社長Bに関して、「Bは、議員の地位を利用してA建設会社に不正に市の公共施設の建築の指定を受けさせた。」という噂を聞いたので、自社の記者の裏付け取材や他の確実な資料などに基づいてそれを記事にして掲載した。その記事の中で「このような不正を行うBを頭に戴くA社は馬鹿者の集団であり、実に恥知らずの会社である。」旨も記載されていた。Xは、AおよびBから告訴され、捜査の結果、名誉毀損罪のかどで起訴されたが、裁判においてXが掲載した内容が真実であることを証明することはできなかった。

Xの罪責について論じなさい。

【論　点】

1　名誉毀損罪における真実性の証明

(1)　法的性格

(i)　構成要件該当性阻却事由説

(ii)　違法性阻却事由説

（iii）処罰阻却事由説
（2）二三〇条の二と三五条との関係
違法性阻却の根拠
（3）錯誤の取扱い
2　名誉毀損罪と侮辱罪の保護法益
法人に対する侮辱罪の成否

【解　説】

論点は、前款の事例問題と重複するので、ここでは省略し、Xの罪責についてのみ述べることにする。

Xは、自分が発行している地域紙に「Bが市議会議員であることを利用して不正に市の施設の建築の指定を受けた」という趣旨の記事を掲載している。摘示されている事実は、Bの社会的評価を著しく低下させるに足りる事実である。つまり、それは、Bの名誉を毀損すべき事実に当たるので、Xの前記の行為は名誉毀損罪の構成要件に該当する。

さらに、Xは、「A社は馬鹿者の集団であり、実に恥知らずの会社である」とA社を中傷・誹謗する記事を掲載している。これは、内容的にA社に対する抽象的判断を示すことによって、A社を侮辱したことになる。したがって、法人に対する侮辱罪を肯定する判例（最決昭58・11・1刑集三七巻九号一三四一頁）・通説によれば、これは侮辱罪の構成要件に該当することになる。しかし、法人について侮辱罪の成立をみとめない見解によれば、これは侮辱罪の構成要件に該当しない。

ところで、Xは、前記の行為をおこなうに当たって記者に裏付け取材をさせ、さらに他の確実な資料などに基づいて記事を掲載しているが、Xが掲載したような事実は現実に存在しないことが立証されている。これは、Xの罪責にいかなる影響を及ぼすのであろうか。Xとしては、裏付け取材をしたうえで、確実な資料に基づいて真実と考えていた事を掲載しているので、事実の真実性に関して錯誤があったことになる。このばあい、その錯誤をいかに扱うかは、前述のとおり、学説・判例上、争いのあるところである。この点につき、わたくしは、次のように考えている。事実が証明可能な程度に真実であるばあいに違法性が阻却されるが、証明可能な程度に真実であるというのは、十分な証拠・資料をもって事実が真実であると考えられることを意味する。Xは、記者を動員して確実な資料を得ているので、事実判断の基礎資料としては十分であり、証明可能な程度に真実と考えていたといえることになる。したがって、Xの行為の違法性は阻却され、Xは名誉毀損罪の罪責を負わないことになる。なお、判例・通説によれば、侮辱罪が成立し、Xはその罪責を負うことになる。

第四款　住居侵入罪(1)　住居侵入罪と強盗殺人罪

Aは、コンビニエンス・ストア（コンビニ）の店員を殺害して金銭を奪おうと考え、某日、深夜、客を装ってXコンビニに入り店員Bの腹にナイフを突き刺し重傷を負わせ、レジスターから現金を取ろうとした際、買物客Cが入って来たので、金を取らずに逃走した。Bが「泥棒だー。待てー。」と叫んだので、Cはつかまえようとして Aを追跡し、約一〇〇メートル離れた地点でAに追い付いた。そこで、Aは、逮捕を免れるために、C

を殴打して転倒させ、傷を負わせたが、Cのズボンのポケットに財布が入っているのを見つけ、それを奪って逃走した。
　Aの罪責について、他説に言及しながら、自説を述べなさい（ただし、特別法違反の点は除く）。

【論　点】

1　住居侵入罪の保護法益と「侵入」
2　強盗殺人罪の擬律と未遂犯
3　強盗の機会と傷害
4　暴行後に奪取意思を生じてなされた奪取行為の評価

【本事例の趣旨】

本事例は、強盗罪・窃盗罪の領域の問題である。すなわち、古典的論点である強盗殺人罪の擬律と強盗殺人罪の未遂、強盗の「機会」における傷害、暴行後の奪取などの論点を中心にして住居侵入罪の論点について、他説との比較検討をとおして基礎的知識と応用能力を問うものである。

【叙述上の注意】

一見すると、非常に易しいと感じられるであろうが、いざ他説との比較検討をとおして自説を説得的に論述しよ

うとすると、意外と難しいとおもわれるのではないだろうか。本事例の主眼は財産犯にあるので、住居侵入罪の成否については余り深入りしないで論述した方がよい。時系列で考えるかぎり、住居侵入罪の成否が最初に問題となるから、第一の論点にしてあるが、重要度においては二次的である。

【解　説】

1　住居侵入罪の保護法益と「侵入」

(1)　保護法益

(i)　通説は、住居侵入罪の保護法益を住居等の事実上の平穏と解している。この平穏説は、家長権・戸主権という家制度的な支配権を前提にした旧住居権説（大判大7・12・6刑録二四輯一五〇六頁）を次のように批判する。すなわち、①住居権の内容が明確でない、②住居権概念は、犯罪を権利侵害と解する一九世紀初葉の古い思想の残滓である、③住居権の帰属を確定するのは困難である、④本罪の法益は事実的概念であり、法的権利とするのは適当でないと主張している。

(ii)　住居その他の建造物に他人の立入りをみとめるか否かの自由を法益と解する新住居権説は、平穏説を次のように批判する。①平穏概念が曖昧である、②平穏概念をもとに本罪の成否を判断するのは、法益主体を曖昧にする、③平穏な立入りでもそれを拒否できる個人の自由の保護に欠けるなどの批判が加えられている。本説は、法益主体・承諾権者をそこに居住する者全員とし、侵入とは住居権者の意思に反する立入りとする意思侵害説をとる。

新住居権説に対しては、プライヴァシーの利益が色濃い住居を念頭において構成された理論であり、それを公の建造物や社会的建造物にまで拡大するのには限界があるとの批判が加えられている。すなわち、この領域では、住

居と同じように、住居権者は自己の管理する建物に入ることを許さない絶対的な自由を有するというわけにはいかないとされるのである。この点を考慮して、公の建造物のばあいには住居権者の意思は建物の目的・必要性によって制約を受けるという制約原理を導入する見解に対しては、これは法益論からいって不徹底であるし、公の建造物においてまさに当該建造物の目的・必要性を法益とするもので、新住居権説の立場を放棄するものであるとの批判がある。

(iii)　二分説。住居平穏説から、住居においては居住者の意思は絶対的であり平穏侵害性は主観的であるが、公の建造物においては平穏侵害性は客観的であるとする見解が、また新住居権説からは、個人の住居のばあいには住居権の支配権・自由権は絶対的であり恣意的な意思も保護されるが、公の建造物のばあいには住居権の支配権・自由権は制限されており、住居権者の恣意的な意思は保護されず、立入り拒否の意思も明示的でなければならないとする見解が主張されている。

法益概念の多元化の観点から、住居はプライヴァシーの容器であり、居住者の意思が絶対的に尊重されるべき領域であるから、ここでの法益は、「他人が一定の領域へ立ち入りまたは滞留することを許容し、あるいは許容しないことを決定する自由」であり、公の建造物や社会的建造物での法益は、「個々の職員が、その営造物の利用目的に従って平穏かつ円滑に業務を遂行しうる状態」であると解する見解もある。

(2)　「侵入」の意義

住居侵入罪の保護法益の捉え方のいかんによって「侵入」の理解に相違が生ずる。すなわち、平穏説は、住居の平穏を害するような態様による立入りと解し（平穏侵害説）、住居権説は、住居権者（居住者・看守者）の意思に反して住居などに立ち入ることと解するのである（意思侵害説）。意思侵害説においては、住居権者の同意があれば、立入り

の態様が平穏を害していても侵入には当たらないことになる。最高裁の判例も、意思侵害説の見地から、「刑法一三〇条前段にいう『侵入シ』とは、他人の看守する建造物等に管理権者の意思に反して立ち入ることをいうと解すべきであるから、管理権者が予め立入り拒否の意思を積極的に明示していない場合であっても、該建造物の性質、使用目的、管理状況、管理権者の態度、立入りの目的などからみて、現に行われた立入り行為を管理権者が容認していないと合理的に判断されるときは、他に犯罪の成立を阻却すべき事情が認められない以上、同条の罪の成立を免れないというべきである。」と判示している（最判昭58・4・8刑集三七巻三号二一五頁）。

ところで、判例は、同意は任意かつ真意でなければならず、欺いて得られた承諾は無効であるとして、強盗殺人の目的を秘して顧客を装った被害者宅への立入り行為も本罪に当たるとしている（最判昭23・5・20刑集二巻五号四八九頁）。平穏説の立場からこれを支持する見解が多い。判例のこの立場が住居権説と結びついたとき、本罪による処罰範囲はきわめて広いものになる。たとえば、詐欺目的での他人の家への立入りも、それだけで本罪に当たることになる。そこで、問題の解決は、同意の有効性の局面において図られるべきであり、法益関係的錯誤の理論からは、住居権者に住居への立入り（法益の処分）自体についての錯誤がない以上、その同意は有効であり、本罪は成立しないと解すべきであるとされる。

2　強盗殺人罪の擬律と未遂犯

(1)　二四〇条は殺傷の故意あるばあいを含む規定か。

刑法二四〇条（強盗致死傷罪）が強盗罪の結果的加重犯（強盗致傷・強盗致死）を規定したものであることについては、ほとんど争いはないが、傷害および殺人の故意があるばあいを含むか、については争われている。ここでは殺人の

故意に限定して論ずる。

(i)　二四〇条の罪を強盗罪の延長線上にある利欲犯と解し、本条は結果的加重犯のみを規定していると解する結果的加重犯説。その根拠として、①本条の「死亡させた」という文言は二〇五条（傷害致死罪）の規定と同様に、「人の死」について故意がないことを示していること、②結果的加重犯と故意犯とを同一の犯罪として規定し、これに同一の法定刑を科すのは立法の在り方として望ましくないこと、があげられている。

(ii)　刑事学上、強盗の機会に人の殺傷の結果を伴うことがしばしば見られるから、本罪を攻撃犯と解し、本条は殺人の故意のあるばあいを含むと解する故意犯包含説。その根拠として、①本条には、一般に結果的加重犯の規定に用いられている「よって」ないし「より」という文言が用いられていないこと、②本条に故意犯を含めないと刑の不均衡が生ずること、があげられている。

(iii)　本罪の攻撃犯性および結果的加重犯と故意犯の峻別の必要性を強調して、二四〇条は人の殺傷の点について故意があるばあいのみを規定したものであると解する故意犯説。故意犯説は、二つに分かれ、その第一説は、殺意のないばあいに本条後段を適用して死刑・無期懲役とするのは罪刑の均衡を失することから、二四〇条後段は強盗殺人罪のみの規定と解する。第二説は、偶然的な事情によって二四〇条の適用を受けることを回避するために、本条前段は傷害の故意を要件とすべきであり、後段もそれとの均衡上やはり少なくとも傷害の故意を要すると解する。

第一説に対しては、強盗致死傷罪がもともと強盗の手段である暴行（脅迫）から死傷が生じやすい性質の犯罪であるために独立に規定が設けられたという立法趣旨から離れ過ぎているし、第二説に対しては、たしかに本条後段の刑は傷害の故意すらないばあいには不当に重いともいえるが、しかし、前段の刑の下限は懲役六年であって、傷害結果について行為者につねに暴行の故意を要求するのであれば、強盗罪の刑の下限（懲役五年）に比較して必ずしも

不当に重いとはいえないとの批判がある。

強盗致死傷罪の本質をめぐる前記の対立は、強盗殺人罪の擬律に影響を及ぼす。すなわち、二四〇条後段が殺意のあるばあいを含まないとする結果的加重犯説は、強盗罪（二三六条）と殺人罪（一九九条）の観念的競合をみとめる。しかし、そうすると殺意がないばあいには二四〇条後段が適用されて刑の下限が無期懲役となるのに対し、殺意があるばあいには、刑の下限が強盗罪の懲役五年ということになって（殺人罪の刑の下限は懲役五年）、かえって刑が軽くなってしまうという不都合が生ずる。その不都合を回避するため、結果的加重犯説に立ちつつ、刑の均衡に配慮して、殺人罪と強盗致死罪の観念的競合とする見解が主張されている。しかし、前記の不都合は、平成一六年の刑法の一部改正により殺人罪の下限が懲役五年以上と改められたが、立法的に解決されたわけではない。これは、人の死亡という一個の社会的事実を故意（殺人）と過失（強盗致死）の両面から二重に評価するものであり、また、殺意があるばあいにも二四〇条後段を適用するのは、本条が故意あるばあいを含まないとする結果的加重犯説の本来の主張と相容れないものであると批判されることになる。そこで、故意犯包含説に立って、殺意があったばあいにも、二四〇条後段のみを適用すれば足りると解する立場が妥当であるとされるのである（通説・判例）。

(2)　強盗殺人罪の未遂

二四三条は二四〇条の未遂を処罰しており、その意義が問題となる。結果的加重犯説は、発生した重い結果について故意のない結果的加重犯自体の未遂は存在しないから、強盗致死傷罪の未遂は、殺傷の点ではなく、財物奪取の点（強盗）が未遂に終わったばあいを意味すると解する。しかし、この見解に対しては、本罪のもつ攻撃犯的性格を考慮していないとの批判がある。故意犯包含説は、殺人が未遂に終わったばあいを意味すると解する。この見解によれば、財物強取が失敗に終わったばあい（強盗未遂）であっても、人が殺傷されたばあいには本罪の既遂が成立

することになる。これに対しては、本罪は攻撃犯であると同時に財産犯を前提とする利欲犯的側面を有していることを看過しているとの批判がある。そこで、故意犯包含説の立場に立ちつつ、殺人の点が未遂に終わったばあいだけでなく、強盗の点が未遂に終わったばあいも本罪の未遂と解するとする見解も主張されている。

3　行為と結果との関連性

死傷の結果は強盗の手段としての暴行・脅迫から生ずることを要するか（手段説）、それとも「強盗の機会」に死傷の結果が発生すれば足りるか（機会説）、が争われている。結果的加重犯説は手段説をとり、たとえば、強盗犯人が逃走する際、追跡して来た家人を殺害したばあいには、強盗の手段である暴行・脅迫から生じたものではないから強盗致死罪は成立しないとする。故意犯包含説は、「強盗の機会」には人の殺傷を伴うことが多いから、機会説をとって前記のばあいには強盗殺人罪が成立すると解する判例とこれを支持する見解が多い（最判昭24・5・28刑集三巻六号八七三頁）。

本罪が攻撃犯としての性格を有することは軽視すべきではないから、手段説は妥当でない。また、窃盗犯人が二三八条所定の目的をもって暴行・脅迫を加えたばあいに事後強盗となり、そこから死傷の結果が生じたときには二四〇条が適用されるのに、強盗犯人が同じことをしたときに二四〇条の適用が否定されるとするのは均衡を失するとされる。しかし、機会説を徹底すると、強盗の機会に私怨を晴らすために被害者を殺傷するばあいや強盗の共犯の仲間割れに伴う殺傷も本罪に含められることになり、その範囲が不当に拡大することになる。また、二四〇条の主観的要件として死傷結果について暴行の認識をも不要と解するばあいには、たとえば、強盗犯人が逃走しようとして誤って幼児を踏んで死なせたばあいにも強盗致傷罪が成立するというような不都合が生ずる。

そこで、死傷の結果の発生は必ずしも強盗の手段としての暴行・脅迫から生ずることは必要でないが、少なくとも強盗の状況が時間的、場所的に継続しており、かつ死傷の原因となった行為と強盗行為とが密接に関連していることは必要であると解するのが妥当である（関連性説）。二四〇条の刑の加重根拠が、死傷の結果を生じさせた行為者がたまたま強盗犯人であったことにあるのではなく、強盗遂行の過程でしばしば死傷の結果が発生するという経験的事実に照らして、行為者がとくに危険な強盗行為をおこなったことに求められる以上、死傷の結果は、直接、間接に強盗遂行の障害となる者に発生したことが必要であると解すべきである。

4　暴行後の領得意思

暴行後に奪取意思ないし領得意思を生じ、それに基づいて財物を奪取したばあいの罪責が問題となる。すなわち、他の目的で暴行を加え、被害者の反抗が抑圧された段階で奪取意思ないし不法領得の意思を生じて財物を奪ったばあいに、強盗罪が成立するか、が争われるのである。本来、強盗罪は、強取の意思をもって暴行を開始することを予定しているが、自己の先行行為としての暴行にも強盗罪をみとめてよいか、という問題である。本事例において、機会説をとると、Cに対しては強盗致傷が成立するので、この問題は生じない。しかし、手段説をとったばあいには、重要な問題となるので、ここで論述しておくことにする。

財物の強取に向けられたあらたな暴行・脅迫を必要とするのが通説であるが、不要説も有力である。不要説は、その理由として、①二三八条（事後強盗）は、窃取後の暴行・脅迫をもって強盗罪としているが、この類型では、暴行・脅迫と財物奪取との因果性はより強くみとめられること、②通説は、甲が強盗の目的で丙に暴行・脅迫を加え反抗を抑圧した後に、乙が奪取にのみ関与したばあい、乙を強盗罪の承継的共犯であるとするが、これとの均衡を

はかるならば、自らの先行行為の利用のばあいにも強盗罪をみとめるべきであること、③あらたな暴行・脅迫が必要とすれば、被害者が最初の暴行で気絶したばあいには、その可能性がみとめられず強盗とならないが、より情状の重い方が軽く処罰されるのは不都合であること、があげられる。しかし、二三八条は、あくまでも例外的な類型であり、強盗罪においては、やはり強取に向けられた暴行・脅迫が必要と解すべきである。とくに一七八条二項（準強姦）のように、抗拒不能に「乗じた」行為を処罰する明文規定が欠如する強盗罪においては不要説をとることはできないと解すべきである。

判例には、明確に不要説の立場に立つものもあるが（大阪高判昭47・8・4高刑集二五巻三号三六八頁、東京高判昭57・8・6判時一〇八三号一五〇頁）、財物を領得するためのあらたな暴行・脅迫が必要だとするものが主流であるといえよう（東京高判昭48・3・26高刑集二六巻一号八五頁、大阪高判平1・3・3判タ七一二号二四八頁）。大阪高裁の前記判決は、「強盗罪は相手方の反抗を抑圧するに足りる暴行、脅迫を手段として財物を奪取することによって成立する犯罪であるから、その暴行、脅迫は財物奪取の目的をもってなされることが必要であると解される。従って、財物奪取以外の目的で暴行、脅迫を加え相手方の反抗を抑圧した後に財物奪取の意思を生じ、これを実行に移した場合、強盗罪が成立するというためには、単に相手方の反抗抑圧状態に乗じて財物を奪取するだけでは足りず、強盗の手段としての暴行、脅迫がなされることが必要であるが、その程度は、強盗が反抗抑圧状態を招来し、これを利用して財物を奪取する犯罪であることに着目すれば、自己の先行行為によって作出した反抗抑圧状態を継続させるに足りる暴行、脅迫があれば十分であり、それ自体反抗抑圧状態を招来するに足りると客観的に認められる程度のものである必要はないものというべく、これと同旨の原判決の判断は正当である。

これを本件についてみるに、原判決挙示の関係証拠によれば、①財物奪取の意思発生前に被告人らが相手方に加

えた暴行、脅迫が相手方の反抗を抑圧するに足りるものであったことは明らかであり、②財物奪取の意思発生後においても被告人らは相手方の顔面を数回殴打し、その反抗抑圧状態を継続して原判示財物を奪取し、③当審における事実取調べの結果によれば、更に被告人らはその後も警察官が来るまで相手方の襟首を掴んでいたことが認められるので、本件につき強盗罪の成立することは明らかである」と判示しているのである。

もっとも、このようなばあいには、暴行・脅迫の程度も、自己の先行行為により作られた反抗抑圧状態を継続させるに足りるものであればよいとすれば、あらたな暴行・脅迫を認定することも、それほど困難ではなく、実際問題として、この対立が結論に影響するのは、殺害ないし気絶させた後に領得意思を生じたばあいに限られるとされる。このばあい、不要説からは強盗罪の成立をみとめることになるが、判例は、気絶させたばあい（高松高判昭34・2・11高刑集一二巻一号一八頁、札幌高判平7・6・29判時一五五一号一四二頁）、死亡させたばあい（最判昭41・4・8刑集二〇巻四号二〇七頁）について窃盗罪の成立をみとめており、基本的には必要説の立場に立っていると解されている。

5　Aの罪責

(1)　住居侵入罪の成否

Aは、強盗殺人の目的という「不法目的」を秘して、客を装ってXコンビニに入っているが、その行為が住居侵入罪を構成するか否か、が問題となる。これは、住居侵入罪の保護法益と関連する「侵入」概念の問題にほかならない。不法目的を秘しているのであるから、Aの店内への立入り自体は住居ないし建造物の平穏を侵害する態様のものとはいえないことになる。平穏侵害説の論理を徹底すると、Aの行為は「侵入」には当たらないことになるはずである。しかし、現に強盗行為がなされたばあいでも住居侵入罪が成立しないとするのは、実際上、不都合と考

えられる。そこで、意思侵害説と同様に、被害者の真意に基づく同意（承諾）がないかぎり「侵入」に当たると解する見解が主張される。つまり、判例と同様に解する立場が出てくるのである。これに対して、住居権説の見地においては、住居者の同意がないかぎり、「侵入」に当たり住居侵入罪の成立を肯定するのは容易である。しかし、処罰範囲の拡大を防ぐという観点からは、法益関係的錯誤の理論によって本罪の成立を否定すべきことになろう。

(2)　二四〇条の適用の可否

二四〇条の法的性格に関する結果的加重犯説をとると、二四〇条の適用を否定して殺意を有するAについて強盗罪と殺人罪の成立をみとめざるを得なくなる。しかし、これは殺意のないばあいと比較して刑の不均衡が著しいので、実際上、不都合である。そこで、故意犯包含説の見地から二四〇条の適用をみとめるのが妥当である。

(3)　殺人未遂罪の成否

Aは、Bを殺害しておらず、また、金銭を奪取していない。Aについて強盗殺人罪の未遂が成立することになるが、その理由づけをめぐって見解の対立が生ずる。判例・通説によれば、殺害の点の未遂が根拠とされることになる。

(4)　Cに対する傷害についての罪責

Aは、追跡して来たCを殴打して転倒させて傷を負わせている。たしかに、Aは、逮捕を免れる目的でCに暴行を加えているが、しかし、すでにBに対する強盗殺人未遂罪が成立しているので、事後強盗罪の成否は問題とならない。この傷害が時間的・場所的接近性により、「強盗の機会」になされたものと評価できるので、強盗致傷罪が成立し得る。強盗致傷罪の成立がみとめられる以上、Cの財布の奪取はこれに吸収して評価され、窃盗罪の成否を肯定するまでもないと解され得る。

これに対して、強盗致傷罪の成立を否定する見地においては、傷害罪と窃盗罪の成立をみとめる見解または傷害罪と強盗罪の成立をみとめる見解が主張され得るであろう。

第五款　住居侵入罪(2)　住居侵入罪と建造物損壊罪

甲省職員で組織する労働組合である乙のX地区本部は春闘においてビラ貼りなどの闘争方針を決議し、これを受けて同地区Y支部執行委員会は、同支部管内の全職場にビラ貼りなどをする闘争方針を決議し、職場Z分会にも二〇〇〇枚のビラを貼ることに決定した。その翌日、午寝九時三〇分頃、A・Bを含む八名の組合役員は、施錠していなかった通用門からZ分会構内に入り、宿直をしていたZ分会長に声をかけながら土足のままZ内に立ち入り、同所の窓ガラス、壁に「合理化粉砕」などとガリ版印刷したビラ約二〇〇〇枚を集中的に糊で貼りつけたが、さらにZ分会長Cに私怨を持っていたBは、Cを困らせてやろうと考え、Cの机の上にあった未決裁書類を隣の部屋にある書類棚に隠した。約三〇分後に、見回りに来たCは、ビラ貼りの続行を制止し、退去を要求したので、AおよびBらはただちに退去した。

AおよびBの罪責について論じなさい。ただし、当該行為は争議行為として違法性を阻却されるものではなかったこととする。

【論　点】

1　住居侵入罪における「侵入」の意義
保護法益との関連。

2　ビラ貼りと建造物損壊罪の成否
「損壊」は建造物の美観を害することを含むか。
原状回復の難易性は損壊の要件となるか。

3　文書の隠匿行為と窃盗罪・文書毀棄罪の成否
不法領得の意思の要否との関係
「隠匿」と「毀棄」との関係

【解　説】

1　問題の所在

AおよびBは、春闘の闘争方針に従って、ビラ貼りをするためにZ構内に立ち入っているが、これは住居侵入罪（刑法一三〇条）を構成するのであろうか。いいかえると、その行為が「侵入」といえるかどうか、が問題となる。住居侵入罪の保護法益の理解をめぐって、学説・判例に変化が見られ、AおよびBの前記の行為の評価に重要な影響を及ぼすことになるので、まず、それを検討する必要がある。つぎに、AおよびBは、Z構内の窓ガラス・壁に約二〇〇〇枚におよぶビラを集中的に貼りつけているが、これは建造物損壊罪（二六〇条）を構成するのであろうか。これは、具体的には、美観を損ねる行為も「損壊」に包含されるか、という問題である。さらに、Bは、Cを困ら

せる目的でCの書類を隣の部屋にあった書類棚に隠しているのであるが、この行為は、窃盗罪（二三五条）または公用文書毀棄罪（二五八条）の何れに当たることになるのであろうか。これには、不法領得の意思の内容および要否が影響を及ぼす。また、隠匿行為は「毀棄」に包含されるか、も問題となる。以下、これらの問題を順次、検討していくことにする。

2　住居侵入罪の保護法益と「侵入」

従来、大審院の判例は、「住居侵入ノ罪ハ他ノ住居権ヲ侵害スルヲ以テ本質ト為」すとし、「住居権者ノ意思ニ反シテ違法ニ其住居ニ侵入スルニ因リテ成立ス」と判示し（大判大7・12・6刑録二四輯一五〇六頁）、住居権説の立場に立っていた。しかし、通説はこれに批判的であった。すなわち、①住居権概念は不明確である、②住居権は家長権と結びつき現行憲法の理念に反する、③住居権の帰属者を誰にするのかを決めるのは困難である、などがその批判点である。そこで、通説は、「事実上の住居の平穏」を住居侵入罪の保護法益と解し、「侵入」とは「平穏を害する立入り」を意味するとする。

ところが、近時において、新しい住居権説（新住居権説）が主張され、最高裁の判例もこれと同趣旨の見解を採るに至っている（最判昭58・4・8刑集三七巻三号二一五頁）。新しい住居権説は、「住居権」を「住居に誰を立ち入らせ、誰の滞留を許すかを決める自由」と説明し直すことにより、住居侵入罪の個人法益（＝自由）に対する罪としての性格を、平穏侵害説以上に徹底するものであるとされる。この説は、平穏侵害説を次のように批判する。すなわち、①平穏概念は「社会の平穏」に結びつき易く、そこには社会的法益の残滓がみられ、②侵入行為の態様、とくに侵入目的を重視する点で行為無価値論的であり、③「平穏」の内容があいまいである、④住居権は家長権と結びつくと

いうが、これと無関係であると解することもできる、とされるのである。この説によれば、「侵入」は住居権者の意思に反する立入りを意味することになる。

このように新しい住居権説は、個人的法益の側面を強調する点に特徴があるが、しかし、平穏侵害説よりも処罰範囲が広がる点において、なお疑問を残している。すなわち、平穏ではあるが住居権者の意思に反する立入りは、平穏侵害説では「侵入」に当たらないが、住居権説によれば「侵入」とされることになるのである。

そこで、新しい住居権説に従って、建造物侵入罪の構成要件該当性を「管理権者の誰を立ち入らせるかの自由」を中心に考察し、管理権者の意思を形式的に、内規や管理権者の証言を基に理解すると、とくに労働事件において不当な処罰範囲の拡大を招くおそれが指摘されている。すなわち、本事例におけるような官公庁施設を利用しての組合活動は、妥協と譲歩の上に成り立つものであるから、表面的な発言などを捉えて建前論を進めると、偏った結論を導きかねないとされているのである。そして、可罰範囲の決定に当たって侵入行為を軽視すべきでないとされる。この観点から官公庁の建物について管理権者の意思を強調することは否定されるべきであるとする修正説が主張されることになる。この説によれば、管理権者のプライヴァシー的利益保護のために一三〇条を適用する必要はないとされるわけである。これは、官公庁の建物については平穏侵害説の立場を採ることを意味するといえる。

最高裁の判例（最判昭和51・3・4刑集三〇巻二号七九頁）は、侵入によって「建造物利用の平穏が害され又は脅かされることからこれを保護しようとする」点に一三〇条の立法趣旨を求め、平穏侵害説を実質的に採っていた。ところが、前述のとおり、この立場を変更した。すなわち、昭和58年4月8日判決（刑集三七巻三号二一五頁）は、「刑法一三〇条前段にいう『侵入シ』とは、他人の看守する建造物等に管理権者の意思に反して立ち入ることをいうと解すべきであるから、管理権者が予め立入り拒否の意思を積極的に明示していない場合であっても、該建造物の性質、使

用目的、管理状況、管理権者の態度、立入りの目的などからみて、現に行われた立入り行為を管理権者が容認していないと合理的に判断されるときは、他に犯罪の成立を阻却すべき事情が認められない以上、同条の罪の成立を免れないというべきである」と判示しているのである。

AおよびBの立入り行為は、どのように解されるべきであろうか。AおよびBらは、土足ではあるが、施錠していない通用門から宿直に声をかけて構内に立ち入っているのであり、この行為は、平穏なものといえる。したがって、通説である平穏侵害説によれば、一三〇条の「侵入」に当たらない。しかし、新住居権説によれば、これは住居権者である管理者Cの意思に反する立入りであるから、住居侵入罪を構成することになる。修正説によれば、官公庁の「侵入」に当たらないとされる。

3　ビラ貼りと建造物損壊罪の成否

建造物にビラを貼っても建造物としての効用を害するとはいえないばあいが多い。そのようなばあいにも、なお建造物損壊罪が、成立するかどうか、が争われる。というのは、建造物損壊罪における「損壊」は、判例・学説上、物の効用を害することを意味するからである。この点につき、最高裁判例は、ビラ貼りを損壊に該当すると解するものと、これを否定するものとがある。判例において、ビラ貼り行為が損壊罪を構成するかどうか、の基準は、①原状回復の難易性、②美観の侵害性を内容とすると解されている。①の基準については、原状回復の難易性によって損壊の該当性をはかるべきでないという説も主張されているが、通説はこれを是認する。原状回復の難易性の程度には幅があるが、通常の程度の困難性がみとめられればそれで足りるとされる。本事例におけるAおよびBらによって貼られたビラは、二〇〇〇枚にも及び、しかも糊で貼られているのであるから、原状回復はかなり困難であ

ると解してよいであろう。それゆえ、①の要件は具備すると解される。

つぎに、②の要件である建造物の美観の侵害について、本来的効用が害されるばあいに限るとする見解もある。しかし、建造物には全体として本来の美観があり、その構成部分である壁、窓ガラス戸、ガラス扉、鉄製シャッターなどにもそれぞれ本来の美観があり、それが損壊罪によって保護されると解する立場が多数説といえる。ガラスの上へのビラ貼りは、採光としての効用を減ずるから、損壊と見られることが多いと解される。しかし、これも①の要件と関連する。容易に原状回復が可能であれば、なお効用は減損していないといえるのである。本事例のAおよびBらには、約二〇〇〇枚のガリ版印刷したビラを窓ガラスや壁に集中的に貼っているのであるから、建造物の美観を著しく損ねるものと見てよいであろう。したがって、判例・通説の見地からは、本件ビラ貼り行為は、建造物損壊罪を構成することになる。しかし、美観を要件とする判例・多数説に対しては、損壊罪の成否が美観という主観的感情により左右され、可罰性の限界が曖昧となるとの批判がある。この見解によれば、AおよびBについて建造物損壊罪は成立しないことになる。

4　文書の隠匿行為と窃盗罪・文書毀棄罪の成否

Bは、私怨を抱いていたZ分会長Cの未決裁書類を隠匿している。この行為はいかに評価されるべきか。文書の隠匿は文書の発見を困難にする行為であり、判例・通説はこれを文書「毀棄」の一態様であると解している。仮に、隠匿は毀棄とは別個独立の行為であるとすると、信書の隠匿（二六三条）以外は不可罰となって、実際上、不都合が生ずる。隠匿によって一時的であるにせよ、物としての効用を失なうので、毀棄概念にこれを含めても不当ではあるまい。Bは、公用文書を隠匿しているので、公用文書毀棄罪（二五八条）が成立するのは疑いないように見える。

しかし、Bは、Cの机の上にあった文書を隣の部屋にある書類棚に隠匿しているので、これはその文書の占有を奪取したものと解され得るのである。そうすると、隠匿の目的で財物としての文書の占有を奪取した行為をいかに取り扱うか、という観点からの考察が必要となる。これは、不法領得の意思の内容とその要否の理解の如何によって、結論を異にする問題である。

判例・学説上、必要説と不要説とがある。必要説は、不法領得の意思の内容の理解をめぐって、三説に分かれている。すなわち、①権利者を排除して他人の物を自己の所有物として、その経済的用法に従ってこれを利用または処分する意思と解する説（判例・通説。大判大4・5・21刑録二一輯六六三頁、最判昭26・7・13刑集五巻八号一四三七頁など）、②その財物につき自ら所有者としてふるまう意思と解する説、③他人の物によって何らかの経済的利益を取得する意思と解する説が主張されているわけである。①説が意思内容を最も厳格に解し、その内容として、(イ)「自己の所有物として」利用・処分することと、(ロ)その物の「経済的用法に従って」利用・処分すること、という二つ要素を包含させている。(イ)の要素は「使用窃盗」の不可罰性を、(ロ)の要素は「毀棄・隠匿目的」による奪取行為の不可罰性をそれぞれ論証するために必要であるとされる。②説は、(ロ)の要素を、③説は、(イ)の要素をそれぞれ不要とするものである。これに対して、不要説は、窃盗罪の保護法益は所持そのものであるから、不法領得の意思の有無にかかわらず、占有の奪取があれば窃盗罪が成立すると解している。

さて、毀棄目的による所持侵奪と窃盗罪の成否を本事例に即して考えよう。不法領得の意思必要説における①説は、その行為につき窃盗罪の成立を否定する。たとえば、判例は、「物ヲ毀棄又ハ隠匿スル意思ヲ以テ他人ノ支配内ニ存スル物ヲ奪取スル行為は領得ノ意思ニ出テサルヲ以テ窃盗罪ヲ構成セサルヤ疑ヲ容レス」と判示している（大判大4・5・21刑録二一輯六六三頁）。②説によれば、毀棄行為も「所有者として」ふるまう意思の発現と解されるので、

窃盗罪の成立が肯定される。③説によれば、毀棄行為は、経済的に利用・処分する意思の発現とはみとめられないから、窃盗罪は成立しないことになる。不要説によれば、占有奪取がある以上、窃盗罪が成立するとされる。このように、窃盗罪の成立に関して結論が異なるが、窃盗罪の成立を否定する見解は、公用文書毀棄罪の成立を肯定することになる。

わたくしは、所持説の見地からBについて窃盗罪の成立を肯定すべきであると解している。なぜならば、毀棄目的であろうと享益目的であろうと、被害者の側から見れば、所持の侵害によって物の実質的利用可能性が侵害されたという点では、まったく違いはないからである。窃盗罪の成否は、財産的損害、損失があったかなかったか、によって決まるべきであって、行為者の目的いかんに左右されるべきではないと考える。

ところで、Bは、Aらとは無関係に文書の隠匿行為をおこなっていると解されるので、その点の罪責はAには及ばないと考えるべきである。つまり、Aにとっては共犯の過剰ということになる。ただし、AらがBの隠匿行為を黙認していたばあいには、共同共犯としての罪責を負うことになるのは、いうまでもない。

5　罪数

AおよびBの罪責は、前述のとおり、立場によって結論を異にする。住居侵入罪と建造物損壊罪、窃盗罪の成立をみとめるばあいには、住居侵入罪とこれらの罪とは牽連犯（五四条）となる。建造物損壊罪と窃盗罪ないし公用文書毀棄罪とは併合罪（四五条）であると解される。

第六款　業務妨害罪と公務執行妨害罪

東京都は、路上生活者約二〇〇名が段ボール小屋で居住する新宿駅西口地下路上に「動く歩道」の設置を計画し、臨時保護施設を用意して路上生活者の退去および段ボール小屋の撤去をおこなうため、その周知を図ったが、路上生活者の相当数はこれを拒否していた。そこで、都は、都職員が路上生活者に退去を求める説明をおこなった後に工事会社作業員が段ボール撤去などをおこなうこととしたところ、路上生活者側は、Aの主導のもとバリケードを作り、約一〇〇名が座り込み、都職員・作業員に鶏卵や花火などを投げつけ、消火器を噴射して、要請を受けて出動した警察隊によって排除されるまで約一時間半にわたって作業を妨害した。

Aの罪責について論じなさい。

【論　点】

1　業務妨害罪と公務執行妨害罪の関係

2　偽計または威力を用いて公務を妨害する行為と業務妨害罪の成否

【本事例の趣旨】

公務について二三三条、二三四条の業務妨害罪が成立するか否か、に関して、従前から判例・学説上、争いがあった。これらの法条が客体をたんに「人の業務」と規定し、何ら限定を加えていないので、公務員のすべての職務について業務妨害罪が成立するかの観を呈する。しかし、九五条一項は、公務員が職務を執行するに当たり「暴行又は脅迫」が加えられたばあいに公務執行妨害罪が成立する旨を規定しているので、「偽計」または「威力」を用いて公務員の職務を妨害したばあい、業務妨害罪と公務執行妨害罪の成否、両罪の関係が問題となるのである。

【解　説】

1　学説

学説は、①公務のすべてについて公務執行妨害罪と業務妨害罪の成立をみとめる無限定積極説、②公務のすべてについて公務執行妨害罪のみの成立をみとめ、業務妨害罪の成立を否定する消極説、③権力的公務について公務執行妨害罪のみの成立をみとめ、その他の非権力的公務については業務妨害罪および公務執行妨害罪の成立をみとめる限定積極説、④現業性、民間類似性、非権力性などの基準で公務を区別して業務妨害罪の成立をみとめるが、業務妨害罪の成立する公務については、たとえ手段が暴行・脅迫であっても九五条の適用をみとめない公務区分説、⑤威力業務妨害については限定積極説の強制力説により、偽計業務妨害については無限定積極説による修正積極説などが主張されている。⑤説は、最近、主張されている有力説であり、注目される見解である。この説によれば、公務のうち、目的達成のために自力執行力に基づく強制力を行使することが法律上みとめられるものについては、暴行または脅迫に至らない妨害を受けても、強制力を行使しつつ排除することが期待されるから、威力業務妨害罪

の対象からは除外されるが、「偽計」に対しては、およそ物理的強制力は無力であるから、すべての公務が偽計業務妨害罪の対象となるとされる。

2 判例

判例には変遷が見られるが、最高裁判例の立場は、最判昭35・11・18（刑集一四巻一三号一七一三頁［目尾鉱業所事件］）、最［大］判昭41・11・30（刑集二〇巻九号一〇七六頁［摩周丸事件］）、最決昭62・3・12（刑集四一巻二号一四〇頁［新潟県議会委員会事件］）によってほぼ固まり、限定積極説の中の強制力説に立つものと理解されている。この立場においては、公務執行妨害罪の対象となる公務の範囲に限定はないが、非権力的公務（国公立病院・大学における事務、官庁のデスクワークなど）および強制力を行使しない権力的公務（国会における議事、裁判所における訴訟手続など）については、「偽計又は威力」が加えられて妨害されたばあいに、業務妨害罪が成立するのに対し、強制力を行使する権力的公務（警察官による被疑者の逮捕など）については、「偽計又は威力」が加えられても、業務妨害罪は成立しないことになる。この判例の立場の基礎には次のような思考があるとされる。すなわち、強制力を行使する権力的公務は、多くのばあい妨害を受けても自力でこれを排除し得る自力執行力を備えており、あるいは、妨害に対して一定の打たれ強さを備えているから、「偽計又は威力」による妨害が加えられても刑罰によって保護される必要はなく、それが「暴行又は脅迫」の程度に達したばあいに初めて公務執行妨害罪として保護される必要が生ずる。これに対して、非権力的公務あるいは強制力を行使しない権力的公務には、そのような自力執行力や打たれ強さが備わっていないから、「偽計又は威力」による妨害が加えられたばあいには、民間の業務と同様、業務妨害罪による保護が与えられるべきであると解されているのである。

最決平12・2・17（刑集五四巻二号三八頁）は、公職選挙法上の選挙長の立候補届出受理事務は、「強制力を行使する権力的公務ではないから」、二三三条、二三四条にいう「業務」に当たると判示して、これまでの判例の立場を踏襲している。

本事例のモデルとなった東京高判平10・11・27（高刑集五一巻三号四八五頁〔新宿ホームレス退去妨害事件〕）の第一審判決は、妨害活動を主導した二名が威力業務妨害罪で起訴されたのに対して、①路上生活者の意思に反して退去させて段ボールなどを撤去する行為は権力的公務であるから同罪の対象とならず、②段ボール等の撤去には道路法等に規定された手続が必要であるのに単に清掃作業として遂行した瑕疵の重大性の故に刑法上の要保護性が否定されるとして、無罪の判決を下している。検察官からの控訴に対して本判決は、次のように判示している。すなわち、「威力業務妨害罪で保護される業務からは強制力を行使する権力的公務は除外されると解すべきところ、……本件工事は……それ自体としてみれば、民間の業務と異なるところはない。……都職員には妨害はあった場合これを実力で排除してまで行う意思はなく、かつ、そのための態勢も整えておらず、あくまで路上生活者を説得して行うことにしていたにすぎない。……段ボール小屋の撤去作業が強制力を行使する権力的公務に当たるとはいえない」。「威力業務妨害罪における業務は、反社会性を帯びているとはいえず、事実上平穏に行われているものであれば足りると解すべきである。仮に違法の評価を受ける業務であっても、その違法の程度により反社会性を帯びるまでに至っていない限り、これを威力業務妨害罪による保護の対象とすることは、人の業務活動の自由を保護しようとする同罪の趣旨にかんがみ相当であるからである。この点は、……公務が問題となる場合であっても同様と解される。……都において、……手続を踏まなかったことには、それなりの理由があり、又、実際に行われた作業も平穏な態様のものであって、段ボール小屋の撤去に手続上の瑕疵があると仮定してもその程度はそれほど大きいものとはいえな

い。……本件工事は全体として……業務が反社会性を帯びるまでには至っておらず、本件工事が威力業務妨害罪において保護されるべき事実上平穏な業務に該当することは明らかである」。本判決の立場は妥当であると解される。

本件の上告審において、最高裁は、新宿駅の「動く歩道」を設置するために都職員がおこなった段ボール小屋の撤去作業は、権力的公務ではないとして威力業務妨害の成立をみとめている（最決平14・9・30刑集五六巻七号三九五頁）。本決定は、「本件において妨害の対象となった職務は、動く歩道を設置するため、本件通路上に起居する路上生活者に対して自主的に退去するよう説得し、これらの者が自主的に退去した後、本件通路上に残された段ボール小屋等を撤去することなどを内容とする環境整備工事であって、強制力を行使する権力的公務ではないから、刑法二三四条にいう『業務』に当たると解するのが相当であり（最高裁昭和59年(あ)第六二七号同62年3月12日第一小法廷決定・刑集四一巻二号一四〇頁、最高裁平成9年(あ)第三二四号同12年2月17日第一小法廷決定・刑集五四巻二号三八頁参照）、このことは、……段ボール小屋の中に起居する路上生活者が警察官によって排除、連行された後、その意思に反してその段ボール小屋が撤去された場合であっても異ならないというべきである」と判示している。

また、本決定は、公務の要保護性に関して、「本件工事は、公共目的に基づくものであるのに対し、本件通路上に起居していた路上生活者は、これを不法に占拠していた者であって、これらの者が段ボール小屋の撤去によって被る財産的不利益はごくわずかであり、居住上の不利益についても、行政的に一応の対策が立てられていた上、事前の周知活動により、路上生活者が本件工事の着手によって不意打ちを受けることがないよう配慮されていたということができる。しかも、東京都が道路法三二条一項又は四三条二号に違反する物件であるとして、段ボール小屋を撤去するため、同法七一条一項に基づき除却命令を発した上、行政代執行の手続を採る場合には、除却命令及び代執行の戒告等の相手方や目的物の特定等の点で困難を来し、実効性が期し難かったものと認められる。そうすると、

道路管理者である東京都が本件工事により段ボール小屋を撤去したことは、やむを得ない事情に基づくものであって、業務妨害罪としての要保護性を失わせるような法的瑕疵があったとは認められない」と判示している。

3　Aの罪責

本事例においてAについては業務妨害罪の成否が問題となる。構成要件該当性を判断するに当たって、まず①路上生活者の段ボールなどを東京都職員が撤去するのは、権力的公務に当たるか否か、および、②その公務に要保護性がみとめられるか否か、が問題となる。①の点については、最高裁の平成一四年九月三〇日決定がみとめているように、妨害の対象となった職務は環境整備工事であって強制力を行使する権力的公務ではないから、本罪にいう業務に当たる。これは、路上生活者が警察官によって排除、連行された後、その意思に反してその段ボール小屋が撤去されたばあいであっても、異ならないのである。

②については、撤去行為の目的の公共性、路上生活者は通路を不法に占拠していた者であって段ボール小屋の撤去によって被る財産的不利益はごくわずかであること、行政的に一応の対策が立てられていたうえ、事前の周知活動により、路上生活者が本件工事の着手によって不意打ちを受けることがないよう配慮されていたことや行政代執行の手続きを取ることが困難であったことなどから、本件公務には「要保護性」がみとめられる。

つぎに、Aは、本件工事を実力で阻止するため、多数の路上生活者に指示して、本件通路の都庁側出入口にバリケードを構築し、その内側で約一〇〇名の者とともに座り込むなどしたうえ、都職員らの同工事区域内への進入を阻止し、本件工事に従事していた都職員らに対し、鶏卵や花火などを投げ付け、消火器を噴射し公務である作業を妨害した。したがって、Aの行為は業務妨害罪の構成要件に該当する。本事例には、違法性阻却事由および責任阻

却事由に当たるべき事実はみとめられない。それゆえ、Aについて業務妨害罪が成立する。

第二章　財産犯

第一款　財物性と占有

X信用金庫のY支店の支店長Aは、同金庫会長の脱税疑惑を告発する目的で同金庫の元専務理事Bと共謀のうえ、同会長とその家族の預金残高を記載した書類を公開するために、同支店備付けのコンピュータの端末機を操作し、同金庫の預金事務センターのホストコンピュータに電磁的に記録保存されている預金残高明細などをアウトプットさせ、同支店備付けの用紙に印字した軒先総合取引照会票二通および取引状況調書五通を取り出し、Bに郵送するためこれらをB宛ての封筒に封入した。

同金庫においては、預金明細、残高明細などの個人情報については、営業部本店および支店などに保管中の帳票以外は、すべて事務センターのホストコンピュータに電磁的に記録・保存して、集中管理されており、当該顧客の預金明細などを記載した軒先総合取引照会票または取引状況調書を作出するときは、顧客番号が分かっているばあいには、各従業員が、営業店用汎用端末機に金庫から貸与されているIDカードを読み取らせたうえ、同端末機からこれらの照会をするシステムになっている。そして、同金庫処務規程によれば、支店長は、金庫の業務を統括する理事長の命を受けて、その支店の事務を処理する権限を有し、情報管理統括責任者

として、支店全体の情報管理を統括する権限を与えられており、端末機から事務センターのホストコンピュータに照会する際には事前に役席者の許可を得なければならないとされている。
　Aの罪責について論じなさい。

【論　点】

1　ホストコンピュータに電磁的に記録・保存されている預金残高明細などをアウトプットさせて、支店備付けの用紙に印字した書類は、刑法二三五条にいう「財物」か。

2　前記の書類の「占有」は、誰に帰属するのか。

【本事例の趣旨】

　窃盗罪に当たるのか、それとも、業務上横領罪ないし背任罪に当たるのか、ということが争われるばあい、財物の占有が誰に帰属するのか、が決定的に重要となる。最近、コンピュータが一般に普及しており、ホストコンピュータに保存されている情報をアウトプットして取得するばあい、はたして「財物」を窃取したことになるのかどうか、が問題とされている。従来、会社の機密文書をコピーして社外に持ち出す行為について議論されたことが、この問題についても当てはまるかどうか、を検討する必要がある。そこで、東京地判平9・12・5〔城南信用金庫不正告発事件〕（判時一六三四号一五五頁）の事案を基礎にしてこの問題を検討することにした。

【叙述上の注意】

会社におけるコンピュータによる情報管理の実態をよく知らなくても、問題文の中でその実態が説明されているので、それを前提にして事実の「あてはめ」を叙述する必要がある。財物性と占有の有無が中心論点であるから、それらについて論述するとよい。

【解　説】

1　問題の所在

本事例においては、まず、本件書類の「財物性」の有無が問題となる。すなわち、Aは、コンピュータに電磁的に記録保存されている預金残高明細などをアウトプットさせて、支店備付けの所定の用紙に印字した書類を私信用の封筒に封入しているが、その用紙それ自体を財物として扱うのか、それとも、一定の情報が化体されたものとしての書類に財物性がみとめられるのか、が争われることになる。

つぎに、財物性が肯定されたばあい、その占有は誰に帰属するのか、が問題となる。それがAの占有に帰属しているとすれば、窃盗罪が成立しないことは明白である。あとは、業務上、Aが占有する物についての処分が問題となり、業務上横領罪の成否が検討されなければならない。

2　財物性の肯否

窃盗罪の客体である「財物」の意義に関して、従来から、有体物説、物理的管理可能性説、事務的管理可能性説などが主張されてきており、通説は物理的管理可能性である。近時、有体物説が有力化しているが、わたくしは通

説の立場を支持している。

つぎに、財物性の要件として財産的価値を必要とするか、について、見解が分かれているが、不要説が通説となっている。この点に関して、判例は、経済的価値、とくに金銭的交換価値を必要としないと解している（最判昭25・8・29刑集四巻九号一五八五頁）。

本事例と同様の文書や用紙などの財物性については、日本共産党中央指令綴（前掲最昭25・8・29）、無効な約束手形・小切手（大判明43・2・15刑録一六輯二五六頁、最決昭29・6・1刑集八巻六号七八九頁）、衆議院議員投票用紙（大判大2・1・20刑録一九輯九頁）などを財物と解している。会社の内部情報を漏出させるため、会社のコピー用紙を使って機密文書をコピーし当該情報が記載されたコピー用紙を持ち出したばあい、たとえそれが用紙一枚であっても、財物に当たると解されている（東京地判昭59・6・15判時一一二六号三頁、東京地判昭59・6・28判時一一二六号三頁［新薬産業スパイ事件］）。

前掲の城南信用金庫不正告発事件において、弁護人は、本件書類に化体されている「情報」は、私人のプライヴァシー情報にすぎず、現行法上財産犯によって保護されるものではなく、企業秘密としても経済的価値がなく、少なくとも刑法で保護するに値するほどの経済的価値がないと主張した。本判決では、情報を持ち出すため、行為者自ら印字前の用紙に印字した書類をアウトプットさせたばあいは、「印字前の用紙を取り出した行為とその後の行為とを分断することなく、支店備付けの用紙に電磁的記録をアウトプットさせた書類を私信用の封筒に封入した行為の全体をとらえて犯罪の成否を論ずるのが相当である。」としたうえで、「右情報を内容とする本件書類が窃盗罪における財物に当たることは明かである。」と判示したのである。これは、従来の判例の考え方を電磁的に記録・保存されている預金残高明細などをアウトプットさせたばあいに適用したものと解することができる。すなわち、会社

の複写機および感光紙を用いて機密資料を複写し、同感光紙を社外に持ち出したばあい、会社所有の複写機密資料の窃盗罪の成立をみとめた東京地判昭40・6・26判時四一九号一四頁〔凸版印刷事件〕と同じように、アウトプットされた情報を包含する用紙を財物と解しているのである。これは、印字用紙それ自体を財物とするのではなくて、情報が化体された用紙を財物と解していることになる。つまり、情報そのものを窃盗の客体とするのではなくて、その情報が「化体」された用紙を客体と解しているのである。したがって、この見地においては、行為者が自ら持ち込んだ用紙に印字させたうえで情報を持ち出したようなばあい、「情報」が化体された用紙は他人の財物ではないので、窃盗罪は成立しないことになる。また、化体された情報は、単なるプライヴァシーに関するものではなくて、窃盗罪の規定によって保護するに値するものと判断されていることになる。

3　占有の帰属

支店長であるAは、Y支店で管理する書類を占有するとともに、情報管理統括責任者に任命され、本件書類についても管理および処分の権限を与えられていたのであるから窃盗罪は成立しないのではないか、という疑問が生ずる。そこで、この点を検討する必要がある。

X金庫においては、支店長が、支店においてその業務の過程でアウトプットして作出した軒先総合取引照会票および取引状況調書などの帳票類の管理者であることはみとめられるが、支店長は、事務センターのホストコンピュータに電磁的に記録・保存されている顧客情報自体を管理しているわけではない。その顧客情報は、事務センターの統括者、究極的には金庫の業務を統括する理事長の管理に属することになる。したがって、支店長は、業務上必要なばあいには、ホストコンピュータに電磁的に記録・保存されている顧客情報を自己の判断で利用する権限を与え

られ、かつ業務の過程で作出された顧客情報の記載された帳票類を統括的に管理する権限を与えられているが、それにとどまると解すべきである。

そうすると、Aは、事務センターのホストコンピュータに電磁的に記録・保存されている顧客情報を営業以外の目的で自由に取得することはできないことになる。このように、業務の過程で作出した帳簿類は支店長の管理に属するが、それ以外の目的で作出した帳簿類については理事長が管理者であるから、本件書類は支店長の管理に属しないと解すると、同一の書類であっても、行為者の作出目的如何によって管理者を異にすることになる。このばあいには、背任罪ないし業務上横領罪の成否が問題となる。

Aは、業務上の必要がないにもかかわらず不正の目的で顧客情報を入手しているが、このような目的で作出した帳簿類についてまで、Aの管理を委ねられているとはいえず、そのような帳簿類については、当該情報の管理者である理事長の管理に属するのである。

Aが、金庫事務センターのホストコンピュータに電磁的に記録・保存されているX金庫会長外二名の預金残高明細などをアウトプットさせて同支店備付けの用紙に印字した、金庫が所有し金庫理事長Eが管理する軒先総合取引照会票二通および取引状況調査書五通を取り出したうえ、Bに郵送するためこれらをB宛ての封筒に封入した行為は、二三五条における窃取したことになり、窃盗罪の構成要件に該当する。

4　違法性阻却の肯否

Aの行為は、会長の脱税疑惑を告発するためにおこなったものであるから、社会的に相当な行為として違法性が阻却されることになるのかどうか、が問題となる。そのような目的に出たものであったとしても、Aの行為は、そ

の目的を実現するために妥当なものではないので、社会的に相当な行為とはいえず、違法性は阻却されない。

5 Aの罪責

以上の検討の結果、Aは窃盗罪の罪責を負う。

第二款　窃盗罪と有価証券偽造罪

Aは、Xがスーパーの六階のベンチに財布を置いたままエスカレーターで階下に降りて行ったのを見て、約五分間待っていたが、Xが戻って来なかったので、それを持ち去った。その五分後にXは、財布を忘れたのに気付いて戻って来たのであった。Aは、財布に入っていたXの現金五万円とカード類を抜き取ったうえ、その財布を川の中へ投げ捨てた。そして、抜き取った免許証記載の生年月日から暗証番号を割り出し、X名義のY銀行預金払戻用キャッシュカードを利用して同銀行の現金自動支払機から現金五〇万円を引き出し、また、Xの有効期限の切れた自動改札用の乗車定期券の磁気部分を改ざんし、友人Bに事情を話してこれを売却した。Bは、これを使用して数ヶ月間電車に乗ったが、たまたま改札口で駅員に発見された際、その制止を振り切って逃走した。

AおよびBの罪責について他説に言及しつつ自説を述べなさい。

【論　点】

1　占有（所持）の有無――占有の要件

Xは、ベンチに置き忘れた財布を、なお占有（所持）しているといえるか。――→窃盗と遺失物（占有離脱物）横領の限界

2　窃取した他人名義の預金払戻用キャッシュカードを利用して現金自動支払機から現金を引き出す行為の評価

（1）不可罰的（共罰的）事後行為か。

（2）占有者は誰か。

（3）窃取に当たる理由

3　自動改札用定期券の磁気部分の改ざん行為の評価

有価証券偽造罪か不正電磁的記録作出罪か。

4　磁気部分を改ざんした定期券の売却行為とそれを使用して乗車する行為の評価

（1）売却――偽造有価証券交付罪か犯罪不成立か。

（2）定期券使用による乗車――偽造有価証券行使罪か電算機不正使用詐欺罪か。

5　罪数

6　AおよびBの罪責

【本事例の趣旨】

各論の領域で財産犯に関する基本問題として窃盗罪における占有の有無を中心に作問した。また、自動改札用定

期券の磁気部分の改ざん行為がテレホンカードの改ざんと同様に扱い得るか、も問題視されるので、この行為とこれに付随する利用行為についても問題となる。

【叙述上の注意】

本事例において数個の論点があり、それらが論理的に連動する部分があるので、論理矛盾をきたさないように論述する必要がある。他説に言及することが要求されているが、余り他説批判に深入りしすぎると自説の展開が不十分となるので、他説の叙述は簡潔にするように注意した方がよい。

【解　説】

1　占有の意義と要件

(1)　意義

窃盗罪は、他人の占有（所持）する財物について成立し、ここでいう占有とは、財物に対する事実的支配・管理を意味する（大判大4・3・18刑録二一輯三〇九頁）。占有の有無の問題は、財物の取得行為が窃盗罪と遺失物横領罪（二五四条）のいずれに当たるか、という区別の問題にほかならない。窃盗罪における占有は、①客観的に他人がその財物を事実上支配している状態または支配を推認させる客観的状況があって、かつ、②主観的な占有の意思があるばあいにみとめられるべきである。ただし、占有の意思は、あくまでも事実的支配を補充するにすぎないものと解すべきであるとされる。

(2) 客観的状況

人の事実的支配領域内にある財物は、握持または監視されている財物でなくても、その人の占有に属する。とくに問題となるのは、公道、駅の待合室、ホーム、バスの停留所などの公共的場所に放置された財物である。最高裁は、バスの改札口で行列しているうちにカメラを置き忘れたが、すぐに気がついて引き返したところすでに持ち去られており、その距離は約二〇メートル、時間にして約五分であったという事案に関し、「刑法上の占有は人が物を実力的に支配する関係」であるが、「必ずしも物の現実の所持又は監視を必要とするものではなく、物が占有者の支配力の及ぶ場所に存在するを以て足りると解すべきである。しかして、その物がなお占有者の支配内にあるというを得るか否かは通常人ならば何人も首肯するであろうところの社会通念によって決するの外はない」として占有をみとめている（最判昭32・11・8刑集一一巻一二号三〇六一頁）。この事案では、バス待ちの行列は続いていたのであるから、他人の事実的支配の継続を推認せしめる状況があったといってよいとされる。列車待ちの乗客の中にボストンバッグを置いたまま、電報を打つため約一〇分間離れた事例（東京高判昭30・3・31裁特二巻七号二四二頁）も、右の事案と同様である。

これに反して、そのような客観的状況がないばあいにまで、時間的・距離的接着性のみを理由に占有をみとめた裁判例（東京高判昭54・4・12判時九三八号一三三頁、国鉄出札窓口カウンターに置き忘れた財布、時間一～二分、距離一五～一六メートル）には疑問があり、スーパーの六階のベンチに置き忘れた財布を地下一階で思い出し取りに帰った事案（その間一〇分）につき占有を否定した裁判例（東京高判平3・4・1判時一四〇〇号一二八頁）の方が妥当であるとされる。

(3) 占有意思

②占有の意思との関連で、財物の所在を失念することにより占有の意思が欠如するばあいに遺失物（占有離脱物）

となることは当然であるが（仙台高判昭30・4・26高刑八巻三号四二三頁、東京高判昭36・8・8高刑一四巻五号三一六頁）、他方、占有の意思さえあれば占有ありとするのは妥当でないとされる。判例は、関東大震災のとき、公道に搬出してあった氏名不詳者所有の布団につき、所有者がその存在を認識放棄する意思がなかったときは占有をみとめ得るとしているが（大判大13・6・10刑集三巻四七三頁）、それは不当であり、事実的支配の継続を推認させるなんらかの客観的状況が必要と解すべきであるとされる。

(4)　裁判例

本事例の基礎となっているのは、東京高判平成3年4月1日（判時一四〇〇号一二八頁）である。事実の概要は、次のとおりである。被告人Xは、大型スーパーマーケット六階エスカレーター脇付近において、Aが同所から同店地下一階の食料品売り場にエスカレーターで移動した際、同所のベンチに置き忘れた現金三万八〇〇〇円余在中の札入れ一個を発見し、これを自分のものにする意図の下に取った。本判決は、つぎのように判示している。「Aが、公衆の自由に出入りできる六階のベンチの上に本件札入れを置き忘れたままその場を立ち去って地下一階に移動してしまい、付近には手荷物らしき物もなく、本件札入れだけが約一〇分間も右ベンチ上に放置された状態にあったことなどにかんがみると、Aが本件札入れを置き忘れた場所を明確に記憶していたことや、右ベンチの近くに居あわせたBが本件札入れの存在に気付いており、持ち主が取りに戻るのを予期してこれを注視していたことなどを考慮しても、社会通念上、Xが本件札入れを不法に領得した時点において、客観的にみて、Aの本件札入れに対する支配力が及んでいたとはたやすく断じ得ないものといわざるを得ない。そうすると、Xが本件札入れを不法に領得した時点では、本件札入れはAの占有下にあったものとは認め難く、結局のところ、本件札入れは刑法二五四条にいう遺失物であって『占有を離れた他人の物』に当たるものと認めるのが相当である」。本件の原審が窃盗罪の成立を

みとめたのに対し、東京高裁は、札入れはすでにAの占有を離脱していると判断したのである。大型スーパーは、不特定多数の客等が立ち入る場所で、いわば公道に近い性格をもつので、距離・時間が比較的短くても占有が失われたと評価され得る。付近には手荷物らしき物もなく、本件札入れだけが約一〇分間も放置された状態にあった以上、社会通念上客観的に見てAの支配力が及んでいたとはいえないとされる。また、鉄道列車内に置き忘れた物に原則として車掌の占有が及ばないのと同様に、本件のばあいもスーパーの管理責任者の占有はないと解されている。

2　窃取した他人名義の預金払戻用キャッシュカードを利用して現金自動支払機から現金を引き出す行為の評価

預金払戻用のキャッシュカードを、その正当な使用権限がないのに、正当な権限者同様に用いて、現金自動支払機から現金を引き出す行為は、窃取に当たる。このような事案のばあい、犯人は、自己に使用権限がないのにこれがあるように装って他人名義のカードを使用しているわけであるが、そこでは、自動支払機（およびこれと接続されている電算機）に予め設定されたプログラムを動かすための情報の入力行為はあるけれども、自然人に対する欺罔行為およびその錯誤という観念を容れる余地はないので、詐欺罪は成立しないとされる。

一方、犯人のこの行為は、自動支払機およびこれと接続させている電算機に予め設定されたプログラムに記録されている情報と新たに入力された情報（カード上に記録された情報や暗証番号）が一致すれば、自動支払機の中に納められている現金を取り出せるというシステムを悪用して現金を自動支払機から取り出したものであって、ちょうど金庫の鍵を用いて金庫から現金を取り出す行為と同様に評価し得るので、窃盗罪を構成すると解すべきものであるとされている。

判例も、他から窃取してきた他人名義の預金払戻用キャッシュカードを利用し、銀行の現金自動支払機から現金

を引き出した事案について「被告人の欺罔により被害者の誤信による現金の交付があったものではなく、被告人が、カードを利用して、同支払機の管理者の意思に反し、同人不知の間に、その支配を排除して、同支払機の現金を自己の支配下に移したものであって、（中略）カード利用による現金の窃盗罪が別個に成立するものというべきものであり、右管理者の所属する銀行がカードの預金者に対し所論の免責を受けることがあるにしても、右認定を妨げるものではない」と判示している（東京高判昭55・3・3刑裁月報一二巻三号六七頁）。このように解する前提として、銀行預金の占有について考えておく必要がある。この点について判例は、「預金口座の名義人と銀行との関係は、前者に正当な払戻し権限がある場合であっても、債権債務関係が成立しているだけであって、銀行の現金自動支払機内の現金について預金口座の名義人が事実上これを管理するとか、所持するとか、占有するとかという立場にはなく、右現金は、銀行（現実には、当該銀行の支店長）の管理ないしは占有に属すると解するのが相当である。もっとも、横領罪との関係においては、預金口座の名義人に正当な払戻し権限がある場合に、預金債務に対する管理、占有ひいては銀行が事実上占有する金銭に対する預金額の限度での法律上の占有という観念を容れる余地がある。」と判示している（東京高判平6・9・12判時一五四五号一一三頁）。この判例は妥当であると解される。

3　自動改札用定期券の磁気部分の改ざん行為の評価

現在の定期券は、磁気情報を含んでおり、磁気部分の改変は、まず電磁的記録不正作出罪などによって処理されるべきはずのものであると考えられる。すなわち、磁気部分の改ざん行為は、昭和六二年に新設された電磁的記録不正作出罪（一六一条の二第一項）に該当し、改ざんされた定期券を自動改札機に入れて使用する行為は、不正作出電磁的記録の供用罪（同条三項）に該当すると解することができるはずである。しかし、最決平3・4・5（刑集四五巻

四号一七一頁）は、「テレホンカードの右の磁気情報部分並びにその券面上の記載及び外観を一体としてみれば、電話の役務の提供を受ける財産上の権利がその証券上に表示されていると認められ、かつ、これをカード式公衆電話機に挿入することにより使用するものであるから、テレホンカードは、有価証券に当たると解するのが相当である。」と解している。そこで、元来、人に対して提示して行使することを予定したものが、機械に挿入して使用する態様に徐々に代替されつつある定期券は、テレホンカードに比較すれば「人に提示する使用」の割合がある程度残されており、「権利の行使に不可欠の磁気情報」といえるので、磁気情報が有価証券の構成要素となり、それを改ざんする行為は有価証券偽造罪に当たるとする見解が主張されている。すなわち、磁気読取機を通しての使用が常態となっている乗車定期券は、権利行使に際して磁気情報が重要な機能を果たす有価証券であり、磁気部分の改変は有価証券の偽造に当たるとされるのである。さらに、実質的理由として、定期券の券面部分を改変したら三月以上一〇年以下の罪で（一六二条二項）、裏面の磁気情報を改ざんしたら五年以下（一六一条の二第一項）という結論は、自動改札化が進んだ現在、妥当性を欠くものであることがあげられている。

4　磁気部分を改ざんした定期券の売却行為とそれを利用して乗車する行為の評価

定期券の磁気部分を改ざんする行為が有価証券偽造罪を構成しないと解する見地においては、その定期券を他人に譲渡しても、刑法上、問題はない。しかし、有価証券偽造罪を構成すると解する見地においては、偽造有価証券交付罪（一六三条一項）が成立することになる。というのは、交付とは偽造有価証券であることを告げて、または、偽造有価証券であることを知っている者に渡すことを意味し、有償・無償を問わないとされているからである。

つぎに、当該定期券を利用して乗車する行為は、判例の立場によれば、偽造有価証券行使罪（一六三条一項）に当た

ることになる。すなわち、最決平3・4・5（刑集四五巻四号一七一頁）は、変造テレホンカードの使用について、「偽造等をした有価証券の行使とは、その用法に従って真正なものとして使用することをいうと解されるから（大審院明治43年(れ)第二九一二号同44年3月31日第一刑事部判決・刑録一七輯七巻四八二参照）、変造されたテレホンカードをカード式公衆電話機に挿入して使用する行為は、変造された有価証券の行使に当たるというべきである。」と判示している。本決定は、大審院の判例を援用して、「行使とは、その用法に従って真正なものとして使用することをいう」として、テレホンカードをカード式公衆電話機に挿入して使用する行為は行使に当たると解しており、当該定期券の使用についても同じことがいえることになる。

これに対して、有価証券の「行使」とは、その用法に従った使用、つまり、人に対する使用と解すべきであり、テレホンカードの電話機への挿入・使用はこの意味の行使ではなく、電磁的記録の使用のばあいの「供用」（一六一条の二第三項）に当たると解すべきであるとする見解も有力である。

5　罪数

財布を持ち去った行為が遺失物横領罪または窃盗罪を構成すると解したばあい、その中に入っていたキャッシュカードを利用して現金自動支払機から引き出す行為は、新たに窃盗罪として評価されて前者と併合罪となるのか、それとも不可罰的（共罰的）事後行為となるのか、が問題となる。たしかに、財布の中に入っていた物をも含めてその取得行為は遺失物横領罪または窃盗罪に当たるが、しかし、その処罰によって、五〇万円を引き出した行為まで同時に評価されたものと解するのは妥当でないであろう。それは銀行に対する新たな法益侵害行為として評価されるべきであるから、併合罪となると解すべきであるといえる。

Bは、改ざんされた定期券を使用して数ヶ月間電車に乗っているが、乗車行為毎に偽造有価証券行使罪または電算機不正使用詐欺罪が成立し、それらは併合罪となるのか、が問題となる。このばあい、当初から継続的に使用する意図の下に使用されており、被害法益は同一であり、かつ、継続的に同一態様で遂行されているので、包括（的）一罪として扱うのが妥当であろう。

6　AおよびBの罪責

Aは、Xが置き忘れた財布を五分後に持ち去っているが、Xにその財布に対する占有（所持）があるとすれば、窃盗罪が成立する。本事例は、東京高判平3・4・1の事案を基礎にしているが、Xが取りに戻った時間が一〇分後から五分後に変わっている点、その他の現場の状況が省略されている点が占有の有無にいかなる影響を及ぼすか、が問題となり得る。Xに占有がなければ遺失物横領罪が成立することになる。

Aは、窃取したX名義の預金払戻用キャッシュカードを利用して五〇万円を引き出しているが、この点につき窃盗罪が成立する。つぎにAは、定期券の磁気部分を改ざんしており、この点につき有価証券偽造罪か不正電磁的記録作出罪が成立することになる。Aが事情を話してBに改ざんした定期券を売却した行為は、有価証券偽造罪の成立をみとめる見地においては、偽造有価証券交付罪の構成要件に該当する。

Bは、改ざんされた定期券を使用して電車に乗っているが、有価証券偽造罪の成立する見地においては偽造有価証券行使罪の成立を肯定するのが一般的である。反対説の見地においては電算機不正使用詐欺罪の成立をみとめるのが一般的である（不正作出電磁的記録供用罪の成立を肯定する余地もある）。

第三款　窃盗罪と強盗罪

Xは、デート中のA男とB女が街路を並んで歩いていた際、その後からついて行き、Aを押し倒し、手から離れたカバンを取ったうえ、Bが肩にかけていたショルダーバッグをつかんで引っ張ったところ、Bがとっさにバッグを胸に抱え込んで離そうとしなかったので、そのまま強引にバッグを引っ張って走り出したため、Bは転倒した。その隙にXはバッグを取ってその場から走り去ったが、Aは、Xを追いかけ、いったん見失ったものの、一〇分後に別の通りで再びXを見つけ、逮捕しようとしてXの手をつかんだ。Xは、その手を振り払ったうえ、Aの顔面を数回、手拳で殴打して、その場から逃走した。その際、Aは顔面に全治一〇日間の怪我を負い、Bは全治一週間の怪我を負った。

Xの罪責について論じなさい。

【論　点】

1　「ひったくり」と恐喝・強盗・窃盗の限界

（1）「暴行」の程度による区別

（2）Aに対する第一暴行の評価とその根拠

「盗取」行為の手段としての意味について

（3）　Bに対する暴行の評価とその根拠

単なる「ひったくり」行為といえるのか。

強取か喝取か盗取か。

2　事後強盗罪の成否

（1）　要件の吟味

（2）　財物奪取と暴行との関連性

場所的・時間的に密接な関連性

追跡中にいったん見失ったばあいの密接関連性の肯否

（3）　「傷害」の程度の評価

事後「強盗傷人」罪における傷害の程度

3　罪数

（1）　奪取行為の評価（成立する犯罪名）

（2）　傷害行為の評価（成立する犯罪名）

（3）　（1）（2）の罪数評価

【本事例の趣旨】

財産犯に関しては、事例問題がよく検討の対象とされる。このような傾向が生ずるのは、つぎの理由による。ま

ず第一に、財産犯は、最も古い犯罪類型であるので、解釈論上の古典的論点が豊富である点に、理由が求められ得る。古典的論点の中に、基礎的知識とその応用の成果が凝縮されている。そこで、基礎的学識とその応用能力を判断するための恰好の素材を提供することになるわけである。第二に、財産犯は、時代の変化を如実に反映する犯罪類型である点に、理由が求められる。時代の要請を受けて、解釈論が、敏速に変化するので、つねにホットな論争点となり、学界および実務界が関心を抱き続ける領域となっているのである。第三に、財産犯は、わたくし達の身近において頻発している犯罪類型であるので、日常の法現象として分かり易いとの印象を与えるため、初学者にとっても親近感のもてる論点を形成する点に、理由が求められ得る。一見して難解であるとの印象を避け得る基礎的な問題を作成するのに適しているといえる。他にも考え得るが、前記の重要な理由だけでも十分であろう。このような観点から、財産犯に関する事例問題を検討することにした。

本事例は、奪取罪としての強盗罪・窃盗罪と交付罪としての恐喝罪との限界を問うものである。日常、頻繁に起こる「ひったくり」行為の刑法的評価に関して、解釈論上の実力を見てみたいとおもう。また、それと関連して生ずる事後強盗行為についても、事後強盗罪の罪質が要件論に投影されている側面を解明していただきたいとおもうものである。

【論述上の注意】

本事例は、ひったくり行為に関する限界状況を問題にしているので、立場によって成立する犯罪が異なってくる。しかも、Xの行為が二段階に分かれているため、それぞれの相互関係が重要論点となる。そこで、論点相互の関係を明らかにしながら、Xの罪責を論ずるようにしなければならない。

論点は、きわめて単純明快であるだけに、論述の構成、方法によって大きな差が生じてくることになる。このような易しい問題ほど、構成に十分な配慮が必要となるのである。反対説にも目配りをして、より説得力のある叙述をする工夫をしなければならない。

【解　説】

1　問題の所在

「ひったくり」行為は、強盗罪を構成するものであろうか、それとも窃盗罪を構成するものであろうか。広辞苑によれば、「ひったくる（引っ手繰る）」とは、「無理にうばい取る」ことを意味し、「ひったくり（引っ手繰り）」とは、「ひったくること。特に、不意を襲って他人の持物を奪い取って逃げること。また、その者」を意味する。なお、「かっぱらい（掻っ払い）」とは、「人の油断・すきをねらって、物品を盗むこと。また、その盗人。かっさらい」を意味し、「ひったくり」とはニュアンスを異にする。この日常の用語例にも表れているように、「無理に奪い取る」ためには有形力の行使（暴行）がなされるので、この点を重視すれば、「強取」の色彩を帯びるし、「不意に」乗じて「他人の持物を奪い取る」点を重視すれば「盗取」の色彩を帯びることになる。さらに、暴行の程度によって「強取」と「喝取」が区別されるので、恐喝罪の成否も問題となってくるのである。「奪取罪」の次元において、「盗取」と「強取」の区別が問題となり、「交付罪」の次元において、「強取」と「喝取」の区別が問題になるわけである。

奪い取られた持ち物を取り戻すために、または犯人を逮捕するために、被害者が犯人を追跡して逮捕しようとする際に、犯人が被害者に暴行を加えて怪我を負わせる事態が生ずるばあいも多い。そのばあい、事後強盗傷人罪が成立するのであろうか。それとも、先行する犯罪とは別個独立の傷害罪が成立するにとどまるのであろうか。仮に

事後強盗傷人罪が成立するとしたばあい、その法定刑はかなり重いので、軽傷のときにもその成立を肯定するのは実質的見地から妥当といえるのか、ということが問題となる。

2 「ひったくり」の刑法的評価

(1) 単純な「ひったくり」行為

一般的に、ひったくりは、被害者の油断を見すまして、その所持品（主にハンドバッグや鞄の類）を掴んで逃げ出す行為であり、窃盗の一態様と解されている。行為者は、ひったくりの際、相手の所持品を確保している身体の一部に衝撃を与え、所持品と身体とを分離させるために、それ相応の暴行を被害者の身体に加え、それについての故意を有していることは明らかである。通常、その暴行は、比較的軽微なものであって、必ずしも相手方の反抗を抑圧するほどのものではなく、むしろ被害者があっけにとられている間に行為者が物を奪って逃げ出しているというのが通例である。暴行がその限度のものであるかぎり、窃盗罪が成立するにとどまり、強盗罪にいう暴行にあてはまらないものが多いとされる。

ひったくりの一態様として、相手に暴行を加え、その虚をついて、所持品を奪取する形態がある。たとえば、いきなり相手の顔を平手で殴って、はっとした相手が所持品を手放して、顔を防ごうとする間に、その所持品を奪って逃げる行為が、これに当たる。この行為が、単なる窃盗か、反抗抑圧程度に至らない暴行による恐喝か、が問題となるが、恐喝は、瑕疵があるにせよ、任意の交付を構成要件要素としているので、暴行罪と窃盗罪とが成立すると解するのが妥当であるとされる。

XがAを押し倒し、手から離れたカバンを取る行為は、前述の単純なひったくり行為に当たると解される。すな

わち、Xは、Aの反抗を抑圧する手段として押し倒すという暴行を加えたのではなく、あくまでもAの注意を他にそらすために、その暴行を加えたのであるから、Xの行為は強取・喝取とはいえず、窃盗に当たるのである。その押し倒す行為によってAが傷害を負ったか否かは、問題文からは不明である。しかし、少なくても暴行がなされ、それによって傷害を負っているばあいには、その結果的加重犯としての傷害罪が成立することになる。

(2)　強取と評価され得る「ひったくり」行為

「ひったくり」が反抗を抑圧する程度の暴行と評価されるばあいがある。判例上、強盗罪の成立が肯定されたケースとして、次のようなものがある。たとえば、①行為者が、夜間人通りの少ない路上で、歩行中の婦人Aの背後から、その右腕のひじにかけていたハンドバッグに手をかけ引っ張ったが、Aが放さずに転倒したので、さらにAをバッグとともに数メートルにわたって路上を引きずり廻したケース（名古屋高判昭42・4・20高刑集二〇巻二号一八九頁）、②行為者が、前記と同じような時と場所で、自転車に乗っていた婦人Bの背後から、原付自転車で速度をあげて追越しざまに、Bが右手でハンドルと共にバンドを握っていたハンドバッグを無理に奪い取ろうとしたケース（東京高判昭38・6・28高刑集一六巻四号三七七頁）、③同じような状況下で、自動車の窓から、歩行中の女性Cのハンドバックのバンドに手を掛けてひったくろうとしたが、相手が奪われまいとして手放さなかったので、さらにこれを奪取しようとして、バンドをつかんだまま自動車を走らせ、被害者を引きずって路上に転倒させたり、車体に接触させたり、あるいは道路脇の電柱に接触させたりしたケース（最決昭45・12・22刑集二四巻一三号一八八二頁）において、いずれも強盗（致傷）罪の成立が肯定されているのである。

これらは、いずれも被害者の生命ないし身体に重大な危害を加える可能性を有する暴行であるため、反抗を抑圧する程度の暴行として評価されたものと解される。②③のばあいには、原付自転車・自動車を使用しているため、

危害を加える可能性がきわめて高いので、強盗罪の成立が容易にみとめられるが、①のばあいにも強盗罪の成立が肯定されている点に、判例としての重要性があるといえる。

これに対して、恐喝（未遂）罪の成立をみとめたケースがある（札幌地判平4・10・30判タ八一七号二一五頁）。そのケースは、バッグをひったくろうとしたところ、抵抗され、被害者を引き摺って連行した際、傷害を負わせたが、金品を奪えなかった事案である。事実の概要は、次のとおりである。行為者は、平成四年六月一〇日午前一時過ぎころ、小遣い銭欲しさから、路上を一人で通行中の被害者A（当時二五歳）のショルダーバッグをひったくろうと考え、Aを追いかけ背後からいきなり首の前辺りに左腕を回して引き付け、Aが右肩に掛けていたショルダーバッグの鎖部分を右手で掴んで引っ張ったところ、Aはとっさにバッグを胸に抱え込みその場に両膝をついて座り込むような格好となった。行為者は、両膝が地面についたままの状態のAを七、八メートル引き摺り、自分で歩けると言って立ち上がったAの腕を掴んで自動車学校の車庫の中まで連行し、なおも大声を出して抵抗する同女の口を手で塞ぎ、車庫の内壁に背中を押し付けるなどしたが、金品を奪い取ることを断念し、一連の暴行により、Aに全治約二週間の傷害を負わせた。札幌地裁は、行為者の暴行の程度はかなり強いものであったものの、凶器を使用しておらず、殴打、足蹴りなどをおこなっていないこと、Aは、終始抵抗を続けていたほか、引きずられた際に「ちゃんと歩くから」と言って立ち上がり、自ら歩いて移動したこと、行為者は強盗を目的としていたが、強盗として認識・供述しているものは、「ひったくり」であることなどを理由にして、「以上を総合すると、被告人の暴行は、前記のとおりかなり程度の強いものではあったが、被害者の反抗を抑圧する程度のものであったとするには、なお合理的な疑問が残るといわざるを得ず、強盗致傷の訴因は認定できない。結局、被告人は、Aの反抗を抑圧するに足りない程度の暴行を加えて金品を奪い取ろうとしたが、これができなかった。その際、被害者に前記の傷害を負わせたという

ことに帰するから、本件では、恐喝未遂罪と傷害罪が成立すると言うべきである」と判示したのである。

本事例におけるXがBに対しておこなった「ひったくり」行為は、①の名古屋高判のケースに類似しているといえるであろう。札幌地判のケースと異なり、Xは、Bをバッグもろとも強引に引っ張って走り出して転倒させているのである。どれ位走ってBを転倒させたかは明らかでないが、数メートルにわたって引き摺り回したのであれば、反抗を抑圧する程度の暴行に当たり、強盗罪の成立を肯定することができるであろう。さらに、強盗致傷罪の成立も考えられるが、全治一週間の怪我は本罪にいう傷害に当たるか、が問題となる。有力説は、これを否定している。この点は、後述するように、Aについても問題となる。走り出す衝撃で転倒したにとどまるのであれば、強取に当たらず窃盗罪と傷害罪が成立するにすぎないと解され得る。

3　事後強盗罪の成否

(1)　要件の吟味

(i)　総説

本罪の要件は、①窃盗犯人が、②財物を得てこれを取り返されることを防ぎ、逮捕を免れ、または罪跡を隠滅するために、③暴行・脅迫を加えることである。本罪は、「強盗として」扱われるから、暴行・脅迫は、強盗罪のばあいと同じく、相手方の反抗を不能または著しく困難にする程度のものでなければならない（判例・通説）。その程度の暴行・脅迫が加えられれば、本罪は既遂に達し、現実に「取り返されることを防ぎ」、「逮捕を免れ、罪跡を隠滅」したことは必要ではない。本罪の暴行・脅迫は、前記の目的のためになされるものでなければならないから、「窃盗の機会」、すなわち、「窃盗の現場およびこれに引き続いて財物の取り返しまたは犯人を逮捕できる状況のもとで」

加えられることを要する。それは、必ずしも窃盗の現場だけでなく、犯行と時間的・場所的に近接した機会におこなわれれば足りる（判例・通説）。この要件は、本事例の重要論点であるから、項を改めて詳しく説明することにする。

(ii)　二三八条の趣旨

本罪は、窃盗犯人が窃盗行為の終了後、現場を離れる際に、暴行・脅迫を加えることが多いという刑事学（犯罪学）上の実態を考慮に入れ、人身の安全を期するため、暴行・脅迫の加重類型として強盗罪と同様に扱うものとしたものである。「強盗として論ずる」というのは、刑および他の罰条の適用上、すべて強盗として取り扱うことを意味するのである。したがって、法定刑について二三六条に準ずるほか、強盗致死傷罪などの適用においても強盗として取り扱われることになる。

(iii)　主体

本罪の主体は、「窃盗」であり、「窃盗」とは、窃盗の実行に着手した者、すなわち、窃盗犯人のことをいう。財物を得てその取返しを防ぐために暴行・脅迫を加えるばあいは既遂犯人に限られるが、その他のばあいは、窃盗未遂犯人であってもよい。

本事例において、「かっぱらい」Xが「窃盗」犯人に当たれば、本罪の主体となり得る。

(iv)　未遂・既遂

窃盗につき未遂・既遂を問わず本罪の既遂犯が成立すると解する立場もあるが、暴行・脅迫を手段とする強盗罪では、財物の取得によって既遂となるのであるから、「強盗として論ずる」べき本罪においても、未遂は財物奪取について未遂のばあいと解すべきである（判例・通説）。したがって、窃盗既遂犯人については、つねに本罪の既遂犯が成立し、窃盗未遂犯人については本罪の未遂罪が成立することとなる（最判昭24・7・9刑集三巻八号一一八八頁）。本事

例においては、財物奪取がある以上、既遂犯となることは、明白である。

(v)　傷害の程度

強盗致傷罪ないし強盗傷人罪における傷害の意義は、傷害罪(二〇四条)にいう傷害と同じものと解すべきであるとする説(通説)があり、判例もかつてはこの立場に立っていた(大判大4・5・24刑録二一輯六六一頁)。しかし、本罪の当時の法定刑の下限は七年以上の懲役であり、酌量減軽しても法律上の減軽事由がないかぎり執行猶予を付すことができないので、軽微な傷害も本罪に含まれると解すると、不当に刑が重くなり妥当でないとされた。したがって、本罪における傷害は、傷害罪におけるものよりも重いものであり、一般に医師の治療を要する程度のものでなければならないとされた。その程度に達しない傷害を生じたばあいにつき、軽微な傷害は暴行に含まれて強盗罪のみが成立するとする見解と傷害罪に当たると解し、強盗罪と傷害罪との観念的競合になると解する見解とがある。現在では、法改正により下限が六年以上とされ、刑の問題は、立法的に解決されている。

(2)　財物奪取と暴行との関連性

財物奪取に関連して暴行・脅迫が加えられるという反社会的行為の「危険性の程度」は、財物奪取が暴行・脅迫に続いておこなわれるか、暴行・脅迫が財物奪取に続いておこなわれるか、のいずれのばあいであっても、同等と評価され得る。すなわち、暴行・脅迫を手段として財物を奪取する第二三六条の典型的な強盗罪と同程度に、窃盗犯人が二三八条所定の目的で財物奪取に関連して暴行・脅迫を加える行為の危険性が大きく、かつ、しばしば発生する犯罪類型でもあることに鑑み、これを刑法上、強盗罪として取り扱うこととするため二三八条の事後強盗罪が設けられたのである。したがって、本罪では、財物奪取と暴行・脅迫との間に「密接な関連性」が必要とされているのである。

この密接な関連性に関して、たとえば「暴行又は脅迫の行はれる場所については明文上何等の制限がないが、当然の解釈として現場であることを要する。現場とは窃盗罪の実行の着手からこれを終わるまでの行為が行はれた場所、並びにその場所に在った者又はこれを援助する者にとって、引続き財物を取還し又は犯人を逮捕しうべき情況の継続する場所をいふ」と解する見解がある。これは、窃盗の「現場」性を要求するものである。これに対して、「暴行脅迫は窃盗の機会においてなされることを要する。窃盗の機会とは、窃盗の現場及びこれに引続いて財物の取還又は犯人の逮捕をなし得べき状況の存する場合を指す」とする見解もある。これは、窃盗の「機会」であればよいとするものである。

しかし、いずれも表現方法を異にするが、実質的には同じことを意味しているにすぎず、本罪が典型的な強盗罪と刑法上同じ取扱いをすることとした理由に照らし、暴行・脅迫が場所的・時間的・人的な関係を総合的に判断して財物奪取と密接な関連性を有するとみとめられる状況のもとにおこなわれることを要すると解すべきであるとされている。

これを具体的にいえば、財物奪取の現場における暴行・脅迫は、前記のすべての関係において両者が密接な関連性を有するとみとめられるので、本罪の暴行・脅迫といえるのであり（大判昭7・12・12刑集一一巻一八三九頁）、また、財物奪取の現場ではないが、被害者らに現場から引き続いて追跡されている途中における暴行・脅迫は、それが時の経過によりいかに時間的関係において関連性が薄くなっているばあいでも、窃盗犯人とその現場に居合わせた者がそのまま場所的移動をしてきたという意味から、場所的、人的関係において財物奪取と暴行・脅迫とが密接な関連性を有するとみとめられるので、本罪の暴行・脅迫といえるとされる（広島高松江支判昭25・9・27特報一二号一〇六頁）。

窃盗犯人が、現場から去ろうとして被害者に気付かれたものの自動車で一応無事に立ち去ったが、道に迷って二〇分後にふたたび現場付近に立ち戻ったため、被害者側に追跡され、約一〇分後に追いつかれて現場から約四キロメートルの地点で逮捕を免れる目的で、追跡者を包丁で刺して死亡させた事案について、強盗（事後強盗）致死罪の成立をみとめた裁判例として福岡高判昭42・6・22（下刑集九巻六号七八四頁）がある。

本事例のXは、Aに追跡され、一旦は逃走に成功したものの、一〇分後に別の通りでAに発見され逮捕されかかっている。一〇分間見失った時間があったにせよ、なお追跡は継続していたのであり、別の通りで発見されているので、時間的にも場所的にも犯行現場に近接していたものと評価され得る。したがって、財物奪取と暴行との密接な関連性の存在が肯定されることになる。Xとしては、少なくとも逮捕を免れる目的でAの顔面を数回にわたって手拳で殴打しているので、事後強盗罪が成立し得る。Aの手を振り払うだけであれば、単なる暴行にすぎないが、さらに殴打行為に及んでおり、反抗を抑圧する程度の暴行と評価することが可能となる。その暴行によりAが全治一〇日間の怪我を負っているので、事後強盗致傷罪の成立を肯定すべきか否か、が問題となる。この点については、前述のとおり、本罪の法定刑が重いことに鑑み、厳格に解すべきであるとする見解がある。この見解によれば、事後強盗罪が成立するにとどまり、別に傷害罪が成立することになる。しかし、法改正により法定刑が引き下げられたので、このように解する必要はなくなり、傷害罪における傷害と同意義に解すべきである。したがって、事後強盗致傷罪の成立をみとめるべきであると解される。

第四款　事後強盗罪と住居侵入罪

Xは、定職がないのに、ギャンブルにのめり込み、日常生活のための金銭にも事欠く状況にあったので、同居を始めて間もない叔父Aのスーパーから日用雑貨などを盗むことにし、仮にAにつかまっても大目に見てもらえると思ったが、警備員に見つかったばあいには警備員を脅して逃走しようと考えてナイフをジャンパーのポケット内に隠して店内に入った。そして、Xは、品物をスーパーの買物かごに入れ、店員の監視の隙を見て、その買物かごをレジの外側に持ち出して、店備え付けのビニール袋に商品を移そうとしたところを、別の店員に取り押さえられた。Xの認識とは異なり、そのスーパーの経営者はAではなくてBであり、Aは店長としてBに雇われていたものである。

Xの罪責について論じなさい（特別法違反の点は除く）。

【論　点】

1　事後強盗罪の予備

（1）事後強盗罪の予備はみとめられるか。↓刑法二三七条にいう「強盗の目的」は二三八条に規定する準強盗を目的とするばあいを含むか。

（2）事後強盗の予備と窃盗罪との関係

2　違法目的による立入りと住居侵入罪の成否

（1）保護法益に関する最近の動向

（2）保護法益論と「侵入」概念の関係

3　窃盗罪の既遂時期

（1）取得説（通説）の意義

（2）取得説による具体的当てはめ→東京高判平4・10・28判タ八二三号二五二頁。なお、大阪地判昭63・12・22判タ七〇七号二六七頁参照。

4　親族相盗例

（1）意義・根拠

（2）親族関係の範囲

（3）錯誤の取扱い

【本事例の趣旨】

財産犯は、古典的犯罪類型であり、古くから種々の観点から議論されてきている。それにはじつに多くの問題点が包含されており、刑法各論における解釈論の能力を判定するのに適する事例問題が多いといえる。日常頻繁に犯されている犯罪であるだけに、取り組みやすい領域であるが、より深く考えてみると必ずしも一筋縄ではいかないことが分かる。そのため、財産犯に関する諸論点は誰でも知っており、ひととおりのことは叙述できるのであるが、

理解の深さによって如実に差が出てくることになる。ここに、基礎学力と応用能力を試すのに格好の問題として財産犯の事例問題が重要性を有する理由がある。

【叙述上の注意】

本事例における論点は、問題文から明白に読み取ることができるであろう。問題文の時系列に従って発生する諸論点を【論点】において指摘してあるが、本事例の眼目は、事後強盗罪の予備の成否、窃盗罪の既遂時期、親族相盗例における錯誤の取扱いにあるので、住居侵入罪における「保護法益」の問題については、簡潔に論述するとよい。

事後強盗罪の予備については、最高裁の判例があり、それを支持する立場が学説上、多数説となっているので、その立場から積極的に論拠づけたうえで否定説を批判する方が書きやすいであろう。もちろん否定説をとるべきでないと言っているわけではない。否定説の立場に立つばあいは、逆に、否定説を積極的に論拠づけた後、肯定説を批判するようにすればいいだけのことである。これは周知の論点であるから、説得的に叙述する工夫が望まれるところである。

窃盗罪の既遂時期については、取得説が「自己または第三者の事実的支配下に置くこと」という抽象的基準を提示しているが、これを具体的ケースにあてはめるばあい、どういう意味で「事実的支配下」に置いたといえるか、について詳しく論述する必要があるといえる。

親族相盗例における錯誤の取扱いは、親族相盗例の法的性格の捉え方の如何によって差が出てくることを明らかにしたうえで、その適用の要件の問題と錯誤の取扱いの問題について叙述してほしいとおもう。法的性格論および

法益論に深入りしすぎると、まとめるのに苦労することになるので、注意が肝要である。

【解　説】

1　問題の所在

「事後」強盗罪は、窃盗犯人が窃盗行為に出た後に（つまり、事後的に）一定の目的で暴行・脅迫を加えたばあいに強盗罪として処罰する犯罪類型である。にもかかわらず、窃盗行為に出る前の段階で（つまり、予備の段階で、いいかえると、事前的に）暴行・脅迫を加える目的で凶器を準備する行為を事後強盗罪の予備として処罰することができるであろうか。事後強盗罪の予備の成立を肯定したばあい、窃盗行為に出たものの暴行・脅迫をおこなうに至らなかったとき、事後強盗罪の予備は窃盗罪に吸収されることになるのであろうか。

Xがスーパーに立ち入る行為は、通常の顧客を装ってなされているが、これははたして住居侵入罪における「侵入」といえるのだろうか。住居侵入罪の保護法益をいかに捉えるか、によって、この点についての理由に差が出て き得るので、若干の考察が必要である。

本体となるXの窃盗行為は未遂なのか既遂なのか、が問題となる。これは、既遂時期に関する諸見解の当てはめの問題にほかならない。

Xは、同居の叔父Aがスーパーの経営者であると誤認して前記の行為をおこなっているが、この錯誤はどのように取り扱われるべきであろうか。これは、親族相盗例における錯誤の問題にほかならず、親族相盗例の法的性格の捉え方如何によって差が生ずるので、その点についての考察が重要となる。

ことにしよう。

2　事後強盗罪の予備

事後強盗の予備は、判例・学説上、消極説を否定するという形で展開されてきたので、まず消極説から見ておくことにしよう。

(1)　消極説の論拠

(i)　犯罪類型としての特質

事後強盗は、窃盗犯人が財物の取戻しを防ぐなどの目的で暴行・脅迫をおこなうことによって成立する犯罪類型であるから、その出発点は窃盗であるが、窃盗予備を処罰する規定が存在しない。

(ii)　条文の位置

条文上、強盗予備罪は、強盗罪の直後に置かれ、事後強盗罪はさらにその後に置かれている。他の予備罪において予備罪規定よりも後に規定された犯罪を目的とする予備をも処罰するものはない。

(iii)　目的の確定性

警備員に見つかったばあいには警備員を脅迫するという意思は不確定な意思であり、強盗予備でいう「強盗の目的」があるとはいえない。

(iv)　身分犯性

事後強盗は、窃盗犯人という身分を取得した者のみが犯し得る身分犯であるから、窃盗犯人という身分を取得していない者は、身分犯である事後強盗の予備をおこない得ない。

(2)　積極説の論拠

(i)　犯罪類型としての特質

事後強盗は、単なる窃盗とは異なり、窃盗後になされる暴行・脅迫と結びつくことによって「強盗として論ずる」ものであるから、二三七条にいう「強盗の目的」には準強盗の目的も含まれ、事後強盗の予備も強盗予備罪になる。

(ii)　条文の位置

まず基本型としての強盗罪とその予備罪の規定を置いた後に強盗の異型としての事後強盗罪および昏睡強盗罪を配して、その取扱いを強盗と同様にする旨を定めているのであるから、事後強盗罪の規定が強盗予備罪の規定の後に配置されていても別段不都合は生じない。

(iii)　目的の確定性

単純強盗になる居直り強盗でも、もし人に見つかったばあいには居直って暴行・脅迫を加えて強取しようという意思があり、そのばあい強盗の目的は不確定的である。したがって、強盗や準強盗の目的が不確定であっても強盗予備罪の成立をみとめてもよい。

(iv)　身分犯性

窃盗犯人であることが身分である点には疑問がないわけではないが、通説はこれを肯定する。窃盗犯人という身分は窃盗の実行に着手することによって発生する身分であるから、窃盗の実行に着手していないということで、事後強盗予備罪の成立を否定するのは不当である。

(3)　判例

最高裁の判例は、「刑法二三七条にいう『強盗ノ目的』には、同法二三八条に規定する準強盗を目的とする場合を含む」と判示し（最決昭54・11・19刑集三三巻七号七一〇頁）、積極説の立場に立っている。

3　住居侵入罪の成否

(1)　学説

住居侵入罪の保護法益に関して、学説は次のように分かれている。

(i)　住居の平穏説

通説は、本罪の法益を事実上の住居などの平穏と解する（事実的住居平穏説）。本説は、家長権・戸主権という家制度を前提にした旧住居権説（大判大7・12・6刑録二四輯一五〇六頁）をつぎのように批判したうえで、自説を論拠づけている。すなわち、①住居権の内容が明確でない、②住居権概念にこだわるのは、犯罪を権利侵害と解する一九世紀初期の古い思想の残滓である、③住居権の帰属の問題で不都合が生ずる。そこで、本罪の法益は事実としての住居の平穏であるとする。本説は、侵入概念に関して、侵入とは居住者・管理者の（推定的）意思に反する立入りと解する立場と、侵入とは事実上の住居の平穏を害する態様での立入りをいうとする立場に分かれている。

(ii)　新住居権説

この説は、住居その他の建造物に他人の立入りをみとめるか否か、についての自由を法益と解するものであり、最近の多数説である。本説は、住居の平穏説をつぎのように批判する。すなわち、①平穏概念が曖昧である、②したがって、法益の主体が曖昧である、③平穏な立入りでもそれを拒否できる個人の自由の保護に欠ける。

本説は、法益の主体、つまり、承諾権者をその住居に居住する者全員とし、侵入とは住居権者の意思に反する立入りとする（意思侵害説）。

新住居権説はプライヴァシーの保護の観点から主張された理論であり、公の建造物や社会的建造物についても妥当するか、については批判がある。そこで、公の建造物については住居権者の意思は建物の目的・必要性によって

制約を受けるとする見解や公の建造物のばあいには住居権の支配権・自由権は制限されており、住居権者の恣意的な意思は保護されず、立入り拒否の意思も明示的でなければならないとする見解も主張されている。

(2)　判例

最判昭58・4・8（刑集三七巻三号二一五頁）は、「刑法一三〇条前段にいう『侵入シ』とは、他人の看守する建造物等に管理権者の意思に反して立ち入ることをいうと解すべきであるから、管理権者が予め立入り拒否の意思を積極的に明示していない場合であっても、該建造物の性質、使用目的、管理状況、管理権者の態度、立入りの目的などからみて、現に行われた立入り行為を管理権者が認容していないと合理的に判断されるときは、他に犯罪の成立を阻却すべき事情が認められない以上、同条の罪の成立を免れない」と判示している。本判決は、侵入概念につき意思侵害説をとっているが、法益については触れていない。

4　窃盗罪の既遂時期

窃盗罪の既遂時期について、判例は、「凡そ不法に領得する意思を以って、事実上他人の支配内に存する物体を自己の支配内に移したときは、茲に窃盗罪は既遂の域に達するものであって、必らずしも犯人が之を自由に処分し得べき安全なる位置にまで置くことを必要とするものではない」と解している（最判昭23・10・23刑集二巻一一号一三九六頁）。これは、①たんに財物に手を触れるにとどまるばあいには、窃盗罪は未遂であり、②財物を自由に処分できる安全な場所に移すことまでは必要としないとする趣旨であると解されている。通説は、判例を支持している。このように「事実上他人の支配内に存する物体を自己の支配内に移したとき」に既遂に達するとする一般的基準を、前記の①②の中間に位置する事例についてどのように具体化するか、が問題となる。この点について、財物の性質・

形状、被害者による支配状況、窃取行為の態様などの要素を総合的に考慮すべきであるとする見解が有力となっている。

スーパーマーケットにおいては、顧客は、店舗内の商品を自由に手に取って選択してそれを店舗備付けの買い物かごに入れて店内を自由に移動でき、レジに持って行って代金を支払うシステムがとられている。そこにおいては、顧客が商品窃取の意思で買物かごなどに商品を入れて店にいるだけでは、窃盗はまだ既遂に達していないとされる。店内ではあっても、レジの外側に商品を持ち出したばあいには、その商品は行為者の支配内に移転したものとされる。その理由につき、判例は、「被告人がレジで代金を支払わずに、その外側に商品を持ち出した時点で、商品の占有は被告人に帰属し、窃盗は既遂に達すると解すべきである。なぜなら、右のように、買物かごに商品を入れた犯人がレジを通過することなくその外側に出たときは、代金を支払ってレジの外側に出た一般の買物客と外観上区別がつかなくなり、犯人が最終的に商品を取得する蓋然性が飛躍的に増大すると考えられるからである」と判示している（東京高判平4・10・28判タ八二三号二五二頁）。

5　親族相盗例と錯誤

(1)　親族相盗例の法的性格——刑の免除の根拠

刑法二四四条一項は、窃盗罪および不動産侵奪罪またはこれらの罪の未遂罪が直系血族、配偶者または同居の親族との間で犯されたばあいは、その刑を免除し、二項は、これらの罪が一項に規定する親族以外の親族との間で犯されたばあいには親告罪とする旨を規定し、三項は、親族でない共犯者については一項・二項の規定を適用しない旨を定めている。このように、一定の親族の間で窃盗罪がおこなわれたばあいの特別の扱いを親族相盗例という。

通説は、「法は家庭に入らず」という法思想を具体化したものとして親族相盗例を捉え、「刑の免除」は有罪判決の一種であると解している。これは一身的処罰阻却事由であるとされる。これに対して、犯罪の成立を否定する説もあり、①親族間においては一種の消費共同体が存在するので、窃盗罪としての可罰的違法性がないとする可罰的違法性阻却説ないし違法性減少説、②親族間の盗取行為には期待可能性がないので責任が阻却されるとする責任阻却説などが主張されている。

(2) 親族関係の範囲

親族関係は犯人（窃取者）と誰との間に存在することが必要か、について、①行為者と目的物の所有者との間に存在すれば足りるとする見解、②行為者と目的物の占有者との間に存在すれば足りるとする見解、③行為者と所有者および占有者との間に存在する必要があるとする見解（通説）、④行為者と所有者または占有者のいずれか一方との間に存在すれば足りるとする見解がある。①②は、窃盗罪の保護法益と関連させて主張されている。しかし、親族相盗例の規定は、保護法益の問題と関係なく、独自の沿革と意義を有しており、「法は家庭に入らず」という思想からすれば、目的物の所有者または占有者が親族でないばあい、事柄はすでに家庭外に波及しているので、本条を適用すべきではない。したがって、通説の立場が妥当である。

判例は、当初、本条は、窃盗罪の直接の被害者である財物の占有者と犯人との関係についての規定であって、その所有権者と犯人との関係についての規定ではないと解していた（最判昭24・5・21刑集三巻六号八五八頁）。しかし、現在では、窃盗犯人が所有者以外の者の占有する財物を窃取したばあいに、本条一項が適用されるためには、同項所定の親族関係は、窃盗犯人と財物の占有者との間だけでなく、所有者との間にも存在することを要すると解し（最決平6・7・19刑集四八巻五号一九〇頁）、通説と同じ立場になっている。

(3) 親族相盗例と錯誤

行為者と一定の者の間に身分関係がないのにあると誤信したばあいに、その錯誤は親族相盗例の適用の可否に影響を及ぼすか、が問題となる。これは、親族相盗例における刑の免除の根拠に関する見解の相違によって結論に差が出てくる。すなわち、①説はこれを正当化事情の錯誤として扱い、②説はこれを期待可能性に関する錯誤として扱い、いずれも故意阻却の可能性をみとめることになる。これに対し、通説は、本条は処罰阻却事由にすぎないから、身分関係・親族関係に関する錯誤はその適用に影響を及ぼさないとする。しかし、誤信したことにつき相当の理由があるばあいには、三八条二項の趣旨を活かして親族相盗例を準用すべきであると解する立場もある。

6 Xの罪責

(1) 事後強盗罪の予備の成否

Xが、事後強盗の目的でナイフを携帯している行為は、判例・通説の立場においては、事後強盗罪の予備を構成することになる。ただし、Xは窃盗行為に出ているので、窃盗行為の実行の着手前における事後強盗の予備の成否を問題とする典型的なケースとは異なっていることに注意する必要がある。このばあい、事後強盗の予備は後行の窃盗罪に吸収されるのではないか、という問題が生ずる。というのは、一般に、予備は既遂・未遂に吸収されて独立の評価を受けないからである。事後「強盗」は「強盗」として評価される犯罪類型であり、単純な窃盗とは質的に異なる。したがって、事後「強盗」の予備も窃盗とは別個に評価されるべきであると解される。

消極説をとると、事後強盗罪の予備が成立しないことはいうまでもない。

(2) 住居侵入罪の成否

事後強盗の目的を秘してスーパーに立ち入る行為が住居侵入罪を構成するか否か、は、住居侵入罪の保護法益の捉え方の如何にかかわっている。たとえば、住居の平穏説においては、客観的基準によって解する立場は本罪の成立を否定し、被害者の意思を重視する立場は本罪の成立を肯定することになろう。新住居権説においては、住居権者の意思を重視するので、本罪の成立を肯定することになろう。

(3) 窃盗罪の既遂の成否

判例・通説によれば、Xがレジの外側に商品を移動した時点で、当該商品の占有はXに移転したことになり、窃盗罪は既遂となる。これだけでは既遂とはならないとする立場もあり得るが、その立場は、スーパーにおける前記のシステムを前提にしたばあいでもなお商品の事実上の支配がスーパーの側にあることを積極的に論証しなければならないことになる。

(4) 錯誤の取扱い

Xは、同居の親族Aが所有し、かつ占有する財物を窃取する意思で同居の親族が占有する他人Bの所有物を窃取したことになる。このばあい、親族相盗が窃盗罪の成否に関わると解する説は、Xの錯誤を違法性もしくは責任を基礎づける「事実」の錯誤または違法性もしくは有責性に関する錯誤として取り扱うことになる。それぞれの立場により、故意阻却の肯否につき結論が異なる。親族相盗例を処罰阻却事由と解する通説は、Xの錯誤は刑法上、重要でないとの結論に到達する。しかし、これを処罰阻却事由と解しても、なお三八条二項の趣旨を類推して親族相盗例の適用をみとめることも可能であり、そのように解すべきである。

(5)　罪数

住居侵入罪と窃盗罪とは、客観的にも主観的にも手段・目的の関係あるので、牽連犯となる（五四条）。

第五款　詐欺罪と文書偽造罪

Aは、借金がかさみ、貸主から厳しい催促を受けていたので、甲信販会社の会員であることを利用して、代金支払いの意思も能力もないのに、これがあるかのように装い、クレジット・カードを呈示して甲の加盟店乙から、三〇〇万円相当の宝石類を購入した。さらにAは、拾得したBのクレジット・カードに書かれているBの署名をベンジンで拭き取ったうえで、改めてBの名前を記入した後、これを甲の加盟店丙において呈示して、三枚複写の売上票にBの名前を記載したうえ、三〇〇万円相当の宝石類を購入した。そして、右の宝石類を安く売り払って現金を入手して、借金の返済にあてた。なお、後日、乙および丙は、甲から立替払いを受けた。
Aの罪責について論じなさい。

【論　点】

1　三角詐欺・三者間詐欺とは何か。
クレジットカード犯罪と詐欺罪の成否の問題の根底にあるのは何か。

2　Aの罪責

(1)　自己名義のクレジットカードの使用

(i)　詐欺行為の存否――欺かれた者は誰か。

(a)　詐欺行為不存在説

(b)　欺かれた者=加盟店――多数説

(c)　欺かれた者=クレジット会社説

(ii)　被害者は誰か。

(a)　加盟店説――多数説

(b)　クレジット会社説　一項詐欺罪

二項詐欺罪

(2)　他人名義の使用

(i)　署名の偽造――一五八条（偽造）＋一六一条（行使）

(ii)　詐欺罪との関係――牽連犯

【解　説】

1　三角詐欺の問題点

(1)　意義と問題の所在

三角詐欺（三者間詐欺）とは、詐欺罪において、欺かれる者（被欺者）と被害者が違うばあいをいう。従来、訴訟詐

欺をめぐって議論が展開されてきたが、現在では、クレジットカードの不正使用に関して論じられている。この問題は、詐欺罪の根本に関わるので、深く理解する必要がある。すなわち、①いったい誰を、どういう意味で欺き、どういう処分行為をしたといえるのか、②どういう被害が誰に対して生じたといえるのか、③そもそも詐欺罪において「欺く行為→錯誤→処分行為」の因果関係が必要とされるのはなぜか、ということが問われることになるのである。

(2) 詐欺罪の構造

詐欺罪において欺く行為—錯誤—処分行為間の因果関係の存在が要求される根拠に関して、理論上、二つの立場が考えられる。

(i) 詐欺罪は、被害者自身の行為を媒介させてなされる被害者自身の行為を利用した「自己加害的な間接正犯形態」の財産犯として理解する立場。三角詐欺のばあい、「被害者」が自ら処分行為者に授権して、自らの財産の処分を委ねたか否か、が詐欺罪の成否を決定づけることになる。

(ii) 交付罪たる詐欺罪を奪取罪たる窃盗罪から構成要件的に区別するために、「欺く行為—錯誤—処分行為」の因果関係が必要であると解する立場。三角詐欺のばあい、「処分行為者」に被害者の財物などを処分する権限がみとめられるかどうか、が詐欺罪か窃盗罪かを決定する基準となる。

2 クレジット・カードの不正利用（三角詐欺）となるのかどうか。

クレジット会員が、代金支払いの意思も能力もないのに、自己名義のクレジット・カードを使用して、加盟店から物品を購入したばあい、詐欺罪が成立するか。詐欺罪が成立するとしても、一項詐欺罪なのか二項詐欺罪なのか。

(1) 犯罪不成立説

この説は、以下のように主張する。すなわち、会員が代金支払いの意思も能力もないのにあるように装って加盟店から商品を購入しても、加盟店に対する代金支払いはクレジット会社がおこなうのであるから、この点に関してなんら虚偽はないので、加盟店に対する欺く行為は存在しない。加盟店は、カードの有効・無効をチェックすれば足り、会員の代金支払いの意思や能力まで考慮する必要はないので、この点の錯誤は重要ではない。クレジット会社は、会員に欺かれようが欺かれまいが、代金支払い請求のあった加盟店に代金の支払いをしなければならないのであるから、仮にカード会社に対する欺く行為があったとしても、その欺く行為と代金の支払いという処分行為との間に因果関係が存在しない。したがって、詐欺罪は成立しない。

(2) 詐欺罪説

(i) 被害者は加盟店であるとする説

判例・多数説は、加盟店に対する欺く行為、加盟店の錯誤に基づく処分行為、加盟店に対する財産上の損害をみとめて商品に関する一項詐欺罪の成立を肯定する。欺く行為を肯定する根拠として、(a)加盟店がクレジット会社より代金決済がなされない事態に備え、会員に対する代金債権の履行請求を確保する必要があること、(b)信用取引機構の存立維持のためクレジット会社に対してその不良債権の発生を回避すべき信義則上の義務を負担していること、(c)加盟店が会員に代金決済の意思能力がないことを知悉しながら商品を販売交付したようなばあいには代金の支払いを拒絶される虞れなしとしないこと、(d)会員がクレジットカードを呈示し売上票に署名することは、その利用代金をクレジット会社に立替払いしてもらい、後日これを同会社に返済するとの旨の意思を表明したものであること、が挙げられている。

(ii) 被害者はクレジット会社であるとする説

この説は、被欺罔者（欺かれる者）、処分行為者、被害ないし利得内容をめぐって見解が多岐に分かれている（(c)以下は三角詐欺罪説）。

(a) 被欺罔者・処分行為者は加盟店であり、立替払いをさせた点で不法な利得があると解する。

(b) 被欺罔者・処分行為者は加盟店であり、商品代金を詐取したとして一項詐欺罪の成立をみとめる。

(c) 被欺罔者・処分行為者は加盟店であり、立替払いにより加盟店への支払い免脱が不法な利得であると解する。

(d) 商品の取得が不法利得、クレジット会社の支払債務負担が損害であると解する。

(e) クレジット会社に「支払いが得られない高度の蓋然性という損害」をみとめ、商品交付の時点で、その損害があるとして二項詐欺罪の既遂の成立をみとめる。

3　他人名義のクレジットカードの利用と偽造罪

他人名義のクレジット・カードを使用するばあいには、私文書偽造罪の成否が問題となる。クレジット・カードに書かれている他人の署名を抹消し、その氏名を記載したにすぎないので、たんに文書毀棄行為をおこなっているにとどまるのではないか、との疑問も生ずる。しかし、自己の筆跡で他人の氏名を記名することにより自己がその者であるとして他人のクレジット・カードを使用できるようになるから、あたかも運転免許証その他の証明書の写真を貼り替えたばあいと同様に、クレジット会社の作成名義を冒して有署名の私文書であるクレジット・カードを偽造したことになると解される。

つぎに、売り上げ票にカード記載の会員の名前で署名する行為はどのように評価されるべきなのだろうか。売り

上げ票は、たんに内部処理用伝票ではなくて、加盟店と会員との間で売買契約が成立したことを証する、一種の売買契約書であり、とくに、加盟店からカード会社に送付される一枚目のそれは、立替払いの請求書としての性格を有するから、権利義務に関する私文書である。書面の表題が売り上げ票であっても、それは、会員署名欄に表示される者の作成する書面であって、いわば買い上げ票ともいうべきものであり、したがって、同欄に他人の氏名を冒署すれば、他人の作成名義を偽ったことになって偽造になると解されるのである。

4　Aの罪責

Aは、甲信販会社の加盟店乙において代金支払いの意思・能力がないのにあるように装って三〇〇万円相当の宝石類を購入する手続きをしたので、乙店はAが真実その代金を甲社に支払うものと誤信し、売上票を甲社に送付したのであるから、被欺罔者は乙店である。加盟店である乙店が売上票を送付したばあい、クレジット会社である甲社は代金決済を拒否できないので、乙店は自己の意思によって甲社の財産を処分できる地位にあるといえる。Aは、乙店を欺いて甲社に三〇〇万円の立替払いをさせているので、実質的には三〇〇万円の「金銭」を騙取したことになり、一項詐欺罪が成立する。

このばあい、Aは、現実には「金銭」ではなくて「商品」としての宝石を取得しており、典型的な一項詐欺罪とは異なるが、取引上は両者の「財物」としての価値は実質的に同一であるから、決定的な問題とはなり得ないとされる。

つぎにAは、B名義のクレジット・カードに書かれているBの署名を抹消し、Bの氏名を記載している。これは、たんに文書毀棄行為をおこなっているにすぎないのでないか、との疑問も生じ得る。しかし、Aは、自己の筆跡で

Bの氏名を記名することにより自己のクレジット・カードを使用できるようになるから、クレジット会社の作成名義を冒して有署名の私文書たるクレジット・カードを偽造したことになる。

そしてAは、売上票にBの名前で署名している。売上票は、加盟店と会員との間で売買契約が成立したことを証する、一種の売買契約書であり、とくに、加盟店からカード会社に送付される一枚目のそれは、会員署名欄に表示される者の作成する書面であって、いわば買上票ともいうべきものであり、したがって、Aが同欄にBの氏名を冒署すれば、Bの作成名義を偽ったことになって偽造になると解されている。

カード取引きにおいては、会員がカードを呈示しなければ加盟店はその取引きに応じないので、カードは会員の権利を表示しているように見える。しかし、加盟店に対する権利は、あくまでも加盟店と会員との個別契約の締結によって取得されるのであり、カードそれ自体にその権利が表示されているわけではない。したがって、「財産上の権利が証券に表示されていること」という刑法上の有価証券の要件（最判昭33・7・25刑集一一巻七号二〇三七頁）を具備していないから、クレジット・カードは刑法上の有価証券ではない。しかし、クレジット・カードは、その券面に表示されている者がクレジット会社の会員であることを筆跡を用いて証明する唯一の手段であり、会員であってもそれを呈示しなければ取引きをしてもらえない反面、会員でなくてもカードを示せば、会員でないことが一見明白であるばあいを除き、取引をしてもらえるので、実際上、現金と同様の経済的機能を営んでいるし、さらに金銭を受ける際その担保機能まで営んでいる。したがって、クレジット・カードは、大きな財産的価値を有し、刑法上の財物といえることになる。したがって、財物である他人のクレジット・カードを拾ってこれを領得する行為は、遺失物横領罪を構成する。

偽造罪の罪数は、冒用された作成名義の数、文書の物自体の数およびその内容たる事項の罪を併せ考慮し、かつ、

具体的事態に応じ、当該偽造文書、偽造文書によって侵害される公共的信用の意味に着目して決すべきであるとする見解によれば、三個の私文書偽造罪が成立し、これらは観念的競合となる。

B名義のクレジット・カードを丙店において不正に使用した行為も、理論的には自己名義のクレジット・カードの不正使用のばあいと同じである。詐欺罪が成立するばあい、私文書偽造罪とは観念的競合となる。売上票に署名する一個の行為が、私文書偽造罪を構成すると同時に詐欺罪の欺罔行為をも構成するからである。

第六款　詐欺罪と事後強盗罪

Aは、郵便局職員Xに依頼されてXと共謀のうえ、すでに簡易生命保険の保険金の法定最高限度額まで契約が締結されていることを秘して新たに契約を申し込み、簡易生命保険センターの係員に当該申込みが適正な保険契約の申込みであるものと誤信させて申込みどおりの簡易生命保険契約を締結させ、その保険証書を受け取った。また、Aは、某店の店員Yから商品を騙し取ろうと考え、店舗内でYから数の確認を求められて商品を受け取った際、Yに「今若い衆が外で待っているから、これを渡してくる。お金を今払うから、先に渡してくる。」と申し出て、金目のものは何も入っていない自分のセカンドバッグを店内にわざと残したまま、商品を持って店外に出た。Yは、Aがその言葉どおり店外にいる連れの者に商品を渡してすぐに戻り、代金を払ってくれるものと思い込み、Aが商品を持ったまま店外へ出ることをとがめなかった。

さらに、Aは、数日後、午後三時過ぎころ、Z方居宅内において、Z所有の高級腕時計および指輪を窃取し

たうえ、同家屋の天井裏に潜んでいたところ、同日午後六時一〇分過ぎころ、Zに気付かれ、通報を受けて駆け付けて来た警察官Uに発見されると、その逮捕を免れるため、同天井裏において、持っていた手工用切出しで、Uの顔面などに切り付けるなどの暴行を加えて、同人に加療約三週間を要する顔面、左手、胸部切創の傷害を負わせた。

Aの罪責について論じなさい（ただし、特別法違反の点は除く）。

【論　点】

1　簡易生命保険証書と詐欺罪の客体

（1）簡易生命保険証書の騙取は、国家的法益に対する行為であるから、詐欺罪の構成要件に該当しないのではないか。

（2）簡易生命保険証書は、単なる証拠証券にすぎず、財物性がないのではないか。

2　詐欺罪における処分行為

（1）処分行為の要否と意義

（2）窃盗との限界

3　事後強盗罪の成否

（1）窃盗の機会の意義

（2）窃盗の機会の要件

4　Aの罪責

【本事例の趣旨】

刑法各論においては財産犯の重要論点が多いので、財産犯に関する基本問題のうち古典的でありながら、最近、判例・学説上、新たに議論されるに至っている詐欺罪と事後強盗罪について検討することにした。これは、判例の事案を素材にして、きわめて基本的論点を論じさせる事例問題である。

【叙述上の注意】

Aの行為が三つ連続しておこなわれているが、それぞれ全然関係がないので、別個の論点として独立して時系列で論じるようにするとよい。それぞれ古典的論点であるから、問題点は明白であるため、より説得力のある論述をするように構成に工夫する必要がある。その際、問題文の事実の分析や論述方法に配慮する必要がある。

【解　説】

1　簡易生命保険証書と詐欺罪の客体

簡易生命保険証書の騙取と詐欺罪の成否に関する最高裁の判例として最決平12・3・27（刑集五四巻三号四〇二頁）がある。本事例のモデルとなったケースであるから、この判例に即して論点を検討していくことにする。

(1)　本件における第一の争点は、欺く行為によって簡易生命保険証書の交付を受けるのは、国家的法益に対する行為であるから、詐欺罪の構成要件に該当しないのではないか、という点である。簡易生命保険制度は、国が国民

に簡易に利用できる生命保険を提供することにより、国民の経済生活の安定と福祉の増進を図ることを目的とする国営の非営利事業である（簡易生命保険法一条）から、国家的法益に向けられた詐欺的行為の側面を有することになる。そこで、弁護人は、前記の行為は詐欺罪の構成要件に該当しないとする学説を引用して、詐欺罪は成立しないと主張した。国家的法益と詐欺罪の成否に関して、最決昭51・4・1（刑集三〇巻三号四二五頁）は、欺く行為によって国家的法益を侵害するばあいであっても、同時に財産権を侵害するときには、詐欺罪が成立すると判示しており、「財産権の侵害」があれば、詐欺罪の成立がみとめられることは、判例上確定しているとされている。簡易生命保険は、経営者が国であるという点を除けば、民間の生命保険事業と内容に大差はないから、もともと本件では、国家的法益の問題を云々する必要はないように考えられる。むしろ、本件の問題点は、騙取の対象が証書だったことにあり、紙片に経済的価値があるのかという形で、「財産権の侵害」の有無が実質的に問われるのであるとされる。

(2)　第二の争点は、簡易生命保険証書は、単なる証拠証券であって独立に保護すべき法益はないから、詐欺罪の客体としての財物性がないとの弁護人の主張に示されている。

簡易生命保険証書は、有価証券ではなく単なる証拠証券にすぎないが、保険契約の成立およびその内容について事実上の推定的効果を有する重要な証拠方法といえる。また、免責証券でもあるから、保険者である国は、保険証券の呈示者に保険金を弁済すれば、原則として免責され、さらに、簡易生命保険の各種保険別の約款では、「保険金の支払請求の際の提出書類」の一つとして保険証書が掲げられている。そうすると、簡易生命保険証書は、単なる証明文書にとどまらず、保険契約上の権利行使、義務履行に重大な関わりを有するものとして、それ自体で経済的な価値効用をもつ財物であるといえることになる。そして、国は、これを交付することにより、保険事故が生じたばあいに一定の手続に従って保険給付をおこなわなければならない具体的な危険を負担することになるとされる。

被告人らが不正に取得したのは、保険事故が生じたばあいに保険金の支払いを受けられる「権利」ないしそのような「契約上の地位」であるとして、刑法二四六条二項の詐欺利得罪の成立をみとめる余地がある。しかし、簡易生命保険証書は、それ自体で経済的な価値効用を有する「財物」であると見ることができ、これを目的とした一項詐欺罪が成立すると解するのが妥当である。

大審院の判例は、民間の生命保険証書を生命保険会社から騙取する行為が一項詐欺罪を構成することをみとめており（大判大12・12・25刑集二巻一二号一〇二四頁、大判昭7・6・29刑集一一巻一三号九七四頁など）、このような構成は定着しているとされている。

弁護人は、欺く行為によって旅券を不正取得した場合に詐欺罪の成立を否定した最判昭27・12・25（刑集六巻一二号一三八七頁）を援用して判例違反の主張をした。同判例は、旅券の不正取得は刑法一五七条二項の免状等不実記載罪に包含され、同罪の法定刑が軽い点をも参酌すると、右行為は詐欺罪に当たらないとの判断を示している。この見解によれば、免状などの騙取は本来詐欺罪に該当するが、特別規定である不実記載罪が適用される。本来、詐欺罪に該当するのに、なぜわざわざ特別規定を設けて軽い法定刑を規定したのか、という疑問に対しては、免状などそれ自体の経済的価値の低さをあげることになる。これに対して、免状などの交付は、一定の資格について官庁の証明を受けるものにすぎないので、免状など自体に経済的価値はなく、不正にその交付を受けても財産権の侵害があるとはいえないから、本来詐欺罪に該当しないとする説もある。社会生活上経済的な価値を有する簡易生命保険証書の不正取得と免状などの不正取得とでは、質が違うので、両者は事案を異にする。

公的機関からの証書類の騙取に関して、最高裁の判例は、三食者外食券（最判昭24・5・7刑集三巻六号七〇六頁）、家庭用主食購入通帳（最判昭24・11・17刑集三巻一一号一八〇八頁）、硝子特別配給約束書（最判昭25・6・1刑集四巻六号九〇九

頁）につき、それぞれ詐欺罪の成立をみとめている。前記各証書は物資の給付を受ける権利ないし利益を表示するものであるから、財産権の侵害がみとめられるケースである。健康保険証の騙取と詐欺罪の成否について高裁判例は、積極説（大阪高判昭59・5・23判タ五四一号二七一頁）と消極説（大阪高判昭60・6・26判タ五六六号三〇六頁）とに分かれており、学説上も、国家的法益の侵害の問題や詐欺罪における財産上の損害に関する議論が展開されている。

2　詐欺罪における処分行為――処分行為の要否と窃盗罪との限界

店員から差し出された商品を店外に持ち出した行為について、窃盗罪ではなく、詐欺罪が成立するとした高裁判例がある（東京高判平12・8・29判時一七四一号一六〇頁）。本事例のモデルとなったケースなので、これに即して論点を検討することにする。本判決は、詐欺罪の処分行為を否定して窃盗（常習累犯窃盗）罪の成立をみとめた原判決を事実誤認として破棄し、詐欺罪の成立をみとめたのである。原判決は、①店員は、数を確認させようとして商品を被告人の前に置いていたのであって、その処分を被告人に委ねたとはみとめられないから、この所為は詐欺罪における被欺罔者の処分行為に当たらない、②店番の女性Y子の気をそらし、その隙に乗じて商品を持ち去った旨の被告人の捜査段階における供述は信用できるとして、本件は窃盗に当たるとした。

これに対して、本判決は、「被告人は、前記薬局から商品を詐取する意図のもとに、客を装って同薬局を訪れては機会を狙ううち、テレホンカードを騙し取る意思で、店番をしていたY子に対し、八〇枚購入する旨の嘘の注文した上、さらに数日後これを受け取りに赴き、枚数を確認するようにと同人から販売ケースの上に差し出されたテレホンカードを手に取った際、［問題文に示されたような］嘘を付いて、その旨誤信した同人に、テレホンカードの店外持ち出しを了解・容認させたもので、もし、Y子が被告人の申し出の嘘を見破っていれば、テレホンカードの店

外持ち出しを容認せず、直ちに右申し出を拒むとともに、即時その場で代金の支払いを要求したことは明らかである。これを要求するに、Y子は、被告人の一連の虚言により、被告人が近所の家具店の者であって、テレホンカードを購入してくれるものと誤信し、直ぐ戻って来て代金を支払う旨の被告人の嘘に騙されて、注文されたテレホンカード八〇枚を被告人に交付したものと認められる。したがって、被告人の行為は、詐欺罪に該当することが明らかである。」と判示している。判例・通説は、詐欺罪の成立には、財産的処分行為が必要であるとしている（最判昭45・3・26刑集二四巻三号五五頁）が、その存否が詐欺罪と窃盗罪とを区別する基準とされている。

3　事後強盗罪の成否――「窃盗の機会」の意義と要件

窃盗犯人が他人の居宅内で財物を窃取後、窃盗の犯意をもち続けて天井裏に潜み約三時間後に駆け付けた警察官に逮捕を免れるために暴行を加えたという事案において、窃盗の機会継続中の暴行であるとして事後強盗罪の成立をみとめた判例として、仙台高判平12・2・22（判時一七一八号一七二頁）がある（上告審は最決平14・2・14刑集五六巻二号八六頁）。本事例のモデルとなったケースであるから、本判例に即して問題点を考察することにする。原判決は、警察官に対する暴行（傷害）が、窃盗の機会継続中におこなわれたものとはみとめられないとして事後強盗致傷罪の成立を否定し、その根拠として次の点を指摘している。すなわち、①窃盗後約三時間という相当の時間的隔たりがあり、その間に被告人は、飲食や睡眠をとるなど、窃盗とは無関係の行動をしていること、②被告人が、天井裏に居続けた目的は、被告人が当時家出中であったことから、たんに当座寝泊りする場所を確保するためであったこと、③警察官の逮捕当時、窃盗の事実は、被害者にも警察官にも一切判明していなかったこと、④窃盗がおこなわれた居室内と天井裏は、隔絶した空間であること、があげられている。

原判決も本判決も、一般論として、刑法二三八条の事後強盗罪が成立するためには、「窃盗の機会継続中」に、同条所定の目的で暴行または脅迫がおこなわれることを要し、「窃盗の機会継続中」であるか否か、については、同条の立法趣旨にかんがみ、暴行または脅迫がなされた場所的、時間的、人的関係などを総合的に判断して、犯人が窃盗の犯行に着手し、またはその犯行終了後いまだ被害者側の追及から離脱することなく、これらの者によってただちに財物を取り返されるか、あるいは逮捕される可能性が残されているなどの状況の下で暴行または脅迫がおこなわれたかどうか、を検討して決すべきものと解している。

しかし、本判決は、第一審判決とは異なる事実認定をしたうえで、事後強盗罪における場所的、人的関係の接着性の有無について、つぎのように判示したのである。すなわち、「本件窃盗の犯行場所は、Z方六畳寝室内であるのに対し、被告人が潜んでいた場所は、その部屋の真上の天井裏という、右犯行場所と一体してZの管理下にある場所であって、前記のとおりの天井裏の広さや構造等に照らせば、窃盗現場との場所的な接着性は明らかである。また、時間的な接着性についても、窃盗の犯行後、約三時間程度経過しているとはいえ、その事情は前記（一）についての検討においてみたとおりであって、被告人は、本件窃盗行為から一時間ほどした後に帰宅した被害者から、泥棒が侵入した形跡があり、かつ出ていった様子も窺われない状況を察知され、その後、天井裏の物音から天井裏に潜んでいるのを覚知されているのであって、本件窃取行為を終えた後においても、盗品である右指輪を所持しながら窃盗の現場であるZ方居宅内にとどまり続け、その間更なる窃盗の犯意を持ち続けていたことなどを考えると、窃盗の犯行との時間的接着性があり、被告人が、被害者からの通報により駆け付けた警察官に対して暴行を振るった時点においては、いまだ被害者らの追及から離脱してはおらず、これらの者によって直ちに盗品を取り返されるか、あるいは逮捕される可能性が残されている段階にあったと言えるのであって、被告人によって警察官に加えら

れた本件暴行は、前記窃盗の機会継続中に行われたものと認められ、したがって、被告人には、本件公訴事実記載のとおりの強盗致傷罪が成立するものと解される。これと異なり、本件暴行が窃盗の機会継続中に行われたものとは認められないとして、強盗致傷罪の成立を否定し、窃盗罪及び傷害罪が成立するものと認定した原判決には、事実の誤認があり、右の誤りは判決に影響を及ぼすことが明らかであるから、その余の所論について判断するまでもなく、原判決は破棄を免れない。論旨は理由がある。」と判示しているのである。本判決の結論は妥当であると考えられる。原判決が挙げた理由①〜④を事実の分析として示したうえで逐一これを否定して、場所的・時間的接着性を肯定するのが妥当である。

なお、窃盗の機会であることを否定した判例として、名古屋高判昭26・4・27判特二七号八四頁（逮捕後三〇分後に窃盗現場から十数丁離れた場所において暴行した事案）、東京高判昭27・6・26裁特三四号八六頁（窃盗現場から約二〇〇メートル離れた地点で窃盗と無関係に職務質問しようとした警察官に暴行した事案）、京都地判昭51・10・15刑月八巻九＝一〇号四三一頁、判時八四五号一二五頁（窃盗から約七〇分経過し、約二〇メートル離れた場所で暴行した事案）などがある。

4　Aの罪責

⑴　通説・判例は、一項の詐欺罪の成立を肯定する。国家的法益に対する行為は詐欺罪の定型性を有しないとする立場や簡易生命保険証書はまったく財産的価値を有しないとする立場からは詐欺罪の成立はみとめられないことになる。

⑵　通説・判例は、Yの行為はAの欺く行為によって招来された錯誤に基づく処分行為であると解し、Aに一項詐欺罪の成立を肯定する。処分行為に当たらないとする立場は、窃盗罪の成立をみとめることになろう。

(3)　判例・通説は、事後強盗致傷罪の成立を肯定する。窃盗の機会に当たらないとする立場は、窃盗罪と傷害罪の成立を肯定することになる。

(4)　Aの各行為は、併合罪である。

第七款　詐欺罪と恐喝罪

　Aは、購入客を装って試乗をすると偽って自動車を騙し取ろうと企て、X自動車店において、同店の従業員に対して偽名を名乗り、真実は試乗した自動車をただちに返還する意思がないのに、それがあるかのように装って試乗後はただちに返還を受けられるものとその従業員を誤信させて試乗の許可を受け、自動車一台の交付を受けて、そのままその車を運転して逃走した。そして、Aは、Aの親類Yが経営しているレストランに乗りつけ、最高価の食事と飲物を注文し、飲食後、同店従業員から飲食代金の請求を受けた際、生かじりの法律知識で同居していなくても親族関係があれば親族間の財産犯については犯罪は成立しないと思い込んでいたので、因縁をつけて開き直り、その従業員に対し「そんな請求をして、わしの顔を汚す気か。なめたことを言うな、こんな店をつぶすくらい簡単だ。」などと言って脅迫し、同人などを畏怖させてその請求を一時断念させた。

　数日後、Aは、妻の従妹であるZがその義母の遺産相続に際し、脱税しようとしているのではないかとの疑いをもち、これにつけ込んでZから金員を喝取しようと企て、Zに対し「ちんぴら風の男に後を付けられ、『義母の脱税資料を持っている。この資料が税務署にわたるとばく大な追徴金がZにかかるので、この資料を一億

くらいでZさんに売りたいので交渉して欲しい。』」と言われたと虚偽の事実を述べたうえ、この不審な男から脱税資料を五〇〇〇万円で買い取るため五〇〇〇万円用意するよう告げて、もしこの要求に応じなければ、多額の相続税などを徴収され、かつ、その男からZの身体・財産にどのような危害を加えられることになるかも知れないとの畏怖心をZに生じさせ、現金五〇〇〇万円の交付を受けた。
　Aの罪責について論じなさい。

【論　点】

1　試乗を装った自動車の乗逃げ行為と窃盗罪または詐欺罪の成否
2　脅迫による飲食代金の免脱と恐喝罪の成否
3　親族関係の錯誤
4　虚偽の事実を告知して脅迫して財物を交付させる行為と詐欺罪・恐喝罪の成否

【解　説】

1　試乗を装った自動車の乗逃げ行為と窃盗罪または詐欺罪の成否

本事例の基礎となっている東京八王子支判平3・8・28（判タ七六八号二四九頁）は、Aの行為は詐欺罪を構成すると判断しているが、本件において検察官は、「試乗」は、自動車販売店が、サービスの一環として、顧客に対し、車両の性能などを体験させるためのものであって、試乗時間は一〇分ないし二〇分程度、運転距離も試乗開始地点の

周辺が予想されており、そのため僅かなガソリンしか入れていないこと、試乗車にもナンバープレートが取り付けられており、仮に勝手に乗り回されてもただちに発見される可能性がきわめて高いことなどから、試乗車については被害者の事実上の支配が強く及んでおり、Aの乗逃げ行為によって初めて、被害者側の事実上の支配を排除してAが自己の支配を確立したのであり、窃盗罪が成立すると主張した。これに対して、本判決は、「添乗員を付けないで試乗希望者に単独試乗させた場合には、たとえ僅かなガソリンしか入れておかなくとも、被告人が本件でやったように、試乗者においてガソリンを補給することができ、ガソリンを補給すれば試乗予定区間を外れて長時間にわたり長距離を走行することが可能であり、又、ナンバープレートが取り付けられていても、自動車は移動性が高く、前記認定のとおり、殊に大都市においては多数の車両に紛れてその発見が容易でないことからすれば、もはや自動車販売店の試乗車に対する事実上の支配は失われたものとみるのが相当である。そうすると、添乗員を付けなかった本件試乗車の被告人による乗り逃げは、被害者が被告人による試乗車の単独乗車をさせた時点で、同車に対する占有が被害者の意思により被告人に移転しているので、窃盗罪は成立せず、従って、主位的訴因ではなく予備的訴因によって詐欺罪の成立を認めたものである」と判示している。本件では、窃盗罪と一項詐欺罪の限界が問題となっている。

窃盗罪と詐欺罪の限界は、占有を「奪取」したのか、占有の「交付」を受けたのか、にある。本事例では、「自動車販売店の試乗車に対する事実上の支配」がいつAに移転したか、が問題となる。本件判決は、Aに試乗車の単独運転をさせた時点で、販売店の試乗車に対する占有がその意思に基づいてAに移転するとして、詐欺罪の成立を肯定している。

2　脅迫により飲食代金の支払いを一時免れる行為と二項恐喝罪の成否

本事例の基礎となっているのは、最決昭43・12・11（刑集二二巻一三号一四六九頁）である。本件の原審は、被害者の側からAに対し飲食代金の支払猶予やその免除方などを明示的に申し出た形跡はみとめられず、Aが右代金の支払いを永久に免れたとまでは認定できないが、恐喝罪における財産上不法の利益とは、必ずしも積極的な利得だけにとどまらず、消極的に、しかも一時債務の支払いを免れるばあいのように一時的に便宜を得ることもこれに含むと解するのが相当であり、また本件において、被害者側が飲食代金の即時支払い方を請求したのに対し、Aが原判決判示の脅迫文言を申し向けて被害者などを畏怖させ、よって被害者側の請求を一時断念させた以上、そこに被害者側の黙示的な少なくとも支払猶予の処分行為が存在するものとみとめて差し支えない旨を判示して控訴を棄却した。被告人側からの上告に対して、本決定は、「なお原裁判所が、被告人が一審判決判示の脅迫文言を申し向けて被害者等を畏怖させ、よって被害者の請求を断念せしめた以上、そこに被害者側の黙示的な少なくとも支払猶予の処分行為が存在するものと認め、恐喝罪の成立を肯定したのは相当である。」と判示している。

恐喝罪が成立するためには、被害者の財産的処分行為が必要である。この点につき、本件決定は、二項恐喝罪において黙示の不作為の処分行為をみとめている。すなわち、脅迫文言を申し向けて被害者を畏怖させてその請求を一時断念させた以上、被害者側の黙示的な支払猶予の処分行為が存在するとしたのである。詐欺罪に関しては、最高裁の判例は、「債務を一時免れたとしても、被害者が単に督促をしないというだけでは未だ処分行為とはいえない」とし（最判昭30・4・8刑集九巻四号八二七頁）、処分行為には「債務免除の意思表示が必要である」としている（最決昭30・7・7刑集九巻九号一八五六頁）。これに対して恐喝罪については、黙示的な支払猶予をみとめているのである。脅迫が向けられる者と恐喝罪の被害者は同一である必要はないのであり、両者が違うばあいには脅迫される者は被害者の

財物・財産上の利益を処分し得る権限または地位を有することが必要である。本事例では、レストランの従業員と被害者である経営者Yとの間には前記の関係があるといえる。

3　親族関係の錯誤

Aは、親族相盗例の適用の前提である親族の範囲について錯誤に陥っている。親族相盗例の法的性格に関する見解の対立が、親族関係の錯誤の取扱いに影響を及ぼす。親族相盗例の法的性格について通説は、「法は家庭に入らず」という法思想を具体化したものが親族相盗例であり、「刑の免除」というのは、犯罪として成立するけれども刑罰を科さないとする有罪判決の一種であると解する。一定の親族関係が存在することによって刑が科せられないのであるから、これは一身的処罰阻却事由である。親告罪は、犯罪として成立し、しかも刑罰も科せられるもので、ただ、告訴がなければ公訴を提起できないとされるにすぎないので、刑の免除の方が親告罪としての扱いよりも有利である。したがって、通説の主張は妥当であるとおもう。

これに対して、犯罪の成立を否定したり違法性ないし責任の減少をみとめたりする説も有力に主張されている。すなわち、①親族間においては一種の消費共同体が存在するので、窃盗罪としての可罰的違法性がないとする可罰的違法性阻却説ないし違法性減少説、②親族間の盗取行為には期待可能性がないので責任が阻却されるとする責任阻却説、③可罰的違法性阻却事由または人的処罰阻却事由となるばあいがあるとする二元説や④責任減少説が主張されているのである。

親族関係につき、錯誤があるばあい、親族相盗例の法的性格に関する①・③説は、これを正当化事情の錯誤として扱い、②・④説は、これを期待可能性に関する錯誤として扱い、いずれも故意阻却の可能性をみとめることにな

ろう。これに対し、通説は、親族相盗例は処罰阻却事由にすぎないから、身分関係・親族関係は客観的に存在することを要し、かつ、それで足りるので、この点に関する錯誤は故意の肯否に影響を及ぼさないとする。しかし、わたくしは、誤信したことにつき相当の理由があるばあいには、三八条二項の趣旨を活かして親族相盗例を類推適用すべきであると解する（同旨、福岡高判昭25・10・17高刑集三巻三号四八七頁）。

4　虚偽の事実を告げて脅迫して財物を交付させる行為と詐欺罪または恐喝罪の成否

本事例の基礎となった東京八王子支判平10・4・24（判タ九九五号二八二頁）は、脱税資料の買収請求をしている男がいると虚偽の事実を申し述べてその買収代金として五〇〇〇万円を交付させたが、AがZを脅すつもりはなく、詐欺罪はともかく恐喝罪は成立しないとする弁護人の主張に対し、「たしかに、AがZに対して申し向けた不審な男から脱税資料をZに買い取るようにとの交渉を依頼されたとの話はAが勝手に作り上げた虚偽の事実である。しかしながら、AとZとの関係や、Zが、顧問税理士にも義母の相続財産の一部を知らせておらず、Aからは顧問税理士へ相談しないように口止めされていて、A以外の者にその男との交渉を依頼するすべがない状況におかれていた本件にあっては、AのZに対する話はZを畏怖させるに足りる害悪の告知そのものであり、Zは、Aの右話を聞き、Aに交渉を依頼しなければ自分の身体・財産等に危害が及んでくるのではないかと畏怖し、その害悪から逃れられるかどうかについてAがその男に対し影響を与える立場にあると考えたからこそ、やむなくAにその男との交渉を依頼して五〇〇〇万円もの大金を交付したものであり、A自身、Zが畏怖していることを十分認識した上で現金五〇〇〇万円を受領したのであるから、Aには判示第一のとおり恐喝罪が成立するというべきである」と判示している。

本件事案では、Aは、ちんぴら風の男がZに危害を加えるという虚偽の事実を申し向けて脅迫して金員を喝取しているので、まず第三者が害悪を加える旨の告知が脅迫に当たるか、が問題となる。第三者が加える害悪の告知のばあい、告知者がこれに影響力を行使できるときはもとより、告知者が影響力を行使できるものと被害者に信じさせるときには脅迫に当たると解されている。本件において、被害者は、Aの言葉に従って金員を交付しなければ、第三者が自己に害悪を加えると畏怖しており、脅迫行為に当たることになる。

つぎに、欺く行為と恐喝行為がなされたばあい、判例は、①両手段が併用され、錯誤と畏怖とが原因となって財物が交付されたときには、詐欺罪と恐喝罪の観念的競合とする（大判昭5・5・17刑集九巻三〇三頁）。②脅迫のために欺く行為がなされてはいるが、被害者の決意が畏怖に基づくときには、恐喝罪のみの成立をみとめている（広島高判昭29・8・9高刑集七巻七号一一四九頁）。これに対して、詐欺罪か恐喝罪かは、被害者の心理的事実自体ではなく、むしろ、行為自体の性格が客観的に恐喝行為に当たるか、欺く行為に当たるか、により区別されるべきであるとする見解が有力である。そして、警察官を装った者が窃盗犯人に対し、「警察の者だが取調の必要があるから差し出せ」と虚偽の事実を申し向けて盗品を交付させたばあい、警察官と称したという虚偽の部分があっても、その部分も相手方に畏怖の念を生ぜしめる一材料となり、その畏怖の結果として相手方が財物を交付するに至ったときは、詐欺罪ではなく恐喝罪となる（最判明24・2・8刑集三巻二号八三頁）とされる。

5　Aの罪責

Aは、まず、購入者客を装って試乗すると偽って自動車店の従業員を錯誤に陥れて自動車の交付を受けて、そのまま運転して逃走している。これは一項詐欺罪を構成する。

つぎにAは、自己の親類Yが経営しているレストランで飲食後、同店の従業員を脅迫し畏怖した従業員からの代金請求を一時断念させている。このばあいに恐喝罪が成立するか否か、が問題となる。これは、一時的に代金請求を断念させる行為が不作為の支払猶予という処分行為に当たるか否か、を意味する。またレストランの従業員に財産上の利益を処分する権限を有するか、も問題となる。本事例においては、何れも肯定され得る。したがって、Aについて恐喝罪が成立する。

なお、Aは、親族相盗例の適用の前提である親族の範囲に関して錯誤に陥っている。通説は、親族相盗例は処罰阻却事由であるから、その錯誤は重要ではなく考慮する必要はないと解している。しかし、親族相盗例は行為者にとって有利な取扱いであるから、相当の理由があるばあいには、三八条二項の趣旨を生かしてその類推適用をみとめるのが妥当である。

さらにAは、Zに対して虚偽の事実を述べたうえで、脅迫して畏怖心を生じさせ現金五〇〇〇万円の交付を受けている。このばあい、欺く行為と脅迫行為が同時になされているので、一個の行為により詐欺罪と恐喝罪が成立し、両罪は観念的競合となる（五四条一項）。

第八款　恐喝罪と権利行使

Xは、甲が乙株式会社に対して有する履行期を経過している一〇〇万円の債券の取立てを、甲から委任された。そこでXが、乙社の取締役Aに「私は興信所の調査員だが、おたくの会社を調査した結果、多額の脱税が

あることが分かった。」と虚偽の事実を述べたうえ、「甲には債務を弁済すれは黙っていてやるが、弁済しなければ告発するぞ」と申し向けたので、Aは、Xが本当に調査したものと誤信し、実際の脱税は小額であったが告発されることを畏怖したため、Xに対して現金五〇万円を手渡し、残額は後日支払うと約束した。

Xの罪責について論じなさい。

【論　点】

1　権利行使と恐喝罪の成否の問題の基礎

2　学説の状況

（1）積極説

（2）消極説

（i）財産的侵害の有無

（ii）恐喝行為の定型性の有無

（iii）違法性阻却の肯否

3　判例

4　恐喝罪の要件の検討

（1）「告発するぞ」という言辞の評価

（2）恐喝の相手方

5　詐欺罪との関係
6　恐喝罪の成立範囲——被害額

【解　説】

本事例において、甲は乙社に対して一〇〇万円の債権をもっており、しかもそれは履行期を過ぎているので、乙社は当然その債務を履行する法的義務を負っている。逆にいえば、甲は乙社に対して、その債務の履行を要求する権利がある。その権利実行をXに委任すること自体、正当であり問題はない。したがって、Xが甲に代って甲の権利を行使すること、つまり、乙社に対して債務の履行を要求することも正当な行為であるわけである。そうだとすれば、Xが履行を請求するに当たって何らかの行為をおこなったばあい、その行為自体の当否はともかく、Xが履行の請求に基づいて債務の弁済を受けることそれ自体は、権利の行使として正当であるといわなければならないはずである。なぜならば、債務の履行を受領することは、民法の財産秩序保護という機能的観点から積極的に是認されるはずだからである。さらに、財産犯は、民法によって形成された財産秩序の不法な侵害を抑圧することを目的としているのであるから、民法上正当とされた行為にことさらに当罰性を付与することはないからである。

このように考えてくると、権利の実行のためになされた行為だけを取り出して、刑法の構成要件に該当するか否か、だけを考えればよいということになる。したがって、本事例のばあい、Xは欺罔行為と脅迫をおこなっていると考えられるから、欺罔そのものを処罰する規定はないので、これは不問に付され、脅迫行為だけが脅迫犯とされるということになるはずである（欺罔行為、脅迫行為の要件などについては、後で詳しく述べるが、ここでは欺罔、脅迫があったということを前提にして議論を進めていく。）

もし、今述べたような立場に立ってこれを押し進めると、次のような不当な結果が生ずると批判されている。すなわち、このような立場は、有機的に統一体たる人間の行為を、強いて人為的に分割して評価しようとするもので、その根本態度において誤っているばかりでなく、その論理を押し進めるときは、法秩序は破壊されてしまう。もし、権利実行のためにおこなうときは、違法の手段を伴っても適法化されるということがいえるとすれば、権利実行のために窃取することは、何らの犯罪とならずそのために強取するに至っても、たんにその手段につき、暴行罪または脅迫罪が成立するにすぎないことにならざるを得ないであろうと批判し、手段の違法はその手段をもって構成する全行為事実を違法にするから、このばあいに恐喝手段を用いれば恐喝罪が成立する、としているのである。しかし、このような批判には疑問がある。

第一に、分析的方法が不当である、というが、解釈論は分析的方法なしにはその機能を全うし得ないはずである。分析的思考によって犯罪成立の限界を画していくところに刑法解釈論の任務があるとさえいい得るのである。

第二に、脅迫罪をみとめるだけでは法秩序が維持されないというが、それはいささかオーバーな話である。脅迫罪でも懲役二年の刑を言渡し得るのであり、ただ、恐喝に比べて刑期が短く、罰金刑の選択の余地があるというにすぎない。刑さえ重ければ法秩序が維持され得るわけではない。

第三に、権利実行のための窃取が不可罰になるとされる（もっとも、強取の点については、第二に述べたことがそのまま当てはまる）。しかし、このばあいの窃取が不可罰になるという点については、論理の飛躍がある。ここでは、窃盗罪の保護法益をどのように解するかによって、結論がことなってくるのである。必ずしも権利行使と恐喝罪の成否の問題と結びついているのではない。恐喝罪をみとめる見解を積極説、これを否定する見解を消極説と称することにするが、積極説の多くは、右の批判を当然の前提としているように見受けられるけれども、もっと厳密に消極説を批

判的に検討する必要があるとおもう。

消極説は、大別して、構成要件性阻却説と違法性阻却説とがある。さらに、構成要件を阻却するとする説は、「財産的侵害を欠くことを根拠とする説」と「定型性を欠くことを根拠とする説」とに分かれる。そこで、まず、財産的侵害がないといえるかどうか、を検討することにしよう。

債権の行使のばあい、債権者は催告をするわけであるが、債務者がそれに応じないとき、いきなり直接的に権利の実現を図ることは禁止されている。債権者は裁判所に提訴し、判決を得たうえで執行官の強制執行によって債権の実現をみるという手続きを経なければならないのである。このことを逆にいえば、債務者としては、債権者自らによる債務の強制的履行をされるいわれはなく、したがって、法的に弁済の義務があるといっても、現実的にはその履行を強制されないのである。そうだとすれば、法秩序が要求する方法によらない権利実現は、債務者にとっては不当な財産的侵害があったことになる。このことをさらに別の角度から見れば、財産犯の成立に必要な財産上の損害があるか、という問題になる。このばあい「たしかに、その者の全体財産には損害はない。しかし、債権者に支払うべき債務を負担しているからといって、債務者の財物がただちに債権者に帰属するわけのものではないから、畏怖しなければその場合交付しないであろう財物を、脅迫され畏怖した結果交付したということによって、その者は、その財物に対する使用・収益・処分といった所有権その他の本権の事実的機能が害されたのであって、これは、その者にとって財産上の損害といえよう」とされる。それゆえ、財産的損害がないことを理由に構成要件該当性がないとはいえないはずである。

つぎに、定型性の有無を検討しよう。

恐喝罪の典型的な事例は、何らの権利のない者が恐喝行為によって不当に利益を獲得するばあいであると考えら

れる。そうだとすれば、たしかに、権利を有する者が、その権利の行使によって財産上の利益を得たところで、右のばあいとは本質的に異なるので、恐喝の定型性を欠くといえるかもしれない。しかし、そのようにいえるのは、適式な権利行使をなすばあいに限られるはずである。なぜならば、前にも述べたように、債権者は債務者が債務を履行しないばあいには、訴訟活動を経て権利の実現を図るべきであるからである。その手続きを経ていないかぎり、積極的に権利の実現を図る権利はない。その限りにおいて、この者は無権利者なのである（債務の提供があったら受領できるという意味においてのみ権利者であるにすぎない）。そうだとすれば、右に見た典型的な事例と本質的に異なる点はなく、恐喝の定型性がないとはいえないことになる。したがって、この見解も妥当でない。

最後に違法阻却説を検討しよう。

詐欺罪に関して「欺罔することは違法であるが、その違法のために、はじめから存する正当な権利の行使まで違法となるものではない」とする見解がある。しかし、ここで問題なのは、このようなばあいが正当な権利の行使か否か、である。つまり、権利の行使が正当とされる範囲がそもそも問題なのである。先にも見たとおり、適式な裁判手続きを経ない権利の現実的な強制的積極的実現は、適法ではないのである。したがって、このばあいを一律に適法とするのは妥当ではなく、この説も合理性がないといえる。このように消極説を批判的に検討してきた結論として、次のことがいえる。

第一に、権利行使の際に恐喝行為があったばあい、その恐喝による交付行為がなされれば、恐喝罪の構成要件該当性を阻却する理由はない。

第二に、右の恐喝行為は権利行使ということそれ自体によっては違法性は阻却されない、ということである。

右の第一の点について、実質的には同一ではあるが異なった説明をしている見解がある。すなわち、財産罪にお

ける「損害」の意味と関連づけて、第一に、財物またはその他の個々の財産権を対象とするばあいは、その財物または権利を領得すること自体が相手の損害と考えられ、それ以外に格別の損害があったことを要しないが、第二に、全体財産、つまり財産状態に対するばあいには、これを全体として見て損害があったことを要するとし、たとい権利を満足させるための行為であろうとも、第一の範疇に属するかぎり、構成要件該当性を否定する根拠はない、とするのである。個別財産と全体財産とを分けて考える点に、この見解の特徴があるが、しかし、必ずしもこのように分けて考えなければならない必然性はない。先に述べたように、財産権の帰属関係を基礎にして説明することも可能なのである。

つぎに、第二の点について、権利の実行といえども公序良俗に反する方法をもってなされることは法律上許されるべきではないとする見解がある。たしかに、そのように解すべきであるが、問題はそのように解する根拠である。これは、行為が社会的相当性の枠内にあるばあいには違法性が阻却されるとするいわゆる「社会的相当性」の理論によって説明されるのが妥当であるとされる。特別の事情のもとに権利行使のためにやむを得ないものとして社会通念によって大目にみられるばあいには違法性が阻却されると解する立場も、実質的にはこの理論によっているといえる。そこで、この観点からXの行為を見ると、告発することを手段として金員をまきあげるのは社会的相当性を欠くといえる。（もちろん、逆の結論も可能である。ただ、そのばあいにも、根拠づけが大事である。ただ、そのように考えるというだけでは足りない。）これは、次の要件論のところで検討する。

1　判例

判例は恐喝罪説、無罪説、脅迫説そしてふたたび恐喝罪説へと変遷している。昭和30年10月14日の最高裁判決（刑

集九巻一一号二二七三頁）は、次のように判示している。すなわち、「他人に対して権利を有する者が、その権利を実行することは、その権利の範囲内であり、且つ、その方法が社会通念上一般に認容すべきものと認められる程度を超えない限り、なんら違法の問題は生じないけれども、右の範囲程度を逸脱するときは違法となり、恐喝罪の成立することがあるものと解するを相当とする」と述べているのである。その理論的基礎は、前に説明したところと同一であると解してよいとおもわれる。

2　恐喝の要件を具備するか。

(1)　「告発するぞ」という言辞の評価

税法上、脱税行為は処罰されており、犯罪となることは周知のことである。ところで、刑事訴訟法二三九条一項は、「何人でも、犯罪があると思料するときは、告発することができる」と規定している。そこで、本事例におけるXが、乙会社の脱税行為を実際に知っていたとすれば、Xには告発権があるといえる（問題文では、何が虚偽の事実であるかは明らかになっていない。つまり、調査員であることか、調査したことか、脱税額が多額であることなどの何れが虚偽かは確定されていないのである。したがって、脱税行為を知っていたばあいとしそうでないばあいとが考えられる。しかし、法的効果に差異はないとおもわれるので、このように分析する実益はない）。

元来、恐喝罪における脅迫とは「相手に恐怖をおこさせるような害悪の告知を意味する」と解されている（判例・通説）。そして、告知される害悪は、脅迫のばあいと異なってその加えられるべき法益に限定はなく、また害悪の内容はそれ自体として違法なものである必要はないのであって、その告知が違法であれば足りるとされている（判例・通説）。たとえば、最判昭29・4・6（刑集八巻四〇七頁）は、告発するとおどして口止料として金品の交付を受けたば

あいに恐喝罪の成立をみとめている。本事例におけるXも、告発権を正当に行使するものとはみとめられない。なぜならば、告発権の行使を債務の不履行にかからしめており、このような条件付きの行使は、社会的に相当なものとはいえないからである。Xに告発権があるばあいでさえ、恐喝行為になるのであるから、告発権がないのにその行使に名を借りて脅すばあいには、なおさら恐喝行為は容易にみとめられる。前に告発権の有無によって法的効果に差異がないと述べたのは、このことである。

(2)　恐喝の相手方は誰か。

恐喝の相手方、つまり被恐喝者は、財産上の被害者と同一である必要はないとする点で判例・学説は一致している（大判明44・12・4刑録一七巻二〇九五頁など）。恐喝行為と畏怖に基づく財物の交付との間に因果関係があれば足りるからである。ただし、被恐喝者と財産上の被害者とが同一人でないばあいには、被恐喝者は恐喝の目的となった財物その他の財産上の利益につき処分できる権限または地位にあることが必要であるとしている点においても判例・学説は一致している。たとえば、大判大6・4・12（刑録二三巻三三九頁）は、株式会社の取締役に対して恐喝行為をなし、会社財産から不法の利益を得た者について右の法理によって恐喝罪の成立をみとめている。権限ある者の処分があってはじめて、任意の交付ないし処分があるわけであるから、判例・学説の説いている点は正当である。そこで、本事例を見ると、Aは乙会社の取締役であり、会社の経理について権限ある者と見て差し支えない。代表取締役か平取締役かは明らかでないが、準法律行為としての弁済行為をなすことにつき、一般的な権限をもっているはずだからである。したがって、本事例において、被恐喝者と財産上の損害を受ける者とは一致しないが、恐喝罪の成立がみとめられるのである。

3 欺く行為の評価

本事例においてXは、右のように恐喝行為をしている他に、欺罔行為もおこなっているので、詐欺罪の成立の可能性もあるから、ここで検討しておかなければならない。

欺罔と恐喝の二つの手段を用いたばあいをどのように解するか、については、判例・学説上、争われている。判例は、態様を次のように二つに分けて考えている。

① 欺罔および恐喝の手段が併用され、欺罔による錯誤と恐喝による畏怖とが原因となって財物が交付されたばあいには、詐欺罪と恐喝罪との観念的競合となる（大判昭5・5・17刑集九巻三〇三頁）。

② 脅迫のために欺罔手段がなされても、財物を交付するに至った相手方の決意が畏怖に基くばあいは、恐喝罪のみが成立し詐欺罪は成立しない（大判昭5・7・10刑集九巻四九七頁、最判昭24・2・8刑集三・二・八三頁など）。

このばあい、両罪は本質が異なるので択一関係になるべきとする批判がある。しかし、手段に相違はあるが瑕疵ある意思に基づく処分という意味において共通の面があり、両者が併存することは可能なので、観念的競合をみとめるべきである（通説）。

つぎに、②のばあい、決意が錯誤によるか畏怖によるかということによって詐欺罪または恐喝罪の何れかをみとめるとすると、未遂に終わったばあい、何れの未遂とするかが決まらないという批判がある。たしかに、そのとおりなので、このばあいには、害悪の通知に関して欺罔手段が講じられても、究極において相手方を畏怖させるようなものであれば、恐喝罪が成立すると解するのが妥当である。

そこで、本事例を見てみると、Aが金銭を交付したのは、脱税調査に関する点においては、告発されることを畏怖したためといえるので、このばあい、恐喝罪だけが成立し、詐欺罪の成立はないと解するのが妥当である。

4　恐喝罪の成立の範囲——被害額はいくらか。

被害額の算定については、見解の対立がある。判例は、権利行使のために恐喝手段がなされたばあいは領得した財物・利益が法律上可分のときには、権利の範囲外のものにつき恐喝罪が成立し、法律上不可分のときには全体につき恐喝罪が成立する、としている。

しかし、これに対しては、目的物が法律上可分か不可分かの区別を明確になし得るとしても、目的物が可分であれば、権利の範囲については恐喝罪が否定されるのに、それとまったく同じ行為でも、目的物がたまたま不可分であれば全体的に恐喝罪が成立するとするのは不合理であるという批判が加えられている。この批判は、もっともであり、判例のように解するのは妥当でない。そこで、権利の範囲にかかわらず、全体について恐喝罪が成立すると解すべきである。したがって、本事例においては、一〇〇万円の範囲につき、恐喝の成立の可能性がある。ところが、Xは、一〇〇万円を要求しながら、現実には五〇万円の交付を受け、残額は後日支払いを受けるとの約束を得ているのである。このように、要求額と交付額とが一致しないばあいは、恐喝行為によって相手方が畏怖し、その畏怖に基づく財産的処分行為によってその額が交付され、恐喝者がこれを受領したという関係がみとめられるかぎり、現実の交付額を喝取額と解するのが妥当である（大判昭4・11・22判体三五Ⅱ一三六頁）。なぜならば、たんに要求しただけの部分は損害とはいえないからである。したがって、交付を受けた五〇万円について恐喝罪が成立することになる。

しかし、これに対しては、残額について支払いの約束を受けているのであるから、財産上不法の利益を得ているといえるのではないか、という反論がなされるかもしれない。たしかに、最高裁の判例も、金員交付の約束をさせたばあいには、財産上不法の利益を得たといえるとしている（最判昭26・9・28刑集五巻二一二七頁）。しかし、本事例は

この判例の事案と異なり、既存の、しかも履行期の到来している債務の一部について支払いを約束しているのである。支払うべき債務についてさらに支払いを約束したところで、何ら法的に差は生じず、損害があったとは考えられない。したがって、この反論には根拠がないといえる。

第三章　公益犯

第一款　放火罪(1)

Xは、その所有する家屋および敷地に対する競売手続きの進行を妨害するため、自己が経営する会社の従業員五名に指示し、約一箇月半の間に十数回にわたり、日常生活に必要な設備をもつ本件家屋に交替で泊まり込ませていた。さらに、Xは、Yと共謀して、本件家屋などを燃やして火災保険金を詐取する計画を立てた。そこで、連続放火犯による被害に見せかけるため、まず、Yが、本件家屋の近くにあって、人の現在する地下四階、地上一五階建ての鉄骨・鉄筋コンクリート造のA会館の地下二階の塵芥処理場に集積された塵芥に火を放ったが、塵芥処理場が優れた防火構造を備えていたため、処理場のコンクリート内壁のモルタルや天井表面の石綿を剥離、脱落、損傷させ、さらに吸排気ダクトの塗装の一部を燃焼し、蛍光灯などを損傷させたにとどまった。

数日後、Yは、本件家屋から少し離れた場所にあるB方一階応接間のガラス窓から約三〇ｃｍ離れた軒下に置かれていたB所有の単車にガソリンを流出させたうえ、火を放ってこれを燃焼させたところ、Bが外出中であったため、隣りの住民が駆けつけ消火に当たり、B方家屋への延焼は危うく免れた。そして翌日、Xは、従

業員五名を二泊三日の沖縄旅行に連れ出すとともに、留守番役の従業員には宿泊は不要であることを伝えたうえで、打ち合わせどおりYが放火して家屋を全焼させた。なお、Xは従業員らに対し旅行後は宿泊しなくてもよいという指示は出しておらず、従業員らは旅行から帰れば再び交替の宿泊が継続されるものと考えていた。
Xおよび Yの罪責について論じなさい（ただし、強制執行妨害の罪および詐欺罪を除く。）。

【論　点】

1　放火罪における「焼損」の意義
2　公共の危険の認識の要否と認識の内容
3　現住建造物放火罪における現住性の意義

【本事例の趣旨】

放火罪は、社会的法益に対する罪の中でもきわめて重要な意義を有する犯罪類型であり、刑法各論上の重要問題として性格づけられてきている．現実にも発生件数は多いのであり、実務上も重要な論点が頻繁に議論されている。近時、判例において議論された基本的論点について、問題をあまり複雑化しない程度の論点にしぼり込むため、他の重要論点、たとえば、難燃性建造物と焼損の問題、複合建造物と現住性の問題などは省略して作問してある。
本事例において、Xおよび Yの罪責を論ずるに当たって、放火罪における「焼損」の概念が問題となる。Yは、A会館の塵芥処理場への放火によって、処理場のコンクリート内壁のモルタルや天井表面の石綿を剥離、脱落、損

傷させ、さらに吸排気ダクトの塗装の一部を燃焼し、蛍光灯などを損傷させているが、はたしてこの段階で「焼損」となって現住建造物放火罪は既遂となるのであろうか。これは、「焼損」概念をいかに把握するか、の問題にほかならない。

つぎに、Yは、B所有の単車に放火してこれを燃焼させたうえ、Bの現住建造物に延焼の危険を生じさせている。このばあい、一一〇条一項の罪が成立するのか、それとも一〇八条の罪の未遂が成立するのか、が問題となる。これは、「公共の危険の認識」とその内容の捉え方のいかんにかかっている。

最後に、X所有の家屋について、現住建造物放火罪が成立するかどうか、が問題となる。Yによる放火当時、Xが経営する会社の従業員たちは旅行に出掛けていたのであり、このようなばあいにもなお「現に人がいる建造物」といえるのであろうか。これは、人の現住性の内容をいかに解するか、という問題にほかならない。

【解　説】

1　放火罪における「焼損」の意義と公共の危険

(1)　問題点

放火罪は、構成要件上、放火して一定の客体を「焼損」する行為として規定されている。したがって、放火罪は、客体を焼損した時点で既遂となる。放火罪は、公共危険罪であり、判例・通説によれば抽象的危険犯とされている一〇八条・一〇九条一項は、焼損によって公共の危険が徴表されることになるので、「焼損」概念は公共の危険と相関関係にあることになる。

(2) 学説・判例の状況

学説・判例は、次のように分かれている。

(i) 独立燃焼説は、本罪が公共危険罪であることを重視して、火が放火媒介物を離れ目的物に燃え移り、独立して燃焼する状態に達した時点で焼損となるとする。判例はこの立場に立っており、たとえば、新聞紙に点火して建造物に放火したばあい、火力が新聞紙を離れて建造物の一部が独立に燃え始めた時点で既遂になるとする(大判大7・3・15刑録二四輯二一九頁、最判昭23・11・2刑集二巻一二号一四四三頁)。そして、天井板約一尺四方を焼いたばあい(前掲最判昭23・11・2)や押入床板および上段各三尺四方を焼いたばあい(最判昭25・5・25刑集四巻五号八五四頁)に焼損とみとめている。

(ii) 効用喪失説は、火力により目的物の重要な部分を失い、その本来の効用を喪失した時点で焼損となるとする。

(iii) 燃え上がり説は、いわゆる「燃え上がった」時点、すなわち、目的物の主要な部分が燃焼を開始した時点で焼損となるとする。

(iv) 一部損壊説は、火力によって目的物が毀棄罪にいう損壊の程度に達した時点で焼損となるとする。

(3) 諸説の検討

独立燃焼説は、ドイツでは通説・判例となっているが、依然として木造家屋が多いわが国の住宅事情の下においては、独立燃焼説をとると放火の既遂時期が早くなりすぎて、未遂、とくに中止未遂をみとめる範囲が狭すぎるとして、通説は効用喪失説をとっている。しかし、効用喪失説は、目的物の本来の効用を喪失するまで既遂に達しないとするので、本罪の公共危険罪的性格を軽視しすぎていると批判されている。燃え上がり説は、目的物の主要な部分の範囲が明確でないと批判されている。

放火罪は、公共危険罪と火力による財産の毀損を内容とする財産犯としての性格を併せもつものである。そして、「焼損」とは、本来、火力によって物を損壊するという意味であるから、焼損に達したかどうか、を判断するに当たって、目的物自体の損壊の意義を軽視すべきではない。したがって、目的物の火力による損壊として把握するとともに、毀棄罪にいう損壊の程度に達すれば、公共の危険が発生したと解する(iv)一部損壊説が妥当であるといえる。

(4) 不燃性（難燃性）ないし耐火式建築物の火力による損壊と「焼損」

不燃性ないし耐火式建築物の火力による損壊が「焼損」に当たるかどうか、について、肯定説と否定説とが主張されている。否定説は、焼損といえるためには何らかの燃焼を要するということを根拠とする。しかし、一部損壊説の見地からは、火力による目的物の損壊により、有毒ガスの発生など燃焼すると同様の公共の危険を生じさせる可能性があるときは焼損とすべきであり、放火罪の保護法益の観点に照らし、肯定説が妥当である。

肯定説は、最近の新建材の発達は、易燃性の物質を使わず、難燃性の物質を材料に使用するので、独立燃焼の状態が起こらないうちに有毒ガスを発して多くの人間を死傷させているのが実状であり、従来どおり独立燃焼時をもって既遂に達したと安易に結論づけることには疑問が残ると主張する。このように、難燃性建築物の増加という新しい条件のもとで、放火罪の既遂時期を再検討しようとするのは、妥当な解釈態度であるが、この説は、難燃建築物の増加で放火罪の危険性が減少した時代に生じた不均衡を、既遂時期を早める方向で調整するものであって妥当でないと批判されている。「焼損」概念に公共危険の発生を包含させる従来の考え方に対し、一〇八条や一〇九条一項についても「焼損」以外に「公共危険の発生」をも既遂の条件とし、公共の危険の伴わない放火は、建造物損壊罪（二六〇条）で処罰すればよいとする見解も主張されている。

2　公共の危険の認識の要否と認識の内容

(1)　問題点

刑法は、一〇九条二項の自己の建造物に対する放火罪や一一〇条の建造物以外の物に対する放火罪については、とくに「公共の危険」の発生を要件としている（具体的危険犯）。これら以外の放火罪は、具体的な危険の発生を必要とせず抽象的危険の発生で足りる（抽象的危険犯）。具体的危険犯においては、行為者が具体的な公共の危険の発生をも認識していることを必要とするか否か、が問題となる。

(2)　判例の立場

判例は、大審院時代以来、認識不要説の立場に立っている。すなわち、大審院の判例は、「刑法第一一〇条第一項ノ犯罪ハ……因テ公共ノ危険ヲ生セシメタル場合ニ成立スルモノニシテ公共ノ危険ヲ生セシメタルコトヲ以テ該犯罪構成ノ要件トナセトモ、火ヲ放チ同条所定ノ物ヲ焼燬スル認識アレハ足リ公共ノ危険ヲ生セシムル認識アルコトヲ要スルモノニ非サルコト同条ノ解釈上明白ナリ」と判示し（大判昭6・7・2刑集一〇巻三〇三頁）、最高裁の判例は、「刑法一一〇条一項の放火罪が成立するためには、火を放って同条所定の物を焼燬［焼損］する認識のあることが必要であるが、焼燬の結果公共の危険を発生させることまでを認識する必要はないものと解すべきであるから、これと同旨の見解に立ち、被告人に本件放火罪の共謀共同正犯の成立を認めた原判断は、記録に徴し正当として是認することができる」と判示しているのである（最判昭60・3・28刑集三九巻二号七五頁）。

(3)　通説の立場

通説は、具体的な公共の危険の発生は構成要件要素であるから、故意の成立にはこのような危険の発生の認識を必要とすると解している。たとえば、一一〇条一項の罪のばあい、放火罪が公共危険罪であることに鑑み、器物損

壊罪を基本犯とする結果的加重犯として把握するのはその罪質に適合しない。また、結果的加重犯と解する根拠として判例があげる「よって」云々という規定の文言は、必ずしも決定的とはいえない。したがって、通説の立場が妥当であると考えられる。

(4)　公共の危険の認識の内容

判例によれば、一一〇条にいう公共の危険とは、一般の人が理性的に判断して建造物などに延焼する虞れがあるとみとめるような状態であるとされるから（大判明44・4・24刑録一七輯六五五頁）、具体的危険犯においてこのような状態の認識をもって公共の危険の認識と解してよいのか、が問題となる。この点に関連して「未必的にせよ延焼を予見して、なお火を放つ行為に出たとすれば、それは延焼物件に対する放火の着手となる」と解する見解もある。そうすると、公共の危険の認識と延焼の予見はどのような関係に立つのか、という疑問が生ずる。

この点に関して、両者は質的に異なるものとして把握すべきであるとする立場から、公共の危険の認識は、物理的客観的な意味での延焼の危険はないが、なおその幻影におびえるのが一般的であるということの認識である、とする見解がある。しかし、この見解に対しては、放火罪の処罰が、法益侵害の可能性としての危険ではなくて、一般の人の不安感や危惧感を根拠にしてなされることになり、放火罪の成立範囲が不当に拡大されるおそれがあるという批判が加えられている。

延焼物件に対する放火の着手がみとめられるためには、延焼の結果を生じさせる因果的・現実的な可能性ないし危険性のある行為がなされたことが必要であり、また、放火の故意の成立には、このような行為の危険性の認識が必要である。したがって、単なる延焼の可能性の認識だけでは延焼対象物件の放火の故意としては不十分である。むしろそれは公共の危険の認識として把握されるべきである。そうすると、公共の危険の認識と放火の故意とでは、

認識を必要とする危険の程度に差があることになる。

3　現住建造物放火罪における現住性の意義

(1)　問題点

現住建造物放火罪は、非現住建造物放火罪よりも法定刑が重い。そこで、重く処罰される客体である現住建造物とそうでない非現住建造物をどのように区別するか、つまり、現住性の意義が問題となる。

(2)　現住性の意義

刑法一〇八条にいう「現に人が住居に使用」する建造物とは、判例によれば、犯人以外の者が「起居（起臥寝食）の場所として日常使用」する建造物のことをいう。居住者の「生活の本拠」である必要はないし、昼夜間断なく人の現住する必要もないとされる。そして、判例は、宿直室のある学校校舎、楽屋に人が寝泊まりしている劇場、待合業を営む家の離れ座敷、社務所や守衛詰所に人が寝泊まりする神社社殿などについて現住性を肯定している。

判例による現住性の解釈の基礎には次のような実質的考慮があるとされている。すなわち、現住建造物放火罪に対する重罰の根拠は、行為が建造物の内部にいる人の生命・身体に対する危険をともなう一般的性質をもつところに求められる。周囲の建造物への延焼を通じて不特定または多数の人々の重要法益に侵害を及ぼす（「外に向けての」）危険性をそなえる点では、非現住建造物放火罪（一〇九条一項）も共通であるが、現住建造物放火罪においては、それに加えて、建造物内にいる人への危険性が考慮されている。このような刑の加重根拠に照らすとき、「現に人が住居に使用」する建造物とは、「現に人がいる」建造物に準ずるものとして、通常、人のいる可能性がみとめられる建造物をいうべきことになり、ここから「起居の場所としての日常的な使用」の有無が基準とされることに妥当性がみ

とめられるとされるのである。

（3）　本問の家屋と現住性の肯否

Yが放火した家屋は、Xの命により五名の従業員が泊まり込み、沖縄へ旅行のため不在中のものであった。これとまったく同じケースにおいて、最高裁の判例は、「本件家屋は、人の起居の場所として日常使用されていたものであり、右沖縄旅行中の本件犯行時においても、平成七年法律第九一号による改正前の刑法一〇八条にいう『現ニ人ノ住居ニ使用』する建造物にあたると認めるのが相当であるから、これと同旨の見解に基づき現住建造物等放火罪の成立を認めた原判決の判断は正当である」と判示している（最決平9・10・21刑集五一巻九号七五五頁）。本決定は、①家屋の所有者が、競売手続きを妨害する目的で、日常生活に必要な設備をもつ家屋に、従業員を約一箇月半の間に一〇数回にわたり交替で泊まり込ませていたという事情のもとで家屋の現住性を肯定するとともに、②従業員を旅行に連れ出したとしても「使用形態に変更はなかった」ことから現住性は失われないとしたものであると解されている。

本件において、泊まり込みの目的が競売手続きの妨害にあったとしても、それは当該放火行為のもつ類型的危険性を左右する事情ではないから、前記①に関し、「人の起居の場所として日常使用されていた」ことを理由に現住性が肯定された点は、異論は少ないとされる。従来の判例・通説は、放火の時点において建造物内に人が現住することは必要でないとするにとどまらず、人の現住する可能性がある程度現実的に存在することも必要でないと解してきた。人が起居の場所として日常的に使用している場所であれば、留守とおもわれてもどこかに人が現住するかもしれず、またいつ何時、居住者や来訪者が建造物内に立ち入り、放火により被害を受けるかもしれないのであるから、それだけで行為を一般的に強く禁止する根拠たり得るとされてきたのである。このように、現住性の喪失に関

して判例は、「居住意思放棄」という主観面を重視してきたが、本決定は、住居としての「使用形態の変更」に重要な意味を与えている。本決定は、被告人の側の事情として、宿泊指示の撤回がなかったこと、居住者側の事情として、旅行後再び交替の宿泊が継続されるものと認識していたことを重視しているが、これらの事情は本件事実のもとで住居としての使用形態に重要な変更がなかったことを示す本質的な事情であるとされる。このようにして、本事例における客体は、現住建造物であり、一〇八条の既遂が成立することになる。

4　XおよびYの罪責

XおよびY間において、放火罪の共謀関係が成立しているので、両者はそれぞれ共同正犯としての罪責を負う。①A会館に関して現住建造物放火罪既遂（または未遂）、②B所有の単車への放火に関して一一〇条一項の罪、③X所有の家屋に関して現住建造物放火罪既遂がそれぞれ成立し、これらは別個の機会に独立してなされたものであるから併合罪となると解するのが妥当である（連続放火の意思を重視して包括的一罪と解する余地もある）。

第二款　放火罪(2)

Aは、鉄筋コンクリート造り一二階建てのマンション内に設置されたエレベーターのかごに燃え移るかもしれないと認識しながら、ライターで新聞紙などに点火し、これを当該エレベーターのかごの床上におかれたガソリンのしみこんだ新聞紙などに投げつけて火を放ち、そのエレベーターのかごの側壁に燃え移らせて、その

側壁化粧鋼鈑表面の化粧シートの一部を焼失させた。

Ａは、マンションの住人達があわてふためく姿を見て面白くなり、翌日、人の現在する地下四階、地上一五階建ての鉄骨・鉄筋コンクリート造りのＴ会館の地下二階の塵芥処理場において、その場に集積された塵芥に火を放ったが、塵芥処理場が優れた防火構造を備えていたため、処理場のコンクリート内壁のモルタルや天井表面の石綿を剥離、脱落、損傷させ、さらに、吸排気ダクトの塗装の一部を燃焼し、蛍光灯などを損傷させたにとどまった。

Ａの罪責について論じなさい。

【論　点】

1　現在建造物放火罪の客体
（1）　難燃性建造物
（2）　複合建造物
2　焼損概念

【解　説】

1　現住建造物放火罪の客体

(1)　難燃性建造物

現住建造物放火罪の客体は、現に人の住居に使用し、または人の現在する建造物等である。木造の集合住宅（アパート）のような建造物のばあい、その一部に対する放火は、建造物全体に火災が拡大する蓋然性が高いので、全体に対する放火であると解されてきた。これに対して、難燃性建材を使用し、各区画ごとの耐火性が強化されている難燃性大規模建造物のばあいには、別の考慮が必要となる。

最決平元・7・7（判時一三三六号一五七頁）は、マンション内部だが居住部分とは一応区画されたエレベーターのかご内で火を放ち、その側壁を燃焼させたばあいに、現住建造物等放火罪が成立するとしている。本決定は、「エレベーター設備が居住部分と一体的に使用されている限り、いわば玄関の延長としてとらえることができ、住人等が現住し害を被る危険性は、居住部分におけるそれと基本的に変わらない」との立場を採ったものと解されている。そして、住人が使用するエレベーターを燃やすことには、一〇八条が要求する「抽象的危険」は十分にみとめられるとされている。

(2)　複合建造物

駅や学校などのように複数の建造物が渡り廊下でつながれているいわゆる複合建造物について外観上および構造上の一体性が問題となる。

最決平元・7・14（刑集四三巻七号六四一頁）は、平安神宮の社殿は、その一部に放火されることにより全体に危険が及ぶと考えられる一体の構造であり、また、全体が一体として日夜人の起居に利用されていたものとみとめられ

るので、当該社殿は、物理的に見ても、その全体が一個の現住建造物であったとみとめるのが相当であると判断した。「一部に放火されることにより全体に危険が及ぶ」という物理的な意味での一体性か、「全体が一体として日夜人の起居に利用されていたもの」という機能的な一体性があれば、全体として現住建造物であるとされるのは、一〇八条が必要とする抽象的危険、すなわち、「一般人において延焼の不安感を禁じえない」程度の危険性がみとめられるからであるとされている。

2　焼　損

判例は、焼損に関して、火が媒介物を離れ独立に燃焼を継続する状態に達することが焼損であるとする独立燃焼説を採っている。通説は、効用喪失説を採り、目的物の重要部分が焼失しその効用を失ったことを要するとする。中間説として物の重要部分が炎を上げ燃焼を始めた時点を焼損とする燃え上り説と、火力により目的物が毀棄罪の損壊の程度に達することで足りるとする一部損壊説が主張されている。鉄筋コンクリートなどの難燃性建造物の増加により、独立燃焼説では既遂時期が遅すぎるとの批判が強くなってきている。というのは、難燃性建造物のばあい、独立燃焼の前の段階で有毒ガスの発生により人身に対する危害が生じたり、媒介物の火力によってコンクリート壁の崩落などが発生したりするからである。東京地判昭59・6・22（判時一一三一号一五六頁）は、独立燃焼説を採ったうえで、本件において、「モルタルの剥離、脱落などは認められるが、火が媒介物を離れてそれら、ひいては建造物自体に燃え移り、独立して燃焼を維持する程度に達した事実を認めさせる証拠はない」として、現住建造物放火罪の未遂に止まると判示している。焼損の語は、火と無関係の建造物の損壊を含み得ないので、放火客体の燃焼から生じた危険でなければ、放火罪の予定する公共の危険ではあり得ず、いかに重大な損壊状況を生じさせても、焼

損といえるためには、「広い意味での客体の燃焼」が必須であるとして判例を支持する立場も有力である。

3　Aの罪責

本事例においてAは、不燃性ないし難燃性の耐火式建造物に対して放火をおこなっている。そこで、放火罪における焼損の意義が、とくに問題となる。なぜならば、建造物が完全に不燃物であれば、放火罪は不能犯となるが、実際には、不燃ないし難燃の部分とともに可燃の部分を含む建造物などが少なくなく、その可燃部分についての放火行為に対しては放火罪の未遂と既遂が成立し得るからである。焼損となる基準が、問題になるわけである。この点について、①不燃物について独立燃焼に至らなくても、媒介物の火力により構造物が効用を失った時に焼損となると解する新効用喪失説、②独立燃焼説の立場から効用喪失説をも「併用」する必要性があるとする説、③一部損壊説の立場から、火力による目的物の損壊により有毒ガスの発生など燃焼するのと同様の公共危険を生じさせる可能性がある時に焼損となると解する説などが主張されている。最高裁の前記の判例は、一二階建のマンション内部に設置されたエレベーターのかご内で放火し、その側壁である化粧鋼板の表面約〇・三平方メートルを燃焼させたばあいに、独立燃焼説の見地から現住建造物等放火罪の成立をみとめている。これは、エレベーターのかごを現住建造物の一部とみとめたうえで、側壁の化粧鋼板の表面の一部について独立燃焼を肯定するものである。前記の下級審判例は、鉄筋コンクリート造の建物の地下にある塵芥処理場の紙屑に放火し、コンクリート内壁表面のモルタルを約一二・五平方メートル、天井表面の石綿約六一・六平方メートルを剥離・脱落させるなどした事案について、独立燃焼説の見地から現住建造物等放火罪の未遂をみとめている。

Aの罪責について一部損壊説の見地からは、次のように解すべきである。すなわち、全体として不燃ないし難燃

の建造物などに強い火力を用いてその一部分を損壊させたばあいに、他の部分などに導火するなど、公共的危険を招来する虞があるときは、焼損となり得るが、火力を加えた部分の損壊にとどまり、延焼の可能性がまったくないなど、公共的危険がうかがわれないときは、火力による建造物損壊罪が成立するのみで、放火罪には当たらない。したがって、Aは、エレベーターのカゴに対する放火について現住建造物放火罪の罪責を、塵芥処理場の塵芥に対する放火行為について放火未遂罪の罪責を負う。両罪は、別の機会に独立してなされたので、併合罪となる。

第三款　放火罪(3)

> 暴走族の中心人物であるAは、敵意をもっていたXのオートバイに火を付けて壊わすことを仲間のBおよびCと共謀し、B・Cが、X宅の軒下に置かれていたXのオートバイを見つけ、そのガソリンタンク内からガソリンを流出させてこれにライターで点火してオートバイを焼損したが、火の勢いはXの住宅にも及び、柱・庇および庇受けの一部を焼くに至った。
>
> A・BおよびCの罪責について自説を述べ、併せて反対説を批判しなさい。

【論　点】

1　放火罪における主観的要件として、所定の客体を焼損することの表象・認容のほかに、公共の危険の認識を必

要とするか否か。→一一〇条一項の放火罪は、結果的加重犯か否か。
2 焼損の概念。
3 共謀共同正犯の成否および共犯の過剰。

【解　説】

1 問題の所存

本事例において、A・B・Cの罪責を論ずるに当たって、放火罪における故意の成立要件として放火の意思のほかに公共の危険の認識が必要か否か、その認識の内容、公共の危険の意義、焼損の概念、共謀共同正犯論と共犯の過剰などが問題となる。ここでは、刑法各論の問題として、放火罪の成否に焦点を合わせて解説することにする。そのばあいに放火罪において、第一次的法益は公共の危険で、第二次的法益は財産であるとされ、放火罪が公共危険罪の両面を有することに留意する必要がある。

2 公共の危険の認識の要否

本事例において、B・Cは、Xのオートバイ（一一〇条一項）を焼損する意思でXの住宅（一〇八条）に延焼させて公共の危険を生じさせているが（一一一条の構成要件には該当せず）、放火罪が成立するためには、故意の内容として公共の危険の発生の認識を要するのであろうか。この点に関して、学説は次のように分かれている。すなわち、①抽象的危険犯・具体的危険犯の何れについても不要とする説、②抽象的危険犯については不要だが具体的危険犯については必要とする説、③ともに必要とする説（ただし、一一〇条は結果的責任で不要とする）が、主張されているのである。

①は、公共の危険の発生を客観的処罰条件と解するか、または本罪を結果的加重犯と解するものである。②によれば、抽象的危険犯においては、公共の危険は、構成要件要素ではなくて、一定の行為の中に内在するものと擬制されているので、その認識は不要である。具体的危険犯においては、公共の危険の発生は構成要件要素であるから、その認識が必要であるとされる。

擬制により形式犯と同様に処罰するのは不当であり、抽象的危険においても、ある程度の具体的危険がないときは、違法性を具備しないとする説が主張されている。この説によれば、公共の危険の発生の認識は抽象的危険犯についても必要となる。

ここで、問題となるのは、刑法一一〇条一項にいう「よって公共の危険を生じさせた」を、結果的加重犯と解するか（認識不要説）、責任主義の見地からこれを構成要件要素と解するか（認識必要説）ということである。この点について必要説は、次のようにいう。すなわち、①結果的加重犯における基本的行為は、重い結果発生の危険性を備え、しかも一般的であるが、一一〇条一項のばあい、基本的行為は、公共危険罪として法定されておらず、毀棄罪を構成してもそれは個人的法益に対する罪であり放火罪と罪質を異にする。②基本的行為を公共危険罪として放火罪たらしめる契機は、その行為によって公共の危険を生じさせた点にあるから、その危険発生は犯罪の成立要件であり、責任主義の見地から、その認識が必要である。しかし、①に対して、基本的行為とその結果生じた罪とが同一罪質でない例として往来妨害罪（一二四条）があると指摘されている。また、一一〇条一項の罪の基本的行為に関し、器物損壊の方法・態様が放火であることを軽視し、器物損壊という個人的法益の性質のみを偏重するのは妥当でないとの批判がある。②に対しては、「故意ある結果的加重犯」をみとめて責任主義を貫こうとする説や責任主義もオール・マイティーでないとする説がある。

前記の問題に関連して、さらに次のような問題が生ずる。①必要説は、放火罪の意思はあるが公共危険の認識を欠くばあいに失火罪の成立をみとめざるを得ないが、それでは過失概念の不整合を生ずるとの批判がある。これに対しては、他人の物を焼くばあいには、器物損壊の故意はあるが公共の危険の発生の認識がない以上、故意がないとされるのは当然ではあるとの反論がなされる。②必要説においては、放火・失火罪の既遂時期を統一的に理解できなくなるとの批判がある。すなわち、抽象的危険犯では焼損の時、具体的危険犯では公共の危険の発生の時を既遂時期とすべきではないのか、とされるのである。これに対しては、両者の既遂時期は違うと解しても不当ではないとの反論がある。③一一六条の失火罪は一項が抽象的危険犯、二項が具体的危険犯とされるが、過失犯を危険犯と解するのは過失犯を結果犯とする伝統的立場と矛盾するとの批判がある。これについて、誤って自分の物を焼いても犯罪でないのに、公共の危険の発生を処罰条件とすると、なぜ失火罪は結果犯となり、しかも公共危険犯になるのか、さらに一一〇条二項は、違法でないのに、処罰条件だけが規定されていることになるとの反論がある。

3　公共の危険の認識の内容

公共の危険の認識が必要であるとしたばあい、その内容はどうなるのであろうか。公共の危険とは、不特定または多数人の生命・身体または重要な財産に対する実害を生じさせるおそれを一般人が感ずる状態を意味する（通説・判例）。そうすると、一〇八条、一〇九条一項の物件への延焼の可能性もこれに含まれることになる。ところが、その延焼の可能性を表象・認容していたばあいには、一〇八条、一〇九条一項の故意がみとめられるのであるから、公共の危険はこれと異なるものでなければならない。そこで、延焼を容認することのない心理状態が必要となる。これに対しては、延焼物件への放火の故意には認容説を採り、具体的危険犯の故意には表象説をもって足るとする

ことになって矛盾が生じ、また延焼を予見しつつ放火することは容認したことになり、公共の危険発生の予見はあるがこれを容認することのない心理状態は存在しないとの批判がある。この点につき、延焼の可能性の認識は、現実には一〇八条、一〇九条一項の未必の故意を構成するので、公共の危険の認識を故意の要件としても実質的意味がないとの主張もある。

B・Cの故意はどうなるのであろうか。Xの住宅に延焼することを表象・認容していたのであれば、一〇八条の故意がみとめられることになる。延焼を認容していなかったばあい、さらに公共の危険の認識があったかどうか、が問題となる。軒下でガソリンを流出させてオートバイを燃やすことは、一般人に他人の生命・身体または重要な財産に実害を生じさせるおそれを感じさせることが多いであろう。したがって、通常のばあい、B・Cには「公共の危険」の認識があったとされることが多いと考えられる。しかし、例外的に、公共の危険の認識がないばあいもあり得るのであり、そのばあいには、認識必要説によれば、一一〇条一項の罪は成立せず、器物損壊罪（二六一条）が成立することにとどまることになる。

4　焼損概念と錯誤

B・Cは、X宅の柱、庇および庇受けを焼いているが、これは一〇八条にいう「焼損」に当たるのだろうか。仮にこれに当たるとしたばあい、一一〇条一項の故意で一〇八条の結果を惹起したことになるが、その取扱いをどうすべきなのだろうか。

焼損について見解は、①独立燃焼説、②効用喪失説、③折衷説に分かれる。①独立燃焼説は、火が媒介物を離れて目的物が独立してその燃焼力を継続する状態になったときに公共の危険が発生し焼損といえるとする。②効用喪

失説は、客体の重要部分が焼失して、客体そのものの本来の効用を失ったとき焼損と解する。③折衷説は二説に分かれる。重要部分燃焼開始説は、客体の重要部分の燃焼開始、いわゆる「燃え上がった」状態を焼燬とする。これは、基本的には独立燃焼説の立場に立ちながら既遂の範囲の不当な拡大に限定を加えようとするものである。一部損壊説は、毀棄罪において必要とされる損壊の程度に達したときを焼損とする。これは、放火罪の財産的性格を基礎にしながら公共危険罪的性格を考慮に入れたものである。

Xの住宅の柱・庇・庇受けを燃焼させたのは、独立燃焼説および一部損壊説によれば、焼損となり、効用喪失説および重要部分燃焼説によれば、まだ焼損とはいえないことになろう。

これが焼損となるばあい、つまり、一一〇条一項の故意で一〇八条の結果を惹起したばあい、B・Cの罪責はどうなるのであろうか。一〇八条への延焼について表象・認容があれば、一〇八条の罪が成立するが、これがないかぎり、軽い罪である一一〇条一項の罪（公共の危険の認識がないばあいは器物損壊罪）の成立がみとめられるにとどまると解すべきである。

5　Aの罪責

共謀共同正犯論をみとめ公共の認識不要説を採るばあいには、Aについて一一〇条一項の罪が成立することになろう。共謀共同正犯論の立場に立ち、公共の危険の認識必要説を採るばあいには、その認識があるときには一一〇条一項の罪が、それがないときには器物損壊罪がそれぞれ成立することになろう。

第四款　文書偽造罪

Xは、Aを欺いてAから融資を受けるために、Xの友人Bの代理人になりすましてBの不動産に抵当権を設定することを企て、金銭消費貸借契約および抵当権設定登記に関する事務一切をXに委任する旨のB名義の委任状を作成し、これを送付原稿として自宅のファクシミリ（ファックス）からAの事務所のファクシミリあてに送信し、同ファクシミリで印字させて、Aを信用させた。その後、Xは、B代理人Xという名義でAとの間で契約書を作成して融資を受け、登記所においてこれらの書類を提示して登記官を欺いて抵当権の設定登記をさせた。

Xの罪責について論じなさい（ただし、詐欺罪の成否の点は除く）。

【論　点】

1　写真コピーおよびファクシミリと文書偽造罪
2　代理名義の冒用と文書偽造罪
3　公正証書原本不正記載等の罪

【解　説】

1　問題の所在

情報機器の発達と普及に伴って、それを悪用する行為が増加し、それが文書偽造罪を構成するのかどうか、が問題となり、まず、写真コピーについて争われた。さらに、普及しているファクシミリ（ファックス）についても同様の問題が生じている。「ファクシミリの基本原理」は、送信文書を電気信号に変換して、一般電話回線などによって伝送し、受信された電気信号が感熱紙などの記録紙に記録され、受信文書が作成されるものであり、送信者の手元のファクシミリで文書を複写することも可能であり、その記録方法には、感熱記録方式、熱転写記録方式、電子写真方式がある。このようにファクシミリは、「複写機能」と「送信機能」を有しており、「複写機能」の点において、写真コピーによる写しの作成と偽造罪の成否に関して問題構造を同じくする。周知のとおり、最高裁の判例は、写真コピーの文書性をみとめ、これについて公文書偽造罪の成立を肯定している（最判昭51・4・30刑集三〇巻三号四五三頁、最決昭54・5・30刑集三三巻四号三二四頁、最決昭61・6・27刑集四〇巻四号三四〇頁）。判例によれば、原本の写しが公文書に該当するためには、①機械的方法により、あたかも真正な原本を原形どおり正確に複写したかのような形式、外観を有するものであること、②文書の性質上、原本と同様の社会的機能と信用性を有するものであることが要件とされる。これは、ファクシミリについても当てはまることになる。

2　学説・判例

(1)　消極説

消極説は、①の要件について、ファクシミリにより受信された書面は原本と同一の意識内容を保有するが、数字

などの見分けが容易につかず、原本では一目瞭然であるはずの改変の跡が判明し難いなどの画像の不鮮明さは、現在普及しているファクシミリによって受信される文書に一般的に見られ、現段階のファクシミリ文書にとっては避け難い特性であるので、これを充足しないとする。②の要件について、ファクシミリは、通信の一手段として認識されているため、権利義務や資格などに関する事実を証明する文書については、原本の代用としてみとめられていないのが通常であるので、これも充足していないとする。

(2)　積極説

積極説の立場に立つ判例は、次のように解している（広島高裁岡山支判平8・5・22判時一五七二号一五〇頁）。すなわち、本判決は、①の要件について、「受信文書は、送信文書の写しではあるが、その写し作成者の意識が介在混入する余地がなく、原本である送信文書が電気的かつ機械的に複写されるものであるといえるから、ファクシミリについても、真正な原本を原形どおり正確に複写したかのような形式、外観を有する写しを作成する機能を有するものである」としてこれを肯定する。②の要件であるファクシミリによる文書の写しの「社会的機能と信用性」についても、「真正な原本を原形のまま正確に複写したかのような形式、外観を有するファクシミリによる文書の写しは、一般には、同一内容の原本が存在することを信用させ、原本作成者の意識内容が表示されているものと受け取られて、証明文書としての社会的機能と信用性があることは否定できず、その信用性の程度については、文書の作成名義、文書の様式及び規格等の体裁、記載内容、文書を行使する人物等の要素によって異なるものである」とし、「文書の本来の性質上、その存在自体が法律上又は社会生活上重要な意味をもっている文書、或いは人の重要な権利の行使に関して必要な文書などにおいては、ファクシミリによる文書の写しを原本の代用としてまで認められないとしても、その他の分野においては、遠隔地間における即時性のある証明文書として有用なものとして利用されていることは

明かである」として、これを肯定しているのである。この観点から、本判決は、複写機による写しとの間に格別の差異はないとしていることになる。

(3) 私見

動態的に迅速な判断と活動を要求される生活関係においては、必ずしも原本による証明は必要とはされない。このような生活関係においても、一律にファクシミリによる証明機能を否定すべきか否か、について、わたくしは、現状認識としてファクシミリによる証明機能がみとめられており、その重要性が確認されていると解すべきであると考える。ファクシミリによる写しは、原本の存在、内容および態様を容易に証明できるから、一定の範囲においては、かなり高い証明力を有し、証明手段として広く普及しているのであり、時間的・空間的制約を超克しなければならない情報社会においては、ファクシミリによる証明力を悪用する行為を当罰的と解するのが、刑事政策的にも妥当である。なお、前記の広島高裁岡山支判は、その存在自体が法律上または社会生活上重要な意味を有する文書、および、重要な権利の行使に関して必要な文書などについては、当罰性を否定している。すなわち、「その存在自体が法律上または社会生活上重要な意味を有する文書」および「重要な権利の行使に関して必要な文書」などは、その文書そのものの「存在」ないし「提示」が必要とされるから、その「写し」による証明は必要とされないのである。したがって、これらの文書については、そもそもファクシミリによる証明は意味をもたないことになるわけである。

(4) ファクシミリの送信と「行使」罪

送信されたファクシミリ文書を相手方に「閲覧了知」させているばあい、偽造公文書行使罪が成立することについて、格別、問題はない。行使といえるためには、閲覧できる状態を作り出せば足りるので、相手方のファクシミ

りで受信し印字された時点で、行使罪が成立するのである。

3　代理名義の冒用と文書偽造罪

（1）問題の所在

代理権限を有しない者が勝手に代理人と称して文書を作成したばあい、これは有形偽造なのか無形偽造なのか、が問題となる。いいかえると、この文書の名義人は被代理人たる本人なのか、それともそれ以外の者か、が争われるのである。これが代理名義の冒用と文書偽造罪の成否の問題にほかならない。

（2）学説・判例

(i)　無形偽造説は、代理名義の文書の名義人は意思表示者たる代理人自身であるから、代理名義の冒用は無形偽造になると解するが、行為の可罰性に関して、①実質主義を前提として一五五条三項・一五九条三項で処罰する説、②有形偽造に準じて一五九条三項で処罰する説、③不可罰説などが主張されている。

(ii)　有形偽造説は、代理名義の冒用が代理人以外の何者の名義を偽ったことになるのか、に関して、次のように分かれている。①本人（被代理人）の名義を偽ると解する説（通説）、②本人名義を肩書とした行為者名義を偽ると解する説、③正当な代理権限を有する者の名義を偽ると解する説、④本人の裁可名義を偽るので有形偽造であると解する説、⑤代理名義の冒用は作成名義を偽るものではないとしながらも有形偽造の概念を拡張することによってこれを有形偽造と解する説などが主張されている。

(iii)　最高裁の判例は、「他人の代表者または代理人として文書を作成する権限のない者が、他人を代表もしくは代理すべき資格、または普通人をして他人を代表もしくは代理するものと誤信させるに足りるような資格を表示して

作成した文書は、その文書によって表示された意識内容にもとづく効果が、代表もしくは代理された本人に帰属する形式のものであるから、その名義人は、代表もしくは代理された本人であると解するのが相当である」と判示して、有形偽造罪説を採っている（最決昭45・9・4刑集二四巻一〇号一三一九頁）。

(3)　私見

名義人を文書の記載内容の意識の主体と解するかぎり、代理名義の文書の名義人は代理人であると考える方が、首尾一貫している。しかし、文書の信用性に関して、通常、代理人自身よりも本人にウェイトがおかれるので、本人の名前が記載されているという事実をまったく無視して前記のように解してよいか、は疑問である。そこで、判例・通説は、意思表示の効果の帰属主体を名義人と解することによって本人を名義人とする。しかし、これは恣意的な解釈である。なぜならば、意識の主体を名義人と解する原則に対して重大な例外をみとめることになるからである。このような不都合を避けるため、わたくしは、名義人概念を修正すべきであることを主張しており、名義人は文書の作成についての責任主体、つまり文書作成の真正性を保証し文書作成の効果を受忍する主体として把握されるべきである。この立場からは、本人が名義人であり、代理名義の冒用は有形偽造となる。

4　公正証書原本不実記載等の罪

(1)　客体と行為

平成七年に改正される前の刑法一五七条は、たんに「権利、義務ニ関スル公正証書ノ原本」を規定していたが、判例は、土地登記簿、建物登記簿がこれに当たるとしていた（大判明43・11・8刑録一六輯一八九五頁）。改正法は、明文で「登記簿」を例示しているので、この点に関してはまったく問題がない。本罪における虚偽の申立てとは、真実

に反して、存在しない事実を存在するとし、または存在する事実を存在しないとして、申立てをすることであるとされている。また、不実の記載とは、存在しない事実を存在するものとし、または存在する事実を存在しないものとして記載することをいい、不実とは、権利義務関係に重要な意味をもつ点において客観的な真実に反することであるとされている。

(2)　実行の着手および既遂時期

本罪には未遂犯処罰の規定があるので、実行の着手および既遂時期が問題となる。実行の着手は、公務員に対して、虚偽の申立てを開始した時であり、既遂時期は、公務員が公正証書の原本に不実の記載をした時であるとされる。

(3)　罪数

判例・通説の立場によれば、委任状の偽造と同行使は牽連犯であり、代理名義を冒用した契約書の偽造と同行使は牽連犯であり、公正証書原本不実記載等の罪と前記の偽造文書行使罪とは牽連犯となる。

5　Xの罪責

判例・通説によれば、B名義の委任状を作成してA宅にファクシミリで送信・印字させた行為につき、有印私文書偽造罪・同行使罪が成立する。また、B代理人Xの名義で契約書を作成した行為につき有印私文書偽造罪が成立し、これらを登記官に提示して虚偽の抵当権設定登記をさせた行為につき公正証書原本不実記載罪が成立する。前記の行為は、それぞれ手段結果の関係にあり牽連犯となる。

第五款　犯人蔵匿罪と証拠隠滅罪

Aおよびは、共同して詐欺罪を犯したが、一方、前科のあるAは、捜査の対象となり指名手配されたので、逃亡するために愛人Xに「詐欺の罪で警察に追われているから、かくまってくれ」と頼んで、かくまってもらった。その際、Xは詐欺罪が罰金以上の刑を科せられる罪であることを知らなかった。他方、Bは、Aの妻Yに事情を明かして証拠書類を全部焼却させた。

AおよびBの罪責について論じなさい（ただし、詐欺の点は除く）。

【論　点】

1　犯人が他人を教唆して自己を蔵匿させたばあいの犯人蔵匿罪の教唆犯の成否
2　共犯者は一〇四条にいう「他人」に含まれるか。
3　証拠隠滅罪における親族に関する特例の適用範囲

【解　説】

1　問題の所在

本事例において、犯人Aは、Xを教唆して自己をかくまってもらっているが、これは犯人蔵匿罪の教唆犯を構成するのであろうか。すなわち、犯人自身が隠れること自体は犯罪ではなく、他人が犯人を蔵匿することが犯人蔵匿罪を構成するのであるが、犯人が他人を「教唆」して自己をかくまわせると犯人蔵匿罪の教唆犯となるのか、が問題となるのである。また、Bは、共犯者であるAの妻を教唆して証拠書類を焼却させているが、これは証拠隠滅罪の教唆犯となるのであろうか。証拠隠滅罪は、「他人の」刑事事件に関する証拠の隠滅が犯罪を構成するのであるが、「共犯関係」にあるAは、Bにとって「他人」とされるべきなのかどうか、もしそうだとしたばあい、Aの妻Yについては一〇五条により刑の任意的免除がみとめられるが、Bについても同様の扱いをすべきなのかどうか、が問題となる。A・Bの罪責を論ずるに当たっては、犯人蔵匿罪および証拠隠滅罪の本質を考慮することが必要である。

2　Aの罪責とその論拠

(1)　「罰金以上の刑に当たる罪を犯した者」の意義

Aの罪責の前提として、まず、Xの罪責を検討しなければならない。Xは、Aから「詐欺の罪で警察に追われているから、かくまってくれ」と依頼されてAをかくまっている。Aは、詐欺罪の犯人で、現実に捜査の対象となっている者であるから、一〇三条にいう「罰金以上の刑に当たる罪を犯した者」に当たり、これを知りながらAをかくまう行為は蔵匿といえる。しかし、Xは、詐欺罪が罰金以上の刑を科せられる罪であることを知らなかったのであるが、これは故意を阻却するであろうか。この点につき、その犯罪が何であるかを知っていれば、法定刑が罰金

以上であることの認識までは必要でないとするのが、判例・通説の立場である（最決昭29・9・30刑集八巻九号一五七五頁）。この見地からは、Xは、Aが詐欺罪を犯したことを認識しているのであるから、故意の存在が肯定される。したがって、Xについて犯人蔵匿罪が成立することになる。

(2) 教唆犯の成否

問題は、Aについて犯人蔵匿罪の教唆犯が成立するかどうか、である。それを検討するに当たって、保護法益の問題から考察していかねばならない。

犯人蔵匿罪および証拠隠滅罪の保護法益は、広義の刑事司法作用である。すなわち、犯人蔵匿罪は、犯人・逃走者をかくまうことによって、証拠隠滅罪は、刑事事件に関する証拠の完全な利用を妨げることによって、それぞれ犯罪の捜査ならびに審判および刑の執行に関する国家の機能を妨害する犯罪である。沿革的には、犯人蔵匿罪および証拠隠滅罪を事後従犯と解する見解もあったが、現在では独立罪と解されている。これを犯人庇護罪として把握する立法例もある（たとえば、ドイツ刑法は、これらを強盗および恐喝の章と詐欺および背任の章との間に「犯罪庇護および犯罪隠匿」の章として規定している）。犯人が刑責を免れるために自己蔵匿・自己隠避をしたり、みずから自己の刑事事件に関する証拠を隠滅したりしても、それ自体は処罰されない。これは、人間の至情の発露であるから、当罰性が否定されるのである。このことは一〇三条、一〇四条の構成要件上、明らかである。しかし、他人を教唆して前記の目的を遂げたばあいには、その可罰性をめぐって見解が分かれている。

学説・判例は、大別すると、①積極説、②消極説、③二分説に分かれる。

①積極説は、犯人蔵匿罪・証拠隠滅罪につき犯人・被告人の教唆犯の成立を肯定する。判例も一貫してこの立場に立っている（犯人蔵匿罪につき、大判昭8・10・18刑集一二巻一八二〇頁、最決昭35・7・18刑集一四巻九号一一八九頁。証拠隠滅

罪につき、大判昭10・9・28刑集一四巻九九七頁、最決昭40・9・16刑集一九巻六号六七九頁など)。積極説は、次のように主張する。すなわち、他人に犯人蔵匿・証拠隠滅の罪を犯させてまでその目的を遂げるのは、犯人・被告人みずから犯すばあいとは情状を異にし、「定型的に期待可能性がない」とはいえない。判例によれば、犯人が発見・逮捕を免れようとするのは「人間の至情」であるから「防禦の自由」に属するが、他人を教唆してまでこれをおこなうのは、「防禦の濫用」であって「防禦の範囲を逸脱」するもので犯罪(教唆犯)を構成するとされるのである。要するに、これは、他人に犯罪を犯させてまで自己の罪を免れるのは犯人にとってもはや防禦とはいえないとする趣旨である。判例は、「国民道義の観念」を持ち出して「処罰の公平」を基礎に積極説を展開しているといえる。

さらに、積極説の中で「責任共犯論」の見地から教唆犯の成立を基礎づけようとする見解によれば、犯意のない者に犯意を生じさせる教唆犯には、他人の行為を利用して犯罪を実現するという反社会性のほかに「教唆によって新たな犯罪人をつくり出す」という反社会性があるので、自分自身でおこなえば犯罪にならない行為でも、他人を教唆してそれを実行させたばあいには、その教唆犯として処罰すべきであるとされる。

②消極説は、次のように主張する。すなわち、犯人・被告人が刑責を免れるために他人に犯人蔵匿・証拠隠滅を教唆しても、定型的に期待可能性がないので犯罪を構成しない。積極説によれば、犯人・被告人は、これらの罪を共同正犯としてはおこなえないが、教唆・幇助としてならばおこない得るとされるが、これは妥当でない。というのは、教唆犯は法益を間接的に侵害するものであるので、その犯罪性は、正犯より軽いか少なくとも同じであるにもかかわらず、積極説ではその逆になるからである。消極説は、犯人・被告人の「実質的な」自己庇護行為を不可罰とするものである。

③の二分説は、犯人蔵匿罪については教唆犯の成立を否定し、証拠隠滅罪についてはこれを肯定する。この説に

よれば、犯人蔵匿罪における犯人が「単に存在としてのみならず常に主体的な働きかけを伴う」のに対して、証拠隠滅罪における犯人は「客観化された存在」としてのみ予定されている。それゆえ、「犯人を対象として予定する対向犯的性格をもつ蔵匿隠避行為と犯人の教唆においては、教唆行為は定型的関与形式として不問に付されたもの」として、共犯規定の適用を制限されるという。つまり、犯人蔵匿隠避行為は、当然に犯人の主体的働きかけを予定するものであるから、教唆行為もこれに包含されて不可罰であるが、証拠隠滅罪についてはそのような関係がないので可罰的であるとされるのである。

前記の論点における実質的争点は、犯人蔵匿罪および証拠隠滅罪に犯人庇護罪としての性格をみとめるべきかどうか、であるが、わたくしは、これを肯定的に解すべきであると考える。すなわち、両罪は、犯人蔵匿隠避・証拠隠滅行為によって犯人を庇護することをとおして国家の広義の刑事司法を害する点にその本質があるのである。したがって、この二つの犯罪は、犯人庇護という点に関するかぎり、同質的な犯罪と解されなければならない。犯人・被告人によってなされる教唆行為は、自己庇護の目的でなされているのであり、犯人の自己庇護という観点から見るかぎり、直接、犯人みずからおこなおうが、他人を介しておこなおうが、両者には本質的な差異はないことになる。両者が本質的に異なることの根拠づけは、「責任共犯論」によらざるを得ないであろう。しかし、共犯の処罰根拠として責任共犯論は否定されるべきであるから、積極説は妥当でない。このようにして、わたくしは、②の消極説を支持するものである。積極説は、犯人・被告人の教唆行為を不可罰とすると、これを犯人・被告人の「権利」としてみとめざるを得ないこととなって不都合である、ということを実質的根拠にしていると解される。しかし、犯人・被告人の教唆行為は刑法上犯罪を構成しないということを意味するにとどまり、けっしてこれを「権利」と解しているわけではない。刑法上、許される行為には、積極的にその遂行が奨励されるべきもの（権利）のほかに、

消極的に是認される行為（すなわち、必ずしも積極的な価値を有しないが、禁圧するまでもない行為）も包含されているのである。犯人・被告人の教唆行為が、後者に当たる。これを不可罰と解しても、積極的にこれを推奨することにはならないことに注意しなければならない。

このようにして、消極説および二分説によれば、Aについて犯人蔵匿罪の教唆犯は成立しないが、積極説によれば教唆犯が成立することになる。

3　Bの罪責

Bの罪責を検討するばあいにも、まずYについて証拠隠滅罪が成立するか否か、が先決問題となる。

刑法一〇四条にいう「刑事被告事件」は、文言を厳格に解すると、現に裁判所に係属している刑事事件に限られることになろうが、将来刑事被告事件となり得べきものも含まれると解するのが、判例・通説の立場である。この見解によれば、すでにAについて捜査が開始されているので、ここにいう刑事被告事件の存在がみとめられることになる。そして、本条に言う「証拠」とは、証拠および徴憑（情況証拠）を意味し、刑事被告事件が発生したばあいに捜査機関または裁判機関において国家刑罰権の有無を判断するに当たって関係があるとみとめられる一切の資料をいうと解されており（大判昭10・9・28刑集一四巻九九七頁）、Yが焼却した証拠書類は、これに当たる。焼却は隠滅にほかならず、Yについて証拠隠滅罪が成立する。

ところで、Yが焼却した証拠書類は、共犯者であるBにとっても共通の証拠となり得るものと考えられる。そうすると、これがBにとっても「他人の」刑事被告事件に関する証拠と解し得るのかどうか、が問題となる。この点につき、判例は、自己の刑事被告事件に関する証拠が他人の刑事被告事件に関する証拠でもあるばあいには、それ

を行為者が認識していれば本罪が成立するとし（大判昭7・12・10刑集一一巻一八一七頁など）、共犯者の刑事被告事件についての証拠は、自己の犯事実に関係なく共犯者の犯罪事実に関する証拠であるばあいには、当然に「他人」の刑事被告事件に関する証拠に当たるとしている（大判大7・5・7刑録二四輯五五五頁など）。この問題は、刑法一〇四条にいう「他人」に共犯者も含まれるかどうか、という形で論じられている。判例・通説は、証拠が共犯者に共通するばあい、単独犯の事件についてならば無罪になったであろうものが、共犯事件であるが故にほとんど有罪となるのは妥当でない、ということを理由にして、もっぱら他の共犯者のためにする意思で行為したばあいには本罪の成立をみとめるが、もっぱら自己のためにしたばあい、および、他の共犯者と自己の利益のためにしたばあいには本罪は成立しないとする（大判大8・3・31刑録二五輯四〇三頁）。共犯事件についても一部の者に対してのみ証拠となり得るものもない訳ではなく、共犯者の間に利害が反する証拠もあり得るので、もっぱら他人のためにする意思でした行為のみが証拠隠滅罪を構成すると解されているのである。しかし、通説による区別は、行為者の主観面を基準とする点で適切でないと批判されている。すなわち、自己と共犯者とに共通の証拠について、自分のためにする意思をまったく欠いているようなばあいに、通説は、本罪の成立をみとめるが、客観的には本罪の客体に当たらないものについて、主観的な動機・心情を理由にして犯罪の成立をみとめることには疑問があるとされるのである。共犯事件についても、行為者の動機の如何にかかわらず、もっぱら本人の犯罪事実に関係する証拠はもちろん、本人と共犯の両方に関係する証拠については本罪の成立をみとめるべきではないとする見解も有力である。

本事例において、Bの罪責の判断が二段構えになっていることに注意する必要がある。すなわち、①「他人」の刑事被告事件に関する証拠といえるか、②「自己」の刑事該当事件に関する証拠に当たるとされたばあい、他人を教唆してこれを隠滅させることの可罰性の有無という二つの問題があるのである。②については、すでに**2**で検討

した。

通説の立場に立ったばあい、Bの意思が本事例の文章では不明であるから、分析していく必要がある。ところで、Yについては一〇五条の規定により刑の任意的免除がみとめられているが、これはBにも及ぶのであろうか。通説は、六五条二項の趣旨により、刑の免除は一身的なものであるから、Bについてはみとめられないと解している。

第六款　賄賂罪

タクシー会社社長で大阪タクシー協会の理事でもあるAは、内閣から衆議院に提出され、当時の衆議院大蔵委員会で審査中であったタクシー等の燃料に用いる液化石油ガスに新たに課税することを内容とする石油ガス税法案について、同協会会長らと共謀のうえ、当時の衆議院運輸委員会委員の衆議院議員Xに対して、同法案の廃案、あるいは税率の軽減などAらに有利に修正されるよう、同法案の審議、表決に当たって自らその旨の意思を表明し、さらに大蔵委員会委員を含む他の議員に対して説得勧誘することを依頼して、現金二〇〇万円を供与した。またAは、大阪府の交通部の担当者であったYが総務部庶務課に転出した後、職務担当当時、タクシーの割り当て台数の増加につき有利に取り計らったことに対する謝礼の意味を込めて御栄転祝いとして現金五〇万円をYに贈った。

Aの罪責について論じなさい。

【論　点】

1　国会議員の院内活動と職務権限
2　職務権限の変更と賄賂罪の成否
3　社交儀礼と賄賂

【解　説】

1　職務権限

まず、公務員である国会議員の院内での活動の職務権限が問題となる。議案の審議については、その権限を有する「委員会」が重要な意義を有する。Xは、運輸委員会の委員であって大蔵委員会の委員ではなかったので、大蔵委員会で審議中の案件については「職務権限」が存在しないかの観を呈する。しかし、議員である以上、本会議を介して影響力を行使し得るのであり、少なくとも「一般的職務権限」はみとめられるし、自己が所属しない委員会における案件についても、意見を表明し影響を与えることは可能である。本事例の基礎となっている大阪タクシー事件において、最高裁の決定は、「衆議院議員たるX、Yの職務に関してなされた」と判示し、さらに、Xが他の議員に対して、法律案に賛成したり反対するよう勧誘説得する行為も職務密接関連行為であると解している（最決昭63・4・11刑集四二巻四号四一九頁）。

そのような働きかけには、法的根拠は存在しないが、そのような行為の対価として賄賂を収受する行為が、国民の公務への信頼を害することは疑いないのであり、国会議員という職務と無関係に影響力を行使したわけではないので、職務に関し金銭を収受したといえるとして、本決定は学説によって支持されている。

なお、最高裁の判例において、商工委員会での質疑に関し、同委員会の委員としての職務権限を有する衆議院議員が、質疑の相手方である行政機関の責任者に対して特定の団体に有利な答弁をおこなうように勧め、答弁内容に相応する趣旨の取り計らい方を要求したことが、同議員の職務と密接に関連する行為に当たるとされている（撚糸工連汚職事件）。

2　職務権限の変更と賄賂罪の成否

（1）　問題点

Yは、二〇〇万円を受け取った時点では、すでに抽象的職務権限を失っているのであるから、交通部担当者としての職務に関する謝礼は、もはや「職務」に関して供与された賄賂とはいえず贈賄罪は成立しない、と解することもできるであろう。しかし、退職によって公務員たる地位を失ったばあいには、従前の職務に関して「事後収賄罪（一九七条の三第三項）」が成立するのである。そうすると、現に公務員である者が過去の職務に関して利益の供与を受けても収賄罪は成立せず、不可罰となるのに対して、公務員でない者については事後収賄罪が成立し処罰がなされるということになる。これは処罰の不均衡ではないであろうか。この不都合を避けるためには、転職のばあいにも事後収賄罪の成立をみとめれば足りるとも考えられ得る。しかし、そうすると、「公務員であった者」について規定されている事後収賄罪を「現に公務員である者」に対しても適用することとなって、明文に反することになる。

(2) 判例・学説の状況

(i) 判例

大審院の判例は、転職により職務権限の同一性が失われてしまったばあいには贈収賄罪は成立しないと解していた（大判大4・7・10刑録二一輯一〇一一頁）。ところが、最高裁の判例は、収賄罪に関して「いやしくも収受の当時において公務員である以上は収賄罪はそこに成立し、賄賂に関する職務を現に担任することは収賄罪の要件ではない」と判示し（最決昭28・4・25刑集七巻四号八八一頁）、贈賄罪に関して「贈賄罪は公務員に対してその職務に関し賄賂を供与することによって成立し、公務員が他の職務に転じた後、前の職務に関して賄賂を供与する場合であっても、いやしくも供与の当時において公務員である以上は贈賄罪はそこに成立し、公務員が賄賂に関する職務を現に担任することは贈賄罪の要件でないと解するを相当とする」と判示している（最判昭28・5・1刑集七巻五号九一七頁）。これらは、積極説を採ることを明示した判例といえるが、その事案は、抽象的職務権限の同一性は失われていないとも解され得るものであるとされてきた。しかし、最近、転職により明らかに抽象的職務権限を異にするに至った事案において、最高裁は積極説の立場に立つことを明言している。すなわち、「贈賄罪は、公務員に対し、その職務に関し賄賂を供与することによって成立するものであり、公務員が一般的職務権限を異にする他の職務に転じた後に前の職務に関して賄賂を供与した場合であっても、右供与の当時受供与者が公務員である以上、贈賄罪が成立するものと解すべきである」と（最決昭58・3・25刑集三七巻二号一七〇頁）。

(ii) 学説

学説は、積極説と消極説とに分かれている。

積極説が通説であり、次のように主張する。すなわち、抽象的職務権限を同じくする過去の職務に関して賄賂を

収受したばあいに収賄罪の成立がみとめられるのは、過去の担当職務が買収されたから、あるいは「将来に向かって」職務の公正が害されるからであって、その理は、一般的職務権限を異にする職場に転職した後の収賄についてもそのまま当てはまる。つまり、転職により一般的、抽象的職務権限を異にする職務に従事するに至ったばあい、賄賂を収受する者が公務員である以上、過去にその者が担当していた職務に関して賄賂が供与されたかぎり、その「職務の公正」に対する「一般の信頼」は害されることになる。収賄罪の成立要件である「その職務に関し」というのは、「現在担当している職務に関し」という意味にしか解し得ないわけではなく、「その」とは他人の職務行為ではなく他ならぬ「自己の職務」であれば足りると解することも可能である。このように解すれば、転職後に収賄罪の成立をみとめることも、収賄罪を職務犯罪として把握するものであって、けっして身分刑法への逆戻りを意味するものではないことになる。積極説は、過去の職務との関連性を要求することによって、すでになされた職務行為に対する「一般の信頼」の侵害を収賄罪の重要な要素の一つと解しているのである。

積極説に対して、次のような批判がある。現在担当している職務との間の一般的権限の同一性を要求すると、一般的職務権限の理論の補充として確立されてきた「職務密接関係行為」の理論の圧倒的大部分が否定されることとなって不当であるとされる。また、いやしくも公務員の身分を現に有する者の行為とすでに公務員の身分を失った者の行為とでは、社会に与える印象が異なるが、公務員の身分を有するかぎりにおいては、抽象的権限の範囲の内外ということは、社会に与える印象という点ではさほどの違いはないので、収賄罪の成立を肯定しても、必ずしも不当ではないとの積極説の主張に対しては、社会に与える印象という国家的法益とは直接関係のないものを基準とするものであって妥当でないとの批判があり得る。しかし、公務に対する「一般の信頼」が損なわれると、公務は円滑におこなわれなくなる。公務の不可買収性・公務の公正は、公務が買収されていないこと、公務が不正になさ

れてはいないことを一般に示すことによって、保持されているのである。厳密に公務の不可買収性、公務の公正を要求するのであれば、賄賂と対価関係にある「職務」は具体的権限のある職務行為であることを要求するのが筋であろう。というのは、具体的権限の行使があってはじめて、当該職務行為が買収され、したがって、公務の公正が害されたことになるはずだからである。抽象的職務権限の範囲内で収賄罪の成立をみとめるかぎり、そこにいう公務の不可買収性、公務の公正は、社会の受ける印象を重要な要素として考慮に入れていることになるのである。

転職後に過去の職務に関して利益の供与を受けても、抽象的職務権限を異にするかぎり収賄罪は成立しないとすると、退職後に事後収賄罪の成立がみとめられるのと比べ、著しく均衡を失することになる。退職後は、公務員たる地位を喪失しているので、過去の職務と比較されるべき職務権限は存在しないので、抽象的職務権限の範囲内か否か、はまったく問題とならないが、転職のばあいには、なまじ公務員たる身分を有し職務権限を有しているがゆえに、過去の職務との間に抽象的職務権限の同一性が欠けているときには、収賄罪は成立しないことになる。しかし、過去の職務に関して賄賂の供与を受けたという点では、退職のばあいと転職のばあいとはまったく同じであるにもかかわらず、退職のばあいだけが処罰されるのは、処罰の不均衡にほかならない。

前記の不均衡を避ける途が二つ考えられる。一つは、抽象的職務権限の範囲をゆるやかに解することによって収賄罪の成立範囲を拡大することである。しかし、これは、職務犯罪として収賄罪の性格を曖昧にし、その成立範囲を不明確にするものであって、妥当ではない。

もう一つは、転職のばあいにも事後収賄罪の成立をみとめることである。たしかに、転職のばあいにも事後収賄罪の成立を肯定できるのであれば、もはやそこには処罰の不均衡は存在しないことになる。しかし、転職のばあいに事後収賄罪の成立をみとめるのは、「公務員であった者」という明文規定を無視するものとされるであろう。過去

の職務との関係では公務員たりし者と解することも可能であると主張されるが、それは、文理上は無理である。公務員たりし者とは、かつて公務員であったが今は公務員ではない者としか解され得ず、職務権限に相違が生じたばあいまで包含するものではないのである。

3　社交儀礼と賄賂

通説は、職務行為に対する対価関係があっても、社交儀礼の程度を超えないかぎりは賄賂罪は成立しないと解している。その根拠として構成要件該当性を否定する見解、違法性阻却、可罰的違法性阻却を挙げる見解が主張されている。

職務行為に対する対価関係の有無の判断基準として、(1)職務行為に対して対価関係に立つばあいと職務上の生活関係にともなうにすぎないばあい（上司・同僚、職務生活上の交際から生まれた友人に対する餞別）との区別、(2)職務行為の特定性の程度、(3)①職務行為の内容（とくに職務行為を左右することの可能性）、②贈与者と収受者の関係（従来からの交際の有無）、③贈与の額・種類、④授受の場所・態様、⑤授受の時期などの客観的情況に基づき、職務行為の公正とその公正に対する社会一般の信頼が侵害されたか否かの判断、(4)職務行為に対する反対給付であるという当事者の意識の客観化の必要性、の四つの視点が提起されている。

判例は、大審院時代以来、職務に関して授受されるかぎり賄賂性は否定できないとする（大判昭4・12・4刑集八巻六〇九頁、大判昭10・6・18刑集一四巻六九九頁など）。ただし、最高裁の判例には、賄賂性を否定する余地をみとめたものがある（最判昭50・4・24判時七七四号一一九頁）。

Aは、Yに対して、職務に対する対価としての意味を込めて名目上「御栄転祝い」として五〇万円を贈与してい

るのであり、対価性は明らかである。社交儀礼としての性格はないと解するのが妥当である。

4　Aの罪責

Aは、タクシー会社の社長で大阪タクシー協会の理事でもあり、タクシーなどの燃料に用いる液化石油ガスに新たに課税することを内容とする石油ガス税法案について、同法案の廃案または税率の軽減などAらに有利に修正されることを希望していた。そこでAは、衆議院議員で運輸委員会委員であるXに対して、①前記法案の審議・表決に当たって前記趣旨の意思表明と②大蔵委員会委員を含む他の議員に説得勧誘することを依頼し、その見返りに現金二〇〇万円を供与している。これは、公務員Xの職務に関して賄賂を供与したものであり、贈賄罪（一九八条）の構成要件に該当する。①の行為はXの職務行為そのものであるが、②の行為はXの職務に密接する行為に当たり、いずれもXの職務に関するものであるから、Aの行為は贈賄行為に該当するのである。

つぎにAは、地方公務員である大阪府職員であるYに対して、Yが交通部の担当者であった際に職務上有利な取り計らったことに対する謝礼の意味を込めて現金五〇万円を供与している。これが贈賄罪を構成するか否か、が問題となる。このばあい、①Yが大阪府の交通部から総務課庶務課に移動していること、および②御栄転祝いとして供与していることが、同罪の成否に影響を及ぼすか否か、が問題となる。①は転職後の公務員に対して過去の職務に関する賄賂罪の成否の問題である。前述のとおり、その成立をみとめる立場が妥当である。したがって、Aの行為は贈賄に当たる。たしかに、名目は「御栄転祝い」とされているので、単なる社交儀礼として贈賄に当たらないかの観を呈しているが、五〇万円の供与はその範囲を超えているので、贈賄に当たることになるのである。

Aの二個の贈賄行為はまったく別個の機会に独立してなされているので、併合罪となる。

大阪地判昭和 58・3・18 判時 1086 号 158 頁……99,106
最決昭 58・3・25 刑集 37 巻 2 号 170 頁‥369
最判昭 58・4・8 刑集 37 巻 3 号 215 頁……234,244,245,292
最決昭 58・11・1 刑集 37 巻 9 号 1341 頁……226,229
最決昭 59・1・30 刑集 38 巻 1 号 185 頁…200
大阪高判昭 59・5・23 判タ 541 号 271 頁……309
東京地判昭 59・6・15 判時 1126 号 3 頁‥260
東京地判昭 59・6・22 判時 1131 号 156 頁……344,345
東京地判昭 59・6・28 判時 1126 号 3 頁…260
最判昭 60・3・28 刑集 39 巻 2 号 75 頁….337
大阪高判昭 60・6・26 判タ 566 号 306 頁……309
東京高判昭 60・9・30 刑月 17 巻 9 号 840 頁……160
福岡高判昭 61・3・6 判時 1193 号 152 頁……147
最決昭 61・6・9 刑集 40 巻 4 号 269 頁……23,28
最決昭 61・6・27 刑集 40 巻 4 号 340 頁‥353
最決昭 62・3・12 刑集 41 巻 2 号 140 頁……252,254
大阪高判昭 62・7・10 高刑集 40 巻 3 号 720 頁……184
最決昭 63・4・11 刑集 42 巻 4 号 419 頁‥367
大阪地判昭 63・12・22 判タ 707 号 267 頁……286
大阪高判平元・3・3 判タ 712 号 248 頁…239
福岡高裁宮崎支判平元・3・24 高刑集 42 巻 2 号 111 頁……65,67,68
最決平元・7・7 判時 1326 号 157 頁……343
最決平元・7・14 刑集 43 巻 7 号 641 頁…343
最決平 2・11・20 刑集 44 巻 8 号 837 頁….21
東京高判平 3・4・1 判時 1400 号 128 頁……266,267
最決平 3・4・5 刑集 45 巻 4 号 171 頁……269,271
東京八王子支判平 3・8・28 判タ 768 号 249 頁……314
長崎地判平成 4・1・14 判時 1415 号 142 頁……99,106
東京高判平 4・10・28 判タ 823 号 252 頁……286,293
札幌地判平 4・10・30 判タ 817 号 215 頁……279
東京高判平 6・5・31 判時 1534 号 141 頁…77
最決平 6・7・19 刑集 48 巻 5 号 190 頁….294
東京高判平 6・9・12 判時 1545 号 113 頁……269
札幌高判平 7・6・29 判時 1551 号 142 頁……240
千葉地判平 7・12・13 判時 1565 号 144 頁……90,91
広島高裁岡山支判平 8・5・22 判時 1572 号 150 頁……354
東京地判平 8・6・26 判時 1578 号 39 頁‥181
長野地裁諏訪支判平 8・7・5 判時 1595 号 154 頁……129
名古屋地判平 9・3・5 判時 1611 号 153 頁……18
最判平 9・6・16 刑集 51 巻 5 号 435 頁……73,74
東京高判平 9・8・4 判時 1629 号 151 頁….51
最決平 9・10・21 刑集 51 巻 9 号 755 頁‥340
東京地判平 9・12・5 判時 1634 号 155 頁……258
東京八王子支判平 10・4・24 判タ 995 号 282 頁……318
東京高判平 10・11・27 高刑集 51 巻 3 号 485 頁……253
東京高判平 11・1・29 判時 1683 号 153 頁……19,138
大阪地裁堺支判平 11・4・22 判時 1687 号 157 頁……166
京都地判平 12・1・20 判時 1702 号 170 頁……200
最決平 12・2・17 刑集 54 巻 2 号 38 頁……253,254
仙台高判平 12・2・22 判時 1718 号 172 頁……310
最決平 12・3・27 刑集 54 巻 3 号 402 頁‥306
東京高判平 12・8・29 判時 1741 号 160 頁……309
最決平 14・2・14 刑集 56 巻 2 号 86 頁….310
最決平 14・9・30 刑集 56 巻 7 号 395 頁……254,255

……319
最決昭29・9・30刑集8巻9号1575頁‥361
福岡高宮崎支判昭30・3・11裁特2巻6号151頁‥……169
東京高判昭30・3・31裁特2巻7号242頁……266
最判昭30・4・8刑集9巻4号827頁……316
仙台高判昭30・4・26高刑8巻3号423頁……267
最決昭30・7・7刑集9巻9号1856頁……316
最決昭30・10・14刑集9巻11号2173頁……326
最判昭32・2・26刑集11巻2号906頁‥176
最決昭32・9・10刑集11巻9号2202頁……147
最判昭32・11・8刑集11巻12号3061頁……266
最〔大〕判昭33・5・28刑集12巻8号1718頁……157,174
最判昭33・7・25刑集12巻2号2746頁……303
最判昭33・11・21刑集12巻15号3519頁……67,209
最判昭34・2・5刑集13巻1号1頁……76
高松高判昭34・2・11高刑集12巻1号18頁……240
最決昭35・7・18刑集14巻9号1189頁……361
最判昭35・11・18刑集14巻13号1713頁……252
東京高判昭36・8・8高刑14巻5号316頁……267
東京高判昭38・6・28高刑集16巻4号377頁……278
最決昭40・3・9刑集19巻2号69頁……112
東京地判昭40・6・26判時419号14頁‥261
最決昭40・9・16刑集19巻6号679頁‥362
最判昭41・4・8刑集20巻4号207頁……240
最［大］判昭41・11・30刑集20巻9号1076頁……252
最判昭42・3・7刑集21巻2号417頁……59,162
名古屋高判昭42・4・20高刑集20巻2号189頁……278
福岡高判昭42・6・22下刑集9巻6号784頁……284
最判昭43・9・17刑集22巻9号862頁‥111
京都地判昭43・11・26判時543号91頁……113
最決昭43・12・11刑集22巻13号1469頁……316
最判昭45・3・26刑集24巻3号55頁……310
大阪地判昭45・6・11判タ259号319頁……113
最決昭45・7・28刑集24巻7号585頁……113,125
最決昭45・9・4刑集24巻10号1319頁……357
最決昭45・12・22刑集24巻13号1882頁……278
最判昭46・11・16刑集25巻8号996頁…74
東京高判昭47・1・25判タ277号357頁…62
東京地判昭47・4・15判時692号112頁…62
大阪高判昭47・8・4高刑集25巻3号368頁……239
東京高判昭48・3・26高刑集26巻1号85頁……239
最判昭50・4・24判時774号119頁……372
最決昭和50・11・28刑集29巻10号983頁……202
最判昭51・3・4刑集30巻2号79頁……245
最決昭51・4・1刑集30巻3号425頁……307
最判昭51・4・30刑集30巻3号453頁‥353
広島高判昭51・9・21刑月8巻9＝10号380頁……214
京都地判昭51・10・15刑月8巻9＝10号431頁、判時845号125頁……312
最決昭52・7・21刑集31巻4号747頁…200
最決昭54・3・27刑集33巻2号140頁……23,28
東京高判昭54・4・12判時938号133頁……266
最決昭54・4・13刑集33巻3号179頁‥177
東京高判昭54・5・15判時937号123頁……99,106
最決昭54・5・30刑集33巻4号324頁‥353
最決昭54・11・19刑集33巻7号710頁……290
東京高判昭55・3・3刑月12巻3号67頁……269
最決昭55・11・13刑集34巻6号396頁……34,42,56
東京高判昭57・8・6判時1083号150頁……239

判　例　索　引

大判明 43・2・15 刑録 16 輯 256 頁……260
大判明 43・4・28 刑録 16 輯 760 頁……33,41,69
大判明 43・11・8 刑録 16 輯 1895 頁……357
大判明 43・11・24 刑録 16 輯 2125 頁……168
大判明 44・3・31 刑録 17 輯 482 頁……271
大判明 44・4・24 刑録 17 輯 655 頁……338
大判明 44・12・4 刑録 17 巻 2095 頁……328
大判大 2・1・20 刑録 19 輯 9 頁……260
大判大 3・9・21 刑録 20 輯 1719 頁……62
大判大 4・3・18 刑録 21 輯 309 頁……265
大判大 4・5・21 刑録 21 輯 663 頁……248
大判大 4・5・24 刑録 21 輯 661 頁……282
大判大 4・7・1 刑録 21 輯 936 頁……62
大判大 4・7・10 刑録 21 輯 1011 頁……369
大判大 4・10・4 刑録 21 輯 1376 頁……62
大判大 6・4・12 刑録 23 巻 339 頁……328
大判大 7・3・15 刑録 24 輯 219 頁……335
大判大 7・5・7 刑録 24 輯 555 頁……365
大判大 7・12・6 刑録 24 輯 1506 頁……232,244,291
大判大 8・3・31 刑録 25 輯 403 頁……365
大判大 12・12・25 刑集 2 巻 1024 頁……308
大判大 13・6・10 刑集 3 巻 473 頁……267
大判昭 4・11・22 判体 35 Ⅱ 136 頁……330
大判昭 4・12・4 刑集 8 巻 609 頁……372
大判昭 5・5・17 刑集 9 巻 303 頁……319,329
大判昭 5・7・10 刑集 9 巻 497 頁……329
大判昭 6・7・2 刑集 10 巻 303 頁……337
大判昭 7・6・29 刑集 11 巻 974 頁……308
大判昭 7・12・10 刑集 11 巻 1817 頁……365
大判昭 7・12・12 刑集 11 巻 1839 頁……283
大判昭 8・4・19 刑集 12 巻 471 頁……208
大判昭 8・10・18 刑集 12 巻 1820 頁……361
大判昭 9・8・27 刑集 13 巻 1086 頁……33,41,69
大判昭 9・10・19 刑集 13 巻 1473 頁……112
大判昭 10・6・18 刑集 14 巻 699 頁……372
大判昭 10・9・28 刑集 14 巻 997 頁‥362,364
大判昭 11・1・31 刑集 15 巻 63 頁……34
大判昭 13・4・19 刑集 17 巻 336 頁‥114,149
大判昭 16・5・22 新聞 4708 号 26 頁……34
最判昭 23・5・20 刑集 2 巻 5 号 489 頁……234
最判昭 23・10・23 刑集 2 巻 11 号 1396 頁……292
最判昭 23・11・2 刑集 2 巻 12 号 1443 頁……335
最判昭 24・2・8 刑集 3 巻 2 号 83 頁……319,329
最判昭 24・2・8 刑集 3 巻 2 号 113 頁……159
最判昭 24・5・7 刑集 3 巻 6 号 706 頁……308
最判昭 24・5・21 刑集 3 巻 6 号 858 頁……294
最判昭 24・5・28 刑集 3 巻 6 号 873 頁……237
最判昭 24・7・9 刑集 3 巻 8 号 1174 頁……147
最判昭 24・7・9 刑集 3 巻 8 号 1188 頁……281
最判昭 24・11・17 刑集 3 巻 11 号 1808 頁……308
最判昭 25・5・25 刑集 4 巻 5 号 854 頁……335
最判昭 25・6・1 刑集 4 巻 6 号 909 頁……308
最判昭 25・8・29 刑集 4 巻 9 号 1585 頁‥260
広島高松江支判昭 25・9・27 特報 12 号 106 頁……283
最［大］判昭 25・10・11 刑集 4 巻 10 号 2012 頁……33,41,69
福岡高判昭 25・10・17 高刑集 3 巻 3 号 487 頁……318
名古屋高判昭 26・4・27 判特 27 号 84 頁……312
最判昭 26・7・13 刑集 5 巻 8 号 1437 頁‥248
最判昭 26・9・28 刑集 5 巻 10 号 2127 頁……330
最決昭 27・2・21 刑集 6 巻 2 号 275 頁……66,207
東京高判昭 27・6・26 裁特 34 号 86 頁……312
最判昭 27・9・19 刑集 6 巻 8 号 1083 頁……59,162
最判昭 27・12・25 刑集 6 巻 12 号 1387 頁……308
最判昭 28・3・13 刑集 7 巻 3 号 529 頁……111
最決昭 28・4・25 刑集 7 巻 4 号 881 頁……369
最判昭 28・5・1 刑集 7 巻 5 号 917 頁……369
最判昭 29・4・6 刑集 8 巻 4 号 407 頁……327
最決昭 29・6・1 刑集 8 巻 6 号 789 頁……260
広島高判昭 29・8・9 高刑集 7 巻 7 号 1149 頁

な　行

は　行

た　行

さ　行

事項・人名索引

あ　行

か　行

著者紹介

川端　博（かわばた・ひろし）

昭和19年生。昭和42年明治大学法学部卒業，司法修習修了，東京大学大学院法学政治学研究科修士課程修了

現職　明治大学法科大学院教授・法学博士。法制審議会（総会）委員・放送大学客員教授，旧司法試験考査委員（昭和63年度～平成9年度刑法担当），日本学術会議員（第18期・第19期）・新司法試験考査委員（平成18年度～同22年度刑法担当）等歴任。

主要著書

『正当化事情の錯誤』，『違法性の理論』，『錯誤論の諸相』，『財産犯論の点景』，『正当防衛権の再生』，『定点観測・刑法の判例』，『共犯論序説』，『事実の錯誤の理論』，『共犯の理論』，『風俗犯論』，『責任の理論』，『人格犯の理論』，『法学・刑法学を学ぶ』，『司法試験』，『集中講義刑法総論』，『集中講義刑法各論』，『刑法総論講義』，『刑法各論講義』，『刑事訴訟法講義』，『刑法』，『刑法各論概要』，『疑問からはじまる刑法Ｉ（総論）・Ⅱ（各論）』，『刑法講話Ｉ総論・Ⅱ各論』（以上，成文堂），『刑法総論 25 講』（青林書院），『通説刑法各論』（三省堂），『文書偽造罪の理論』（立花書房），『事例式演習教室刑法』（勁草書房），『刑法判例演習教室』（一粒社），カウフマン＝ドルンザイファー著『刑法の基本問題』（翻訳・成文堂），『論点講義刑法総論』（弘文堂），『刑法入門』（共著・有斐閣），『リーガルセミナー刑法１総論・２各論』（共著・有斐閣），『レクチャー刑法総論・各論』，『刑法基本講座（全６巻）』（共編著）（以上，法学書院），『刑事訴訟法』（共著・創成社），『刑法総論』・『刑法各論』・『刑事訴訟法』〔編著・八千代出版〕，リューピング『ドイツ刑法史綱要』（共訳・成文堂）等

事例思考の実際

刑事法研究　第15巻

平成27年３月１日　初　版　第１刷発行

著　者　川　端　　博

発行者　阿　部　耕　一

〒162-0041　東京都新宿区早稲田鶴巻町514番地

発行所　株式会社　成　文　堂

電話 03(3203)9201㈹　Fax (3203)9206

http://www.seibundoh.co.jp

製版・印刷　三報社印刷　　製本　佐抜製本

ISBN978-4-7923-5140-3　C3032　検印省略

定価（本体7500円＋税）

川端　博著　**刑事法研究**

第１巻	正当化事情の錯誤	本体3500円
第２巻	違法性の理論	品　切
第３巻	錯誤論の諸相	品　切
第４巻	財産犯論の点景	本体5000円
第５巻	正当防衛権の再生	本体5500円
第６巻	定点観測　刑法の判例〔1996年度～1998年度〕	本体6000円
第７巻	共犯論序説	本体6000円
第８巻	定点観測　刑法の判例〔1999年度～2000年度〕	本体7000円
第９巻	事実の錯誤の理論	本体6000円
第10巻	共犯の理論	本体5000円
第11巻	風俗犯論	本体5000円
第12巻	定点観測　刑法の判例〔2001年度〕	本体6000円
第13巻	責任の理論	本体6000円
第14巻	人格犯の理論	本体7000円
第15巻	事例思考の実際	本体7500円